MANDARIN
Training and Testing
(Second Edition)

普通话训练与测试
（第2版）

主　编　周　芸　朱　腾
副主编　段泗英　刘　成

北京大学出版社
PEKING UNIVERSITY PRESS

图书在版编目（CIP）数据

普通话训练与测试 / 周芸, 朱腾主编. -- 2 版.
北京：北京大学出版社, 2024.8. -- ISBN 978-7-301-35299-1

Ⅰ.H102

中国国家版本馆CIP数据核字第20240TV516号

书　　　名	普通话训练与测试（第 2 版）	
	PUTONGHUA XUNLIAN YU CESHI（DI-ER BAN）	
著作责任者	周芸　朱腾　主编	
责任编辑	任蕾	
标准书号	ISBN 978-7-301-35299-1	
出版发行	北京大学出版社	
地　　　址	北京市海淀区成府路 205 号　100871	
网　　　址	http://www.pup.cn　新浪微博：@北京大学出版社	
电子邮箱	zpup@pup.cn	
电　　　话	邮购部 010-62752015　发行部 010-62750672　编辑部 010-62753334	
印　刷　者	天津中印联印务有限公司	
经　销　者	新华书店	
	787 毫米 × 1092 毫米　16 开本　15.5 印张　271 千字	
	2023 年 8 月第 1 版	
	2024 年 8 月第 2 版　2025 年 6 月第 2 次印刷	
定　　　价	39.00 元	

未经许可，不得以任何方式复制或抄袭本书之部分或全部内容。
版权所有，侵权必究
举报电话：010-62752024　电子邮箱：fd@pup.cn
图书如有印装质量问题，请与出版部联系，电话：010-62756370

目 录

上 篇

第一章 绪 论 ·· 3
  第一节 普通话 ·· 3
  第二节 普通话与现代汉语方言 ··· 11
  第三节 普通话水平测试 ·· 15

第二章 普通话水平测试中的字词 ·· 22
  第一节 普通话字词测试简介 ··· 22
  第二节 普通话声母发音难点解析 ······································ 25
  第三节 普通话韵母发音难点解析 ······································ 35
  第四节 普通话声调发音难点解析 ······································ 46
  第五节 普通话音变发音难点解析 ······································ 52

第三章 普通话水平测试中的短文朗读 ································· 58
  第一节 普通话朗读短文测试简介 ······································ 58
  第二节 普通话朗读短文测试常见失误 ······························· 60

第四章 普通话水平测试中的命题说话 ································· 70
  第一节 普通话命题说话测试简介 ······································ 70
  第二节 普通话命题说话测试常见失误 ······························· 71

下 篇

第五章 普通话水平测试单字训练 ·· 81
  第一节 单字声母分类辨读 ·· 81
  第二节 单字韵母分类辨读 ·· 97

i

第三节　单字声调分类辨读 ·············· 115

第六章　普通话水平测试词语训练 ·············· 132
　　　第一节　词语声母分类辨读 ·············· 132
　　　第二节　词语韵母分类辨读 ·············· 147
　　　第三节　词语声调分类辨读 ·············· 168
　　　第四节　词语音变分类辨读 ·············· 187

第七章　普通话水平测试朗读训练 ·············· 199
　　　第一节　文艺语体朗读训练 ·············· 199
　　　第二节　实用语体朗读训练 ·············· 209

第八章　普通话水平测试说话训练 ·············· 220
　　　第一节　叙述性话题训练 ·············· 220
　　　第二节　说明性话题训练 ·············· 226
　　　第三节　议论性话题训练 ·············· 232

参考文献 ·············· 239

后记 ·············· 241

上 篇

第一章 绪 论 /3

第二章 普通话水平测试中的字词 /22

第三章 普通话水平测试中的短文朗读 /58

第四章 普通话水平测试中的命题说话 /70

第一章 绪 论

第一节 普通话

一、普通话的定义

  普通话以北京语音为标准音，以北方话为基础方言，以典范的现代白话文著作为语法规范，是现代汉民族最重要的交际工具，同时也是国家法定的全国通用语言。

  《中华人民共和国宪法》第十九条规定："国家推广全国通用的普通话。"《中华人民共和国国家通用语言文字法》第九条规定："国家机关以普通话和规范汉字为公务用语用字。法律另有规定的除外。"第十条规定："学校及其他教育机构以普通话和规范汉字为基本的教育教学用语用字。法律另有规定的除外。"第十二条规定："广播电台、电视台以普通话为基本的播音用语。需要使用外国语言为播音用语的，须经国务院广播电视部门批准。"第十三条规定："提倡公共服务行业以普通话为服务用语。"当前，随着全球化和互联网的发展，不同区域人们之间的交流和沟通日益频繁，普通话作为一种重要的社会资源、文化资源、经济资源，在我国的政治、经济、社会、文化、生活中的作用也越来越明显。正如《国家语言文字事业"十三五"发展规划》所言："语言文字事业具有基础性、全局性、社会性和全民性的特点，是国家综合实力的重要支撑力量，事关国民素质提高和人的全面发展，事关国家统一和民族团结，事关历史文化传承和经济社会发展，在国家发展战略中具有重要地位和作用。强国必须强语，强语助力强国。"①

普通话以北京语音为标准音，这是历史发展的结果。元代周德清的《中原音韵》是根据元杂剧的用韵编写的，书中所归纳的语音系统已非常接近今天的北京话。明清以来所广泛使用的官话，大体上就是在书面语的基础上使家乡话尽量向以京音为中心的北方话靠拢。② 20世纪初白话文运动、国语运动提出的"国语""国音"，都是以北京语音为基础或标准音的。此外，北京自13世纪以来，即成为全中国的政治、经济、文化中心。因此，选择北京语音为标准音，是历史发展的必然结果。③ 值得注意的是，普通话"以北京语音为标准音"，是指普通话的语音在整体上以北京话的语音系统（即声韵调系统和字音）为标准，并非所有的北京语音都是标准音，如北京话中一些"京味儿"色彩过于浓厚的儿化、轻声和"连读吞音"等现象都要注意排除。

普通话以北方话为基础方言，也是有原因的。首先，北方历来是我国政治、经济、文化较为发达的地区，与其他方言相比，北方方言的影响范围和影响力都比较大。其次，北方方言的使用地域广泛。黄河流域及其以北的广大地区，长江流域的四川、重庆、云南、贵州及湖北大部分地区，甚至安徽、江苏的部分地区，使用的都是北方方言。最后，许多文献和文学作品都是使用北方方言写成的，尤其是唐宋以来的白话文学，都在一定程度上加速了北方方言的推广。当然，普通话"以北方话为基础方言"的前提是需要排除一定的较小范围内使用的或只有部分人群才能理解的方言词语，如云南昆明话中的"打照面"（见面）、"街子"（街）、"辣子面"（辣椒粉）等，都是普通话所不使用的。需要注意的是，普通话的词汇是在不断发展变化的，随着社会的发展、经济的交融和文化的交流，以及人际交往的日趋频繁，一些使用范围比较广泛的方言词就有可能被普通话所吸收，成为普通话词汇系统中的标准语词。

普通话以典范的现代白话文著作为语法规范，具体可以理解为：第一，北

---

① 教育部、国家语委《国家语言文字事业"十三五"发展规划》，中华人民共和国教育部网，http://www.moe.gov.cn/srcsite/A18/s3127/s7072/201609/t20160913_281022.html，访问日期：2024年1月15日。
② 王理嘉（1999）从官话到国语和普通话——现代汉民族共同语的形成及发展，《语文建设》，第6期，23页。
③ 邵敬敏（2016）《现代汉语通论（第三版）》，上海：上海教育出版社，2页。

方方言的语法规则虽然大致相同，但由于其内部又可分为若干次方言，故其内部仍然存在着一定的差异。因此，普通话的语法需要以"典范的现代白话文著作"中的一般用例或普遍用例为标准。第二，"典范"的著作是指具有广泛性和代表性的现代白话文著作，如国家的法律法规、主流媒体的报刊社论和现当代著名作家的作品等。第三，"现代白话文著作"是相对于早期的白话文著作而言的。唐宋以来用白话写成的文学作品，与20世纪五四运动以后所形成的白话文，在语法方面已经有显著的差异，所以要注意普通话的语法规范与早期白话文著作中的用例是不同的。

二、普通话的历史及发展

（一）普通话的形成

普通话是现代汉民族共同语。汉民族共同语是在民族融合的过程中逐步形成的。春秋战国时期的共同语称为"雅言"。汉代至元代的共同语称为"通语"。明清时期的共同语称为"官话"。官话原本是通行于官吏之间的官场"雅语"，后发展为官民之间的交际用语，后又被社会公众用来消解不同地区之间的语言隔阂，从而逐渐发展成为民族共同语。1911年，清朝的最高教育机构——学部召开了中央教育会议，通过了"统一国语办法案"，从此"国语"这一名称取代了"官话"这一名称。[①] 1955年10月，中国社会科学院主持召开了全国性的"现代汉语规范化学术会议"，会议的主要内容为"对民族共同语加以明确的全面的规范并在全国范围内大力提倡、积极推广、逐步普及"。[②]

从传播媒介和交际渠道来看，汉民族共同语有书面语和口语两种表现形式。汉民族共同语的书面语早在文字成熟的初期就已经产生，后来由于口语的发展速度快于书面语，汉民族共同语的书面语和口语之间便产生了分化。这种滞后于口语发展的汉民族共同语的书面语，通常称为"文言"或"文言文"。随着时代、社会发展的需要，唐宋时期产生了一种同日常口语相近的书面语，即

---

① 王理嘉（1999）从官话到国语和普通话——现代汉民族共同语的形成及发展，《语文建设》，第6期，23页。

② 王理嘉（1999）从官话到国语和普通话——现代汉民族共同语的形成及发展，《语文建设》，第6期，24页。

"白话"。唐宋以来比较有影响的文学作品都是用白话写成的，而影响最大的还是明清时期的白话文小说。这些白话文学作品虽然各自都带有一定程度的地方色彩，但总的来说都受到了北方方言的影响，后来便逐渐成为现代汉民族共同语书面语的源头。在汉民族共同语口语的形成过程中，北京话的地位和作用非常特殊。北京在唐代就属于北方军事重镇；唐代以后，北京的政治地位不断上升，并逐渐发展成为全中国的政治、经济和文化中心。与此同时，北京话作为官府通用语言，也逐步扩大为官民之间、社会公众之间的交际工具，并最终成为现代汉民族共同语口语的源头。19世纪末20世纪初，我国先后涌现了白话文运动、国语统一运动和汉语拼音运动，提出了"言文一致""国语统一"的口号。在此背景下，汉民族共同语的书面语和口语不断靠近，并最终结合起来，形成了现代汉民族共同语，即普通话。

（二）普通话的推广

我国历来重视普通话的推广工作。1955年召开的全国文字改革会议和现代汉语规范化学术会议，确定以"普通话"为汉民族共同语的正式名称，制定了推广普通话的具体措施。1956年1月，中央推广普通话工作委员会成立，全国各省市随即成立相应的推普机构。2月6日，国务院发布《关于推广普通话的指示》，完善了普通话的定义——以北京语音为标准音，以北方话为基础方言，以典范的现代白话文著作为语法规范。伴随着《汉字简化方案》（1956）和《汉语拼音方案》（1958）的陆续发布，以推广普通话、整理和简化汉字、制定和推行《汉语拼音方案》为三大任务的文字改革工作轰轰烈烈地开展起来。[①]

1978年，教育部发出《关于加强学校普通话和汉语拼音教学的通知》，以中等师范学校和小学为开端，恢复和加强学校推广普通话工作。1982年，第五届全国人民代表大会第五次会议通过的《中华人民共和国宪法》明确规定："国家推广全国通用的普通话。"1986年，全国语言文字工作会议将推广普通话列为新时期语言文字工作的首要任务，推普工作方针调整为"大力推行，积极普及，逐步提高"[②]。

为了更加有效地推广普通话，加大普及力度，不断提高全社会人员的普通

---

① 袁钟瑞（2020）新中国推广普通话70年，《汉字文化》，第1期，1—2页。
② 袁钟瑞（2020）新中国推广普通话70年，《汉字文化》，第1期，2页。

话水平，我国从20世纪90年代起，对一定范围内的在岗人员开展普通话水平测试，并逐步实行根据普通话水平测试成绩颁发普通话水平测试等级证书的制度。普通话水平测试是推广普通话工作的重要组成部分，是促进普通话推广工作逐步科学化、规范化和制度化的重要举措。1997年，全国语言文字工作会议提出2010年以前"全国初步普及普通话，21世纪中叶全国普及普通话"的跨世纪目标。[①] 同年，国务院决定：自1998年起，每年9月的第三周为全国推广普通话宣传周，以加强宣传推广的力度。

2001年1月1日起施行的《中华人民共和国国家通用语言文字法》，明确了普通话作为国家通用语言的法律地位，规定了公民学习和使用国家通用语言文字的权利，并对国家机关、学校、出版机构、广播电台、电视台以及公共服务行业中普通话的使用作出了具体、明确的规定。

2016年，教育部、国家语委印发《国家语言文字事业"十三五"发展规划》，指出："到2020年，在全国范围内基本普及国家通用语言文字，全面提升语言文字信息化水平，全面提升语言文字事业服务国家需求的能力，实现国家语言能力与综合国力相适应。"其中，"国家通用语言文字基本普及"的具体内涵为"全国范围内普通话基本普及，语言障碍基本消除；农村普通话水平显著提高，民族地区国家通用语言文字普及程度大幅度提高；国家通用语言文字教育体系更加完善，国民语言文字应用能力显著提升；社会用语用字更加规范"。[②]

为了"充分发挥普通话在提高劳动力基本素质、促进职业技能提升、增强就业能力等方面的重要作用"，2018年，教育部、国务院扶贫开发领导小组办公室、国家语委印发《推普脱贫攻坚行动计划(2018—2020年)》，明确指出："扶贫先扶智，扶智先通语。到2020年，贫困家庭新增劳动力人口应全部具有国家通用语言文字沟通交流和应用能力，现有贫困地区青壮年劳动力具备基本的普通话交流能力，当地普通话普及率明显提升，初步具备普通话交流的语言环境，为提升'造血'能力打好语言基础。"同时，"将普通话普及率的提升纳入地方扶贫部门、教育部门扶贫工作绩效考核，列入驻村干部和驻村第一书记的主要

[①] 袁钟瑞（2020）新中国推广普通话70年，《汉字文化》，第1期，2页。
[②] 教育部、国家语委《国家语言文字事业"十三五"发展规划》，中华人民共和国教育部网，http://www.moe.gov.cn/srcsite/A18/s3127/s7072/201609/t20160913_281022.html，访问日期：2024年1月15日。

工作任务,力求实效"。①

2021年,教育部、国家乡村振兴局、国家语委印发《国家通用语言文字普及提升工程和推普助力乡村振兴计划实施方案》,明确提出:"推广普及国家通用语言文字,是铸牢中华民族共同体意识的重要途径,是建设高质量教育体系的基础支撑,是实施乡村振兴战略的有力举措,对经济社会发展具有重要作用"。②

2022年,教育部、国家语委发布《中小学生普通话水平测试等级标准及测试大纲(试行)》。该规范将中小学生的普通话水平划分为6级,规定了测试的内容、范围、试卷构成和评分标准等,适用于义务教育阶段小学五年级及以上学生普通话水平的测评或评估监测,对于健全完善国家通用语言规范标准体系,加大国家通用语言推广普及具有重要作用。③

回顾新中国普通话推广的历程,我们不难看到:党和政府因势利导,制定了科学的工作方针和发展目标,重视将普通话的普及同社会的现实需求相结合,在普通话推广的深度和广度方面取得了显著成效。当前,树立国家通用语言规范意识,规范使用国家通用语言,不仅是贯彻落实国家法律法规的基本要求,而且是维护国家主权统一、促进经济社会发展、增强中华民族凝聚力和文化软实力的重要内容。

三、普通话的特点

普通话属于汉藏语系汉语语族,在语音、词汇、语法等方面具有许多独特之处。

---

① 教育部、国务院扶贫办、国家语委《推普脱贫攻坚行动计划(2018—2020年)》,中华人民共和国中央人民政府网,http://www.gov.cn/xinwen/2018-02/27/content_5269317.htm,访问日期:2024年1月15日。
② 教育部、国家乡村振兴局、国家语委《国家通用语言文字普及提升工程和推普助力乡村振兴计划实施方案》,中华人民共和国中央人民政府网,http://www.gov.cn/zhengce/zhengceku/2022-01/09/content_5667268.htm,访问日期:2023年3月11日。
③ 教育部、国家语委《中小学生普通话水平测试等级标准及测试大纲(试行)》和《汉字部首表》,中华人民共和国教育部网,http://www.moe.gov.cn/jyb_xwfb/gzdt_gzdt/s5987/202211/t20221118_995332.html,访问日期:2024年1月15日。

（一）普通话语音的特点

1. 具有声调

普通话的音节都有声调，声调不仅能够区别意义，而且还能使普通话在音节抑扬顿挫、起伏跌宕的音高变化形式中，形成特定的音乐美和节奏感。

2. 元音占优势

在普通话中，一个音节里可以没有辅音，但不能没有元音；两个或三个元音相连的复元音所占比例较高，如 ou、ie、üe、uai 等，但辅音却不能连用。汉语拼音字母 zh、ch、sh、-ng 是两个字母表示一个音素，不属于辅音相连的复辅音现象。由于元音属于乐音，所以普通话在听觉上具有响亮、悦耳的效果。

3. 音节数量较少

普通话有 21 个辅音声母、39 个韵母、4 个声调，声母、韵母和声调的配合具有一定的规律，实际存在的声韵结合体有 400 多个，实际存在的声韵调结合体有 1200 多个，音节数量比较少。

（二）普通话词汇的特点

1. 单音节语素较多

与印欧语系的各语言相比，普通话中单音节语素占了绝大多数，而且具有很强的构词能力，如单音节语素"务"可以组成"公务""业务""财务""务实""务农""务工"等词。有限的音节数量、大量的单音节语素，造成了普通话中存在一定的同音语素，如"受""瘦""兽""售""寿""狩""绶"等，这就需要通过汉字的字形加以具体区分。

2. 双音节词占优势

从音节数量上看，古代汉语发展到普通话，词形方面出现了明显的双音节化发展趋势，而且新造词基本也是以双音节词为主，单音节和三音节、四音节、五音节及以上的词在普通话词汇系统中所占的比例均低于双音节词。此外，双音节词还因为形式对称、音律和谐，比较符合汉民族对称、和谐的语用心理和言语习惯。因此，双音节词便成为了普通话词汇系统的主体部分。

3. 构词以词根复合法为主

根据构成词的语素数量的多少，普通话的词可以分为单纯词和合成词两大类。单纯词是由一个语素构成的词，合成词是由两个或两个以上的语素构成的词。组成合成词的语素，既可以是词根，也可以是词缀。词根是体现词的基本意义的语素，属于词的基本构成部分，如"途径"中的"途"和"径"、"火红"中的"火"和"红"、"达标"中的"达"和"标"等。词缀是没有基本词汇意义而主要起构词作用的语素，如"阿姨"中的"阿"、"瓶子"中的"子"、"作者"中的"者"等。在普通话中，由不同的词根组合在一起构成的合成词占多数，属于普通话词汇的主体部分。

（三）普通话语法的特点

1. 缺少严格意义上的形态变化

形态变化一般指词形变化，即当一个词进入句子时，为了表示某种语法关系或语法意义，词的形式所发生的变化。例如：英语一般在名词的后面加"s"表示复数。如出现以"s""sh""ch""x"等结尾的名词，则在词后加"es"表示复数；如果词尾是"辅音字母 + y"，那么就要变"y"为"i"，再加"es"，才能表示名词的复数等。普通话不依赖这种严格意义上的形态变化来区分语法关系和语法意义。

2. 语序和虚词是主要的语法手段

语序是各个语法成分在组合过程中的排列顺序。虚词是表示抽象语法关系的词。普通话使用语序和虚词作为主要的语法手段来表示语法关系和语法意义。例如："规范作息"表示支配关系，属于述宾短语；"作息规范"表示陈述关系，属于主谓短语。二者之间的区别是通过语序来实现的。又如："我的哥哥""我和哥哥"分别使用了助词"的"、连词"和"。前者表示的是限制关系，属于偏正短语；后者表示的是并列关系，属于联合短语。二者之间的区别是通过虚词来实现的。

3. 词、短语和句子的结构基本一致

普通话的语法单位主要有语素、词、短语、句子四种。语素组成词，词组成短语或句子，短语组成句子；词、短语、句子都有主谓、偏正、述宾、述补、联合等结构方式。例如：词"手软"、短语"胆子小"、句子"月亮挂在天空"，都是主谓结构。

4. 词类和句法成分关系复杂

英语的词类和句法成分之间往往存在着一一对应的关系，即一类词充当一种句法成分。例如：名词充当主语或宾语，动词充当谓语，形容词充当定语，副词充当状语，等等。但在普通话中，同一类词可以充当多种句法成分，同一种句法成分也可以由几类词来充当，词类和句法成分经常形成一对多或多对一的复杂关系。例如："木头椅子"中的名词"木头"充当的是定语，"今天阴天"中的名词"阴天"充当的是谓语。

第二节 普通话与现代汉语方言

现代汉语有广义和狭义两种含义。广义的现代汉语是指现代汉民族所使用的语言，包括现代汉民族共同语（即普通话）和现代汉语方言。狭义的现代汉语仅指现代汉民族共同语（即普通话）。

一、方言

方言，也叫地方话，是一种语言的地域变体。

方言不是独立的语言，而是同一种语言因地域分布不同所形成的分支或变体，其本身也是由语音、词汇、语法组成的系统。同一种语言的各种方言，它们之间最大的差异往往体现在语音上，如现代汉语的北方方言没有浊声母 [b]、[d]、[g]，但吴方言有浊声母 [b]、[d]、[g]；现代汉语的北方方言有韵尾 [n] 和 [ŋ]，但客家方言除了有韵尾 [n]、[ŋ] 之外，还有韵尾 [m]；现代汉语的北方方言一般有 4 个调类（个别地区也有 3 个或 5 个调类），但吴方言有 7—8 个调类，赣方言则一般有 6 个调类。当然，各地方言在词汇、语法方面也会有一定的差异。

方言的形成往往经过了漫长的历史时期，形成因素也比较复杂。例如：由于受到山川河流等自然地理条件的限制，不同地区的人们因交通不便而出现交流、沟通不畅的现象，从而逐渐产生语言的差异，进而形成了各地的方言。又如：古代社会常常会出现政权分化，并导致不同地区的政治、经济、文化、生活等方面的联系受限，于是语言之间的差异逐渐扩大，最终形成了不同的方言。再如：由于民族迁徙、民族融合等原因，不同民族的语言在相互接触的过程中彼此影响，久而久之也会形成方言。此外，社会是不断发展变化的，为了适应这一变化，语言还会不断地改变其自身的结构，而这种变化在不同的地区往往各不相同，从而形成了不同的方言。

二、现代汉语方言

现代汉语方言是现代汉语的地域变体。我国地域辽阔，不同地区的现代汉语方言之间存在着明显的差异，从而构成了不同的方言区。一般说来，现代汉语方言可以分为七大方言区，即北方方言、吴方言、湘方言、粤方言、闽方言、客家方言、赣方言。

北方方言以北京话为代表，分布在我国长江以北的广大地区、长江南岸九江至镇江的沿江地带、湖北（东南角除外）、四川、云南、贵州、广西西北部以及湖南西北角。北方方言是现代汉民族共同语的基础方言，在现代汉语各方言中分布地域最广，其内部可分为四个次方言，即华北东北方言、西北方言[①]、西南方言、江淮方言[②]。

吴方言以上海话为代表，通行于上海、镇江以东地区（不包括镇江）、南通的部分地区、浙江的大部分地区。

湘方言以长沙话为代表，分布在湖南的大部分地区（西北角除外）、广西北部。湘方言内部还存在新湘语和老湘语的差别。

粤方言以广州话为代表，主要分布在广东、广西的部分地区，以及香港、澳门特别行政区。

闽方言以福州话为代表，主要分布在福建的部分地区、海南的大部分地

[①] 山西及其毗邻的陕北部分地区、河南省黄河以北地区，由于保留了古入声字，不同于一般的西北方言和华北东北方言，故有学者主张应从北方方言中独立出来，划为"晋语"。

[②] 江淮方言内部分歧较大且情况较为复杂。其中，皖南徽州一带方言，具有许多与众不同的特点，故有学者认为可从江淮方言中分出，独立为"徽语"。

区、广东东部潮汕地区、雷州半岛部分地区、浙江南部的部分地区、广西的少数地区、台湾的大部分地区。

客家方言以广东梅县话为代表，主要分布在广东、福建、台湾、江西、广西、湖南、四川等省（自治区），尤其是广东东部和北部、福建西部、江西南部和广西东南部。

赣方言以南昌话为代表，主要分布在江西（东北沿江地带和南部除外）、湖北东南、福建西北、安徽西南、湖南东部等部分地区。

三、普通话与现代汉语方言的关系

普通话与现代汉语方言同属于广义的现代汉语，作为人类社会沟通交往、信息交流、表达观点、抒发情感的基本媒介，二者之间没有优劣、高低之分，只存在着语用功能方面的差异，以及由此所形成的"语言竞争"关系。

"语言竞争"是指语言功能不同所引起的语言矛盾，属于语言本身功能不同反映出的语言关系。语言竞争主要有以下几种走向。第一种走向：互相竞争的语言长期共存，功能上各尽其职，结构上相互补充。在竞争中，各自稳定使用。二者虽有强弱差异，但弱者有其使用的范围，不可替代，不致在竞争中失去地位。第二种走向：弱势语言在与强势语言的较量中，功能大幅度下降，走向衰退。功能衰退的语言，只在某些范围内（如家庭内部、亲友之间、小集市上等）使用；部分地区出现语言转用。第三种走向：弱势语言在竞争中走向濒危，在使用中完全被强势语言所代替。[①] 普通话与现代汉语方言之间的关系，可以理解为第一种语言竞争走向。

首先，普通话以现代汉语北方方言为基础方言，同时又会有选择地从现代汉语其他方言中汲取一些有生命力的成分来充实自己的表现力，以增强自身的活力。例如：普通话中的"拉倒""馍""蹩脚""尴尬""叉烧""腊肠"等词语，就分别来自北方方言、吴方言、粤方言。可见，普通话与现代汉语方言具有密不可分的关系。

其次，现代汉语各方言虽然只通行于特定区域，但与当地文化密切相关。

---

① 戴庆厦（2006）语言竞争与语言和谐，《语言教学与研究》，第2期，1—3页。

例如：地方戏曲是各地百姓文化生活中的重要文艺形式之一。西北秦腔高亢，江南越剧婉约，东北二人转诙谐，苏州评弹柔媚。而地域方言作为一种文化载体，是构成地方文艺形式特色的关键。因为地方戏曲的旋律形式与地域方言的口语语音特征密切相关，地方戏曲的唱词与念白往往取材于地域方言中的口语表述。[①]此外，在现代汉语各方言区活跃的诸多方言文化词语及相关的俗语、谚语、歇后语中，也都因为蕴含着独特的文化信息而成为地域文化研究的"活化石"。随着当前政治、经济、社会、文化、生活的高度统一和快速发展，现代汉语方言为了保持自身的活力，也会从普通话中吸收一些有益的成分来丰富自己的表达，并有向普通话靠拢的趋势。

最后，推广普通话是为了消除跨方言交际的隔阂，而不是要消灭现代汉语方言。语言作为劳动力的重要构成要素之一，是经济交往活动赖以组织、进行的基本前提，也是生产要素和资本要素在经济市场上加速流动的重要推手。随着经济市场的扩大和不同经济区域之间交流的增加，人们对共同语的需求就会进一步增加，以便节约交易成本、提高经济效率、整合经济市场、实现利益共享。因此，普通话作为国家通用语言，在促进区域沟通、信息交流、增强国家认同感等方面具有重要作用，而方言则可以记录传承地域文化，遥寄乡土情思。二者之间并非对立关系，而是在语言生活中各司其职，互相补充，并最终达到语言的和谐共生。

当前，普通话作为国家通用语言，已经发展为中国最通用、拥有媒体形式最全最强、拥有最先进的语言技术的语言，同时也是海外许多华人社区推广的语言，是许多国际组织的官方语言或工作语言，是世界100多个国家和地区教授的外语，正在成为世界语言生活中的重要语言。作为中国公民，普通话是人生中最为重要的交际语言，同时，掌握普通话也有助于中华民族主流文化和传统文化的传承，有助于国家认同。[②]

[①] 吴永焕（2008）汉语方言文化遗产保护的意义与对策，《中国人民大学学报》，第4期，40页。
[②] 李宇明（2021）试论个人语言能力和国家语言能力，《语言文字应用》，第3期，7页。

第三节 普通话水平测试

一、普通话水平测试的性质及方式

普通话水平测试（PUTONGHUA SHUIPING CESHI，缩写为PSC），是考查应试人运用国家通用语言的规范、熟练程度的专业测评。

普通话水平测试属于标准参照性考试，是国家法律规定的语言类考试。2021年11月发布的《普通话水平测试管理规定》第十条规定："以普通话为工作语言的下列人员，在取得相应职业资格或者从事相应岗位工作前，应当根据法律规定或者职业准入条件的要求接受测试：（一）教师；（二）广播电台、电视台的播音员、节目主持人；（三）影视话剧演员；（四）国家机关工作人员；（五）行业主管部门规定的其他应该接受测试的人员。"第十一条规定："师范类专业、播音与主持艺术专业、影视话剧表演专业以及其他与口语表达密切相关专业的学生应当接受测试。"[①]

《普通话水平测试大纲》规定，普通话水平测试以口试方式进行。[②]自1994年10月开始在全国范围内实施的普通话水平测试，采用的是人工测试的方法，即由具有资质的普通话水平测试员对应试人进行面对面的口语测试和现场评分。2007年12月，教育部语言文字应用管理司批复同意安徽、上海和天津3省市开展机辅测试试点。2009年1月，教育部语言文字应用管理司正式印发试行《计算机辅助普通话水平测试评分试行办法》（以下称《评分试行办法》）。[③]《评分试行办法》指出：读单音节字词、读多音节词语、朗读短文三项，由国家语言文字工作部门认定的计算机辅助普通话水平测试系统

---

① 教育部《普通话水平测试管理规定》，中华人民共和国教育部网，http://www.moe.gov.cn/srcsite/A02/s5911/moe_621/202112/t20211209_585976.html，访问日期：2024年1月15日。
② 国家语言文字工作委员会普通话培训测试中心（2004）《普通话水平测试测试实施纲要》，北京：商务印书馆，1页。
③ 孙海娜（2010）浅析《计算机辅助普通话水平测试评分试行办法》，《语言文字应用》，第4期，94页。

评定分数。命题说话项由测试员评定分数。① 运用计算机技术辅助普通话水平测试，是普通话水平测试操作模式的重大改变，是测试手段现代化的一次跨越性发展。② 经过多年的推广和实践，计算机辅助普通话水平测试已经在全国各地区普遍应用，且随着测试技术的不断发展和提高，普通话水平测试的结果也日趋科学和准确。

二、普通话水平测试的内容及构成③

《普通话水平测试大纲》规定，普通话水平测试的内容包括普通话语音、词汇和语法。普通话水平测试的范围是国家测试机构编制的《普通话水平测试用普通话词语表》《普通话水平测试用普通话与方言词语对照表》《普通话水平测试用普通话与方言常见语法差异对照表》《普通话水平测试用朗读作品》《普通话水平测试用话题》。

普通话水平测试试卷包括读单音节字词、读多音节词语、选择判断、朗读短文、命题说话等5个测试项，满分为100分；其中，"选择判断"测试项可以由各省、自治区、直辖市语言文字工作部门根据测试对象或本地区的实际情况，决定是否免测。免测"选择判断"测试项的普通话水平测试的内容及构成具体如下：

读单音节字词：本项测查应试人声母、韵母、声调读音的标准程度；共100个音节，不含轻声、儿化音节，限时3.5分钟，共10分。

读多音节词语：本项测查应试人声母、韵母、声调和变调、轻声、儿化读音的标准程度；共100个音节，限时2.5分钟，共20分。

朗读短文：本项测查应试人使用普通话朗读书面作品的水平。在测查声母、韵母、声调读音标准程度的同时，重点测查连读音变、停连、语调以及流畅程度；共1篇，400个音节，限时4分钟，共30分。

命题说话：本项测查应试人在无文字凭借的情况下说普通话的水平，重点

---

① 《计算机辅助普通话水平测试评分试行办法》第二条、第三条。
② 孙海娜（2010）浅析《计算机辅助普通话水平测试评分试行办法》，《语言文字应用》，第4期，94页。
③ 国家语委普通话与文字应用培训测试中心（2022）《普通话水平测试测试实施纲要（2021年版）》，北京：语文出版社，1—4页。

测查语音标准程度、词汇语法规范程度和自然流畅程度；由应试人从给定的两个话题中选定 1 个话题，限时 3 分钟，共 40 分。

三、普通话水平测试等级标准

《普通话水平测试管理规定》第十四条指出："普通话水平等级分为三级，每级分为甲、乙两等。一级甲等须经过国家测试机构认定，一级乙等及以下由省级测试机构认定。应试人测试成绩达到等级标准，由国家测试机构颁发相应的普通话水平测试等级证书。普通话水平测试等级证书全国通用。"[1]

根据《普通话水平测试等级标准（试行）》，普通话水平各等级的标准具体如下。[2]

一级

甲等　朗读和自由交谈时，语音标准，词汇、语法正确无误，语调自然，表达流畅。测试总失分率在 3% 以内。

乙等　朗读和自由交谈时，语音标准，词汇、语法正确无误，语调自然，表达流畅。偶然有字音、字调失误。测试总失分率在 8% 以内。

二级

甲等　朗读和自由交谈时，声韵调发音基本标准，语调自然，表达流畅。少数难点音（平翘舌音、前后鼻尾音、边鼻音等）有时出现失误。词汇、语法极少有误。测试总失分率在 13% 以内。

乙等　朗读和自由交谈时，个别调值不准，声韵母发音有不到位现象。难点音（平翘舌音、前后鼻尾音、边鼻音、fu—hu、z—zh—j、送气不送气、i—ü 不分、保留浊塞音和浊塞擦音、丢介音、复韵母单音化等）失误较多。方言语调不明显。有使用方言词、方言语法的情况。测试总失分率在 20% 以内。

---

[1] 国家语委普通话与文字应用培训测试中心（2022）《普通话水平测试测试实施纲要（2021 年版）》，北京：语文出版社，474 页。

[2] 国家语委普通话与文字应用培训测试中心（2022）《普通话水平测试测试实施纲要（2021 年版）》，北京：语文出版社，472 页。

三级

甲等　朗读和自由交谈时，声韵调发音失误较多，难点音超出常见范围，声调调值多不准。方言语调较明显。词汇、语法有失误。测试总失分率在30%以内。

乙等　朗读和自由交谈时，声韵调发音失误多，方音特征突出。方言语调明显。词汇、语法失误较多。外地人听其谈话有听不懂情况。测试总失分率在40%以内。

四、普通话水平测试的准备

（一）普通话水平测试考前准备

1. 熟悉普通话水平测试的内容、范围及流程

参加普通话水平测试，首先，要熟悉普通话水平测试的内容和范围，并围绕读单音节字词、读多音节词语、朗读短文、命题说话等测试项的测查目的、评分标准，做好相关准备。

其次，要了解普通话水平测试的流程。根据《普通话水平测试规程》，参加测试的人员通过官方平台在线报名。非首次报名参加测试人员，须在最近一次测试成绩发布之后方可再次报名。应试人应持准考证和有效身份证件原件按时到指定考场报到。应试人进入测试室时，不得携带手机等各类具有无线通讯、拍摄、录音、查询等功能的设备，不得携带任何参考资料。测试结束后，经考务人员确认无异常情况，应试人方可离开。[①]

2. 学习普通话基础知识，掌握发音部位和发音方法

语言迁移理论认为，母语对人们学习第二语言的影响，有可能是正面影响，也有可能是负面影响。现代汉语方言与普通话属于"同源异流"的关系，不同地区所使用的方言与普通话均具有不同程度的差异性。在学习普通话的过程中，现代汉语方言与普通话一致的部分，就是正面影响，可以降低普通话学习的难度；不一致的部分，则可能产生负面影响，继而影响普通话发音的标准度。

---

① 国家语委《普通话水平测试规程》，中华人民共和国教育部网．http：//www. moe. gov. cn/srcsite/A18/s3133/202302/t20230210_1043378.html，访问日期：2024年1月15日。

因此，应试人在学习普通话时，首先要明确自己所使用的现代汉语方言与普通话之间的差异，包括语音、词汇、语法等方面的差异，尤其需要注意语音的差异性。例如：有的现代汉语方言不区分 n 和 l，有的现代汉语方言 z、c、s 与 zh、ch、sh 混用，有的现代汉语方言还没有后鼻音韵母。明确了这些差异之后，就可以通过学习普通话的基础知识，弄清楚普通话的发音部位和发音方法，进行有针对性的训练。

3. 明确学习普通话的动机，调整普通话学习状态

美国心理学家 W. E. 兰伯特，从社会心理的角度研究双语现象和第二语言的学习过程。他将学习者学习第二语言的动机分为两种类型：实用动机（仅仅出于功利的目的而学习）和归附动机（对另一语言文化集团产生了好感，希望成为其一员）。[1] 如果将该理论用于普通话的学习上，大多数应试人参加普通话水平测试主要是出于专业需要、岗位要求或社会需求，因而学习普通话的动机主要是以实用动机居多。然而，如果应试人在学习普通话时缺乏适当的归附动机，对普通话水平的快速提高是很不利的。应试人如果能从普通话作为国家通用语言的角度，全面认知并认同普通话作为一种语言资源的价值和意义，即可将实用动机所形成的被动学习状态转化为归附动机所形成的主动学习状态，进而在良好的学习心理状态中提高普通话学习的有效性。

（二）普通话水平测试应试技巧

1. 树立自信心，调整心理状态

普通话水平测试是通过口试的方式进行的，与日常采用笔试进行的其他考试不同，应试人难免会在考前产生焦虑情绪。适度的焦虑可以产生测试的动力，但过度的焦虑则不利于测试的顺利完成。因此，应试人应做好心理状态的自我调节，以免影响测试成绩。

首先，应试人应在正确评估自己普通话水平的基础上，结合专业需要、岗位要求或社会需求，设立适宜的等级目标，通过该目标所形成的适度紧张感来确保测试的顺利进行。除特殊职业，如广播电视台的播音员和主持人、影视话剧演员，以及语音教师等岗位的普通话水平要求达到一级外，其余岗位的普通

---

[1] 沙平（1999）第二语言获得研究与对外汉语教学，《语言文字应用》，第 4 期，24 页。

话水平多为二级达标。

其次,测试过程中注意调节情绪,充分发挥自己的实力。即使有了充分的准备和训练,很多应试人也会在测试现场感觉紧张,这属于正常的心理状态。然而,当紧张转变为焦虑甚至是怯场时,就会影响测试的正常发挥,如读错形近字、多音字,或将甲字读为乙字、颠倒词语顺序等。这时,应试人就需要通过调整呼吸、自我暗示等方法进行心理调适,以正常发挥自己的实力和水平。

2. 注意时间,关注测试细节

应试人进入测试室开始测试时,应使用适中的语速,在规定的时间内,完成普通话水平测试的读单音节字词、读多音节词语和朗读短文。朗读时,对一些容易读错的形近字(如"戊""戌""戍"等)、多音字(如"丈夫"一词有 zhàngfū 和 zhàngfu 两个读音,"实在"一词有 shízài 和 shízai 两个读音等),以及同素逆序词(如"讲演"和"演讲"、"察觉"和"觉察"、"亮光"和"光亮"等)等,要细心加以辨析。

命题说话时,应试人可结合个人特长及准备情况,在测试系统所提供的话题中确认一个,然后在头脑中拟出命题说话的提纲及素材或关键词,力争做到话语表达清晰准确、自然流畅,话语内容能够围绕主题展开且相对完整。

3. 控制口腔,调节好气息和共鸣

正式测试时,应试人还可以从气息、口腔、共鸣等方面做一些调节。

首先,调整呼吸状态。应试人在考试设备前就座后,可以先挺直腰背,双肩自然打开,再通过1—2次深呼吸做到气息通畅。朗读每一道题时,注意做到以气带声,因为充足的气息不仅可以让普通话的调值准确到位,而且还可以让声音坚实、洪亮、有力度。

其次,呈现积极的发声状态。以微笑状将口腔充分打开,让双唇、牙齿、舌头、软腭等发音器官自如地表现,保持唇、舌力量集中。根据普通话声母、韵母的发音原理,确保声母的发音部位和发音方法正确,使韵母的口腔开度、舌位动程、唇形圆展随着字词的朗读而不断变化。积极的口腔状态,不仅能使发音准确、清晰,还能让字音听起来圆润、饱满。

最后,根据表达内容和情感变化自如调整句调。应试人在完成朗读短文、命题说话测试项时,应根据表达内容和情感变化,适时调整音高、音强、音长

和音色，而这就与共鸣的调节密切相关。共鸣在发音中的作用就是扩大和美化声音，例如：当情感昂扬向上时，增强头部和胸腔的共鸣，可以让声音听起来浑厚、结实；当情感低沉时，增强咽腔的共鸣，可以让声音听起来深沉、有韵味。自如的共鸣调节，不但可以准确、生动地传达表达内容的精神实质，而且可以让声音显得更加优美动听，从而让测试达到事半功倍的效果。

第二章　普通话水平测试中的字词

第一节　普通话字词测试简介

一、单音节字词测试

音节是语流中自然感知的发音单位和听感单位。在普通话中，人们在发音时自然发出的、听觉上自然感知的一个语音片段，即一个汉字，就是一个音节。儿化音节例外，如"那儿（nàr）"是两个汉字一个音节。

普通话水平测试中的读单音节字词，主要测查应试人声母、韵母、声调读音的标准程度。该题共 100 个音节（不含轻声、儿化音节），满分为 10 分。应试人在测试过程中，如出现语音错误、语音缺陷或因语速不当所导致的超时等现象，则按《普通话水平测试大纲》扣除相应的分值。[①]

（一）单音节字词的语音错误

单音节字词的语音错误，是指应试人将某个音节的声母、韵母、声调三个要素中的任何一个或几个要素读成其他的声母、韵母、声调，具体表现为以下四种错误类型。

[①] 国家语委普通话与文字应用培训测试中心（2022）《普通话水平测试测试实施纲要（2021年版）》，北京：语文出版社，1 页。

1. 声母错误

例如：不区分边音和鼻音，将 l 读成 n，或将 n 读成 l，如"难（nán）"和"拦（lán）"、"泥（ní）"和"离（lí）"的混读；不区分舌尖前音和舌尖后音，将 z、c、s 读成 zh、ch、sh，或将 zh、ch、sh 读成 z、c、s，如"自（zì）"和"志（zhì）"、"词（cí）"和"池（chí）"、"丝（sī）"和"师（shī）"的混读。

2. 韵母错误

例如：将前鼻音韵母读成后鼻音韵母，或将后鼻音韵母读成前鼻音韵母，如"宽（kuān）"和"筐（kuāng）"、"殷（yīn）"和"英（yīng）"、"审（shěn）"和"省（shěng）"的混读。

3. 声调错误

例如：按照云南方言的调类，将古入声调值的字，如"八（bā）""铁（tiě）""入（rù）"等，读为阳平。

4. 混合错误

混合错误是指某个音节的构成要素同时出现两个或三个要素的发音错误。例如：同时出现声母和韵母的错误，或者是声母和声调的错误，或者是韵母和声调的错误，或者是声韵调同时出现错误。

（二）单音节字词的语音缺陷

单音节字词的语音缺陷，是指某个音节的声母、韵母、声调三个要素中的任何一个或几个要素发音不到位、不准确，具体表现为以下四种缺陷类型。

1. 声母缺陷

声母缺陷主要表现为声母的发音部位不准确、不到位，但还不是将普通话的一类声母读成另一类声母。例如：发舌尖后音 zh、ch、sh、r 时，舌尖接触或接近硬腭前端的位置偏前或偏后；发舌面音 j、q、x 时，发音部位明显靠前，音色接近舌尖前音。

2. 韵母缺陷

韵母缺陷主要表现为发音时舌位的高低和前后、唇形的圆展等不标准或不到位。例如：开口呼韵母的开口度不够、合口呼韵母和撮口呼韵母的圆唇度不够，听感上有明显差异；复韵母的发音，如"飘（piāo）""块（kuài）""留（liú）""队（duì）"等，出现舌位动程不足的现象；韵母 ai、an 中的 a[a]，发音靠后；韵母 ang、uang 中的 a[a]，发音偏前，或者是 ang 中的 a[a] 带有圆唇音色。

3. 声调缺陷

声调缺陷主要表现为声调调型基本正确，但调值偏低或偏高，或声调时值过短。例如：阴平起调略低且不稳定，调值偏低，把阴平读成 44 或 33 调值；阳平起调略低，调值升不到位，读成 24 调值；去声起调略低，起点不足 5 度。

4. 混合缺陷

混合缺陷是指某个音节的构成要素同时出现两个或三个要素的发音缺陷。例如：同时出现声母和韵母的缺陷，或者是声母和声调的缺陷，或者是韵母和声调的缺陷，或者是声韵调同时出现缺陷。

二、多音节词语测试

普通话水平测试中的读多音节词语，主要测查应试人声母、韵母、声调和变调、轻声、儿化读音的标准程度。该题共 100 个音节，满分为 20 分。应试人在测试过程中，如出现语音错误、语音缺陷或因语速不当所导致的超时等现象，则按《普通话水平测试大纲》扣除相应的分值。[①]

多音节词语的语音错误、语音缺陷，除了跟单音节字词的语音错误、语音缺陷相同的以外，还包括变调、轻声、儿化韵读音完全不符合、不完全符合要求的情况。

关于语音错误，例如：两个上声音节相连时，如"笔者（bǐzhě）""鼓舞（gǔwǔ）""处理（chǔlǐ）"等，没有按照相应的规律进行变调；轻声音节，如"他们（tāmen）""讲究（jiǎngjiu）""耽搁（dāngē）"等，没有读为轻声。

关于语音缺陷，例如："中·重"格式的双音节词语，如"伟大（wěidà）""推广（tuīguǎng）""电视（diànshì）"等，语感不自然、发音生硬；儿化韵，如"饭

[①] 国家语委普通话与文字应用培训测试中心（2022）《普通话水平测试测试实施纲要（2021 年版）》，北京：语文出版社，2 页。

盒儿（fànhér）""小说儿（xiǎoshuōr）""抽空儿（chōukòngr）"等，卷舌色彩不明显或发音生硬。

第二节 普通话声母发音难点解析

一、声母的定义

声母是汉语音节开头的部分。普通话共有22个声母，其中有21个辅音声母：b、p、m、f、d、t、n、l、g、k、h、j、q、x、zh、ch、sh、r、z、c、s；1个零声母，如"矮（ǎi）""音（yīn）""闻（wén）""约（yuē）"的声母就是零声母。

辅音和声母是不同的概念。声母由辅音来充当，但并不是所有的辅音都可以作声母。有的辅音就不能充当声母，如 ng[ŋ] 在普通话中只能作韵尾；有的辅音则既可以在音节开头作声母，也可以在音节末尾作韵尾，如 n[n]。

二、声母的发音要领

普通话的声母，按照发音部位和发音方法的不同，可以划分为不同的类别。

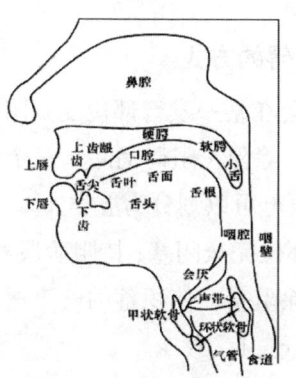

图1 发音器官图

（一）声母的发音部位

发音部位是指发音时发音器官构成阻碍的部位。按照发音部位，普通话 21 个辅音声母可以分为七类。

双唇音：由上唇和下唇闭合构成阻碍而发出的音。普通话共有 3 个双唇音声母：b、p、m。

唇齿音：由下唇和上齿靠拢构成阻碍而发出的音。普通话只有 1 个唇齿音声母：f。

舌尖前音：也叫平舌音，是由舌尖接触或接近上门齿背构成阻碍而发出的音。普通话共有 3 个舌尖前音声母：z、c、s。

舌尖中音：由舌尖接触上齿龈构成阻碍而发出的音。普通话共有 4 个舌尖中音声母：d、t、n、l。

舌尖后音：也叫翘舌音，是由舌尖接触或接近硬腭最前端构成阻碍而发出的音。普通话共有 4 个舌尖后音声母：zh、ch、sh、r。

舌面前音：由舌面前部接触或接近硬腭前部构成阻碍而发出的音。普通话共有 3 个舌面前音声母：j、q、x。

舌面后音：由舌面后部接触或接近软腭前部构成阻碍而发出的音。普通话共有 3 个舌面后音声母：g、k、h。

（二）声母的发音方法

发音方法是指发音时发音器官形成阻碍的方式和克服阻碍的方法。普通话声母的发音方法主要包括构成阻碍和解除阻碍的方式、声带是否振动、呼出气流的强弱三个方面。

1. 构成阻碍和解除阻碍的方式

发辅音时，气流通常会在某一发音部位受到阻碍，并可分解为成阻（阻碍形成）、持阻（阻碍持续）、除阻（阻碍消除）三个阶段。从形成阻碍和消除阻碍的方式来看，普通话的声母可以划分为五类。

塞音：成阻阶段发音部位完全闭塞；持阻阶段气流积蓄在阻碍的部位之后；除阻阶段发音部位突然解除阻塞，使积蓄的气流透出，爆发破裂成声。普通话共有 6 个塞音声母：b、p、d、t、g、k。

擦音：成阻阶段构成阻碍的两个发音部位接近，形成一条窄缝；持阻阶段气流从窄缝中间摩擦成声;除阻时发音结束。普通话共有6个擦音声母:f、h、x、sh、s、r。

塞擦音:顾名思义,既有"塞音"的特点,也有"擦音"的特点,是以"塞音"开始,以"擦音"结束的音。成阻阶段发音部位完全闭塞;持阻阶段气流冲破阻碍部位形成一条窄缝并从窄缝中间摩擦成声;除阻时发音结束。普通话共有6个塞擦音声母:j、q、zh、ch、z、c。

边音:成阻阶段舌尖和上齿龈接触,使口腔中间的通道阻塞;持阻阶段声带振动,气流从舌头两边与两颊内侧形成的空隙通过,透出声音;除阻时发音结束。普通话只有1个边音声母:l。

鼻音:成阻阶段发音部位完全闭塞,封闭口腔通道;持阻阶段软腭下垂,打开鼻腔通道,声带振动,气流到达口腔和鼻腔,气流在口腔受到阻碍,由鼻腔透出成声;除阻时口腔阻碍解除。普通话共有2个鼻音声母:m、n。

2. 声带是否振动

从发音时声带是否振动来看,普通话声母可以分成两类。

清音:发音时,声带不振动的音叫清音。普通话共有17个清音声母:b、p、f、d、t、g、k、h、j、q、x、zh、ch、sh、z、c、s。

浊音:发音时,声带振动的音叫浊音。普通话共有4个浊音声母:m、n、l、r。

3. 呼出气流的强弱

根据呼出气流的强弱,可以把普通话声母中的塞音、塞擦音分为送气音和不送气音两类。

送气音:发音时气流送出比较快且明显的音。普通话共有6个送气音声母:p、t、k、q、ch、c。

不送气音:发音时没有送气音特征且与送气音形成对立的音。普通话共有6个不送气音声母:b、d、g、j、zh、z。

(三)普通话声母的描写

根据普通话声母的发音部位、发音方法,便可归纳出普通话声母发音特征表。

表 1 普通话声母发音特征表

发音部位	发音方法							
	塞音		塞擦音		擦音		鼻音	边音
	清音		清音		清音	浊音	浊音	浊音
	不送气	送气	不送气	送气				
双唇音	b[p]	p[pʰ]					m[m]	
唇齿音					f[f]			
舌尖前音			z[ts]	c[tsʰ]	s[s]			
舌尖中音	d[t]	t[tʰ]					n[n]	l[l]
舌尖后音			zh[tʂ]	ch[tʂʰ]	sh[ʂ]	r[ʐ]		
舌面前音			j[tɕ]	q[tɕʰ]	x[ɕ]			
舌面后音	g[k]	k[kʰ]			h[x]			

三、普通话水平测试声母常见失误

在普通话水平测试中，声母方面的常见失误既有发音部位相互混淆的失误，也有发音方法相互混淆的失误。

（一）z、c、s 与 zh、ch、sh 的区分

舌尖前音 z、c、s 与舌尖后音 zh、ch、sh 在普通话中区分明显，但是由于受到现代汉语方言的影响，很多方言区的应试人会出现混淆两组音发音的情形；有的方言区的应试人则只有舌尖前音 z、c、s，没有舌尖后音 zh、ch、sh。这两组音的区分方法具体如下。

1. z 与 zh 的区分

从发音方法上看，声母 z、zh 都属于不送气、清、塞擦音。二者的区别在于发音部位的不同。

z[ts] 舌尖前、不送气、清、塞擦音。发音时，舌尖抵住上门齿背形成阻塞，在阻塞部位后积蓄气流；同时，软腭上升，关闭鼻腔通道，然后较弱的气流冲开阻塞部位形成一条缝隙，并从缝隙中摩擦流出而成声。例如："灾（zāi）""攒

（zǎn）""泽（zé）""渍（zì）""总（zǒng）""奏（zòu）""嘴（zuǐ）""佐（zuǒ）"。

zh[tʂ] 舌尖后、不送气、清、塞擦音。发音时，舌尖上翘抵住硬腭前端形成阻塞，在阻塞部位后积蓄气流；同时，软腭上升，关闭鼻腔通道，然后较弱的气流冲开阻塞部位形成一条缝隙，并从缝隙中摩擦流出而成声。例如："榨（zhà）""兆（zhào）""哲（zhé）""痣（zhì）""肿（zhǒng）""轴（zhóu）""诸（zhū）""赘（zhuì）"。

2. c与ch的区分

从发音方法上看，声母c、ch都属于送气、清、塞擦音。二者的区别也在于发音部位的不同。

c[tsʰ] 舌尖前、送气、清、塞擦音。发音时，舌尖抵住上门齿背形成阻塞，在阻塞部位后积蓄气流；同时软腭上升，关闭鼻腔通道，然后较强的气流冲开阻塞部位形成一条缝隙，并从缝隙中摩擦流出而成声。例如："嚓（cā）""蚕（cán）""舱（cāng）""侧（cè）""瓷（cí）""匆（cōng）""醋（cù）""篡（cuàn）""错（cuò）"。

ch[tʂʰ] 舌尖后、送气、清、塞擦音。发音时，舌尖上翘抵住硬腭前端形成阻塞，在阻塞部位后积蓄气流；同时软腭上升，关闭鼻腔通道，然后较强的气流冲开阻塞部位形成一条缝隙，并从缝隙中摩擦流出而成声。例如："岔（chà）""豺（chái）""缠（chán）""嗤（chī）""崇（chóng）""钏（chuàn）""槌（chuí）""醇（chún）"。

3. s与sh的区分

从发音方法上看，声母s、sh都属于清、擦音。二者的区别也在于发音部位的不同。

s[s] 舌尖前、清、擦音。发音时，舌尖接近上齿背，留出一条窄缝，软腭上升堵塞鼻腔通道，气流从窄缝中摩擦通过而成声。例如："飒（sà）""嗓（sǎng）""搔（sāo）""啬（sè）""嗣（sì）""搜（sōu）""肃（sù）""穗（suì）"。

sh[ʂ] 舌尖后、清、擦音。发音时，舌尖上翘接近硬腭前部，留出一条窄缝，软腭上升堵塞鼻腔通道，气流从窄缝中摩擦通过而成声。例如："珊（shān）""赏（shǎng）""莘（shēn）""笙（shēng）""噬（shì）""孰（shú）""涮（shuàn）""硕（shuò）"。

准确把握舌尖前音 z、c、s 与舌尖后音 zh、ch、sh 的发音部位和发音方法，可以有效解决两组声母的发音失误问题。此外，还可以通过如下方法来进行识别：

一是利用声韵拼合规律来识记字音。在普通话中，并不是每一个声母都可以和每一个韵母相拼合，有的韵母只能跟舌尖后音 zh、ch、sh 相拼，有的韵母却只能跟舌尖前音 z、c、s 相拼。例如：韵母 ua、uai、uang 只能跟舌尖后音 zh、ch、sh 相拼，不能跟舌尖前音 z、c、s 相拼；韵母 ong 只能跟舌尖前音 s 相拼，不能跟舌尖后音 sh 相拼。

二是利用形声字声旁类推识记字音。在普通话中，"则""次""子""曹""曾""宗""卒""叟""兹"等字的声母是平舌音，以它们为声旁构成的形声字的声母一般也为平舌音，如"侧、厕、瓷、资、籽、字、糟、槽、增、赠""综、棕""粹""碎""嫂""艘""滋、磁"等。当然，也会有个别字例外，如声母为平舌音的"则"，以其为声旁构成的形声字"铡"的声母为翘舌音；声母为平舌音的"叟"，以其为声旁构成的形声字"瘦"的声母也是翘舌音。但是，这样的情况是比较少的，只要用排除法记住这些例外字，其他字基本符合这个规律。

三是采用记少不记多的原则识记字音。在普通话中，声母为平舌音的字要远比翘舌音的字少。因此，可以用"记少不记多"的原则去记住一些常用的声母为平舌音的字，这样可以大大减轻识别平翘舌声母的负担。

四是通过练习绕口令的方式帮助分辨 z、c、s 与 zh、ch、sh 的发音。例如：

①史老师，讲时事，常学时事长知识，时事学习看报纸，报纸登的是时事，常看报纸要多思，心里装着天下事。[1]

②四十四个字和词，组成一首子词丝的绕口词。桃子、李子、梨子、栗子、橘子、柿子、槟子和榛子，栽满院子、村子和寨子，刀子、斧子、锯子、凿子、锤子、刨子和尺子，做出桌子、椅子和箱子。名词、动词、数词、量词、代词、副词、助词、连词，造成语词、诗词和唱词。蚕丝、生丝、熟丝、缫丝、染丝、晒丝、纺丝、织丝，自制粗丝、细丝、人造丝。[2]

---

[1] 赵秀环（2017）《绕口令训练》，北京：中国传媒大学出版社，11 页。
[2] 赵秀环（2017）《绕口令训练》，北京：中国传媒大学出版社，12—13 页。

（二）n与l的区分

在普通话中，声母n是鼻音，l是边音，区分明显。但是，它们又是一对有着紧密联系的声母。从发音部位来看，n和l同属于舌尖中音；从发音方法来看，n和l在发声时都需要振动声带，同属于浊音。因此，这一对声母在很多现代方言区都是不区分的，很多应试人在普通话水平测试中也很容易混淆n与l。声母n与l的区分方法具体如下。

n[n] 舌尖中、浊、鼻音。发音时，舌尖抵住上齿龈的后部，阻塞气流；软腭下垂，打开鼻腔通路，声带振动；气流同时到达口腔和鼻腔，在口腔受到阻碍，气流从鼻腔透出成声。例如："萘（nài）""闹（nào）""内（nèi）""逆（nì）""鲶（nián）""镊（niè）""拧（nǐng）""弩（nǔ）"。

l[l] 舌尖中、浊、边音。发音时，舌尖抵住上齿龈的后部，阻塞气流从口腔中路通过的通道；软腭上升，关闭鼻腔通路，声带振动；气流到达口腔后，从舌头与两颊内侧形成的空隙通过而成声。例如："癞（lài）""擂（lèi）""撂（liào）""镰（lián）""陋（lòu）""鸾（luán）""氯（lǜ）""络（luò）"。

准确区分声母n与l，除了掌握二者的发音部位和发音方法外，还可以借助以下一些方法来进行识别：

一是运用记少不记多的原则合理减轻记忆负担。在普通话中，声母为n的汉字要比声母为l的汉字少一些，因此可以利用识记声母为n的代表字的方法来识记一些常用的汉字，如"内""馁""虐""嫩""酿""怒""泞""挠""暖"等字的声母都为n。

二是运用形声字声旁类推方法识记字音。例如：以"宁""农""南""囊"为声旁构成的形声字"拧、柠、咛、狞""浓、侬、脓、秾""喃、楠、腩""馕、曩、齉"等，其声母也为n；以"龙""令""仑""兰"为声旁形成的形声字"拢、笼、陇、垄""伶、零、岭、苓""轮、抡、沦、囵""栏、烂、拦"等，其声母也为l。

三是通过练习绕口令的方式帮助分辨n与l的发音。例如：

①河边有棵柳，柳下一头牛。牛要去顶柳，柳条缠住了牛的头。[①]

②牌楼两边有四辆四轮大马车，你爱拉哪两辆就拉哪两辆。[②]

[①] 赵秀环（2017）《绕口令训练》，北京：中国传媒大学出版社，63页。
[②] 赵秀环（2017）《绕口令训练》，北京：中国传媒大学出版社，63页。

（三）f 与 h 的区分

声母 f、h 同属于擦音，但发音部位不同，在普通话中的区分是非常明显的。然而，有些方言区的应试人常常会混淆这一对声母。二者的发音要领具体如下。

f[f] 唇齿、清、擦音。发音时，上齿轻轻接触下唇，唇齿之间留下一条缝隙，形成阻碍，阻塞气流；软腭上升，关闭鼻腔通路；使气流从齿唇间形成的缝隙中摩擦流出成声。发声时声带不振动。例如："乏（fá）""烦（fán）""肪（fáng）""舫（fǎng）""匪（fěi）""酚（fēn）""佛（fó）""馥（fù）"。

h[x] 舌根、清、擦音。发音时，舌面后部隆起接近硬腭和软腭的交界处，使两者之间形成一条缝隙，形成阻碍，阻塞气流；软腭上升，关闭鼻腔通路，使气流从形成的窄缝中摩擦流出成声。发声时声带不振动。例如："骇（hài）""憨（hān）""壕（háo）""鹤（hè）""恒（héng）""斛（hú）""骅（huá）""桓（huán）""徽（huī）"。

除了熟练掌握声母 f 与 h 的发音要领外，还可以通过以下方法来进行识别和区分：

一是运用形声字声旁类推的方法来识记字音。例如：普通话中"凡、反、番、方、夫、甫、伐、付、负、分、风、非、弗、复"等字的声母都为 f，以它们为声旁的形声字声母一般也为 f；普通话中"乎、忽、胡、虎、户、化、回、会、挥、奂、荒、黄"等字的声母都为 h，以它们为声旁构成的形声字声母一般也为 h。

二是通过练习绕口令的方式帮助分辨 f 与 h 的发音。例如：

前村后刘沟有个付虎虎，后村前刘沟有个胡福福。中伏给队里种萝卜，付虎虎会种白萝卜不会种红萝卜，胡福福会种红萝卜不会种白萝卜，付虎虎帮胡福福种白萝卜，胡福福帮付虎虎种红萝卜。①

（四）j、q、x 与 z、c、s 的区分

舌面前音声母 j、q、x 和舌尖前音声母 z、c、s 区分对立明显。但是，当这两组声母与 i、ü 和以 i、ü 开头的韵母相拼时容易发生混淆。在传统音韵学中，声母 j、q、x 与 i、ü 和以 i、ü 开头的韵母相拼而成的音叫团音；声母 z、c、s

---

① 赵秀环（2017）《绕口令训练》，北京：中国传媒大学出版社，59 页。

与i、ü和以i、ü开头的韵母相拼而成的音叫尖音。普通话中只有团音，没有尖音，不区分尖团。但是，有的现代汉语方言既有团音，也有尖音，在使用普通话表达时就会把一部分声母为j、q、x的字读成声母为z、c、s的字。另外，有些人（多数为女性）平常发j、q、x时发音部位太靠前，也会导致音色上接近z、c、s。因此，学习普通话需要区分这两组音。

1. j与z的区分

j[tɕ] 舌面前、不送气、清、塞擦音。发音时，舌尖抵住下门齿背，使舌面前部接触硬腭前部，软腭上升堵塞鼻腔通路。在阻塞的部位后面积蓄气流，声带不振动，较弱的气流把舌面的阻碍冲开一条窄缝并从中挤出，摩擦成声。例如："姬（jī）""枷（jiā）""疆（jiāng）""剿（jiǎo）""靳（jìn）""粳（jīng）""灸（jiǔ）""橘（jú）""绢（juàn）"。

声母j、z的发音方法一致，都是不送气、清、塞擦音，二者的区别在于发音部位。发声母j时，舌尖要抵住下门齿背，这样才能迫使舌面前部隆起去接触硬腭前端；发声母z时舌尖要抵住上门齿背，这样才能保证舌头是平展的状态。

2. q与c的区分

q[tɕʰ] 舌面前、送气、清、塞擦音。发音时，舌尖抵住下门齿背，使舌面前部接触硬腭前部，软腭上升堵塞鼻腔通路。在阻塞的部位后面积蓄气流，声带不振动，较强的气流把舌面的阻碍冲开一条窄缝并从中挤出，摩擦成声。例如："鳍（qí）""呛（qiàng）""侨（qiáo）""噙（qín）""卿（qīng）""裘（qiú）""衢（qú）""蜷（quán）"。

声母q、c同属于送气、清、塞擦音，二者的区别同样是发音部位的不同。发声母q时，舌尖抵住下门齿背形成阻碍；发声母c时，舌尖抵住上门齿背形成阻塞。

3. x与s的区分

x[ɕ] 舌面前、送气、清、擦音。发音时，舌尖抵住下门齿背，使舌面前部接近硬腭前部，留出一条窄缝，软腭上升堵塞鼻腔通道，声带不振动，气流从窄缝摩擦通过而成声。例如："檄（xí）""辖（xiá）""嫌（xián）""镶（xiāng）""宵（xiāo）""楔（xiē）""眩（xuàn）""熏（xūn）"。

声母x、s同属于清、擦音，二者的区别也是发音部位的不同：x是舌面前音，s是舌尖前音。发声母x时，舌尖抵住下门齿背，使舌面前部与硬腭前部贴近形成适度的间隙，气流从间隙摩擦通过成声；发声母s时，舌尖靠近上门齿背，形成间隙，气流从间隙摩擦通过成声。

（五）r的发音

声母r[ʐ]为舌尖后、浊、擦音。发音时，舌尖上翘接近硬腭前部，留出一条窄缝，软腭上升堵塞鼻腔通路，声带振动，气流从窄缝中挤出，摩擦轻微。例如："髯（rán）""瓤（ráng）""衽（rèn）""嵘（róng）""孺（rú）""芮（Ruì）""闰（rùn）""箬（ruò）"。

1. r与s的区分

声母r、s属于不同发音部位的擦音。二者的区别，首先，由于发音部位不同造成舌尖抵触的位置不同。声母r是舌尖后音，发音时舌尖要上翘至接近硬腭；声母s为舌尖前音，发音时舌尖平展接近上门齿背。其次，声母r发音时声带需要振动，是浊音；声母s发音时声带不振动，是清音。最后，声母r发音时摩擦轻微，声母s发音时摩擦明显。一些方言区由于没有声母r，故应试人会出现把普通话声母r误读为s的情况。

2. r与l的区分

声母r、l无论是从发音部位看，还是从发音方法看，都不尽相同。r为舌尖后、浊、擦音，l为舌尖中、浊、边音，二者唯一的相似之处是发音时声带都需要振动。但一些方言区的普通话学习者会出现因发音部位不准，尤其是在发舌尖后音时，由于舌尖上翘不够，发音部位移落到舌尖中音的发音位置，把声母r发成l。

（六）零声母的发音

普通话除了21个辅音声母外，还有零声母。在普通话中，大多数音节的开头都是有辅音的，但也有一些音节开头没有辅音，如"鳌（áo）""鸥（ōu）""额（é）""筵（yán）""膺（yīng）""瓮（wèng）""涡（wō）""垣（yuán）"等。这些音节虽然没有辅音声母，但出现在音节开头位置的元音发音时仍然带有轻微的摩擦成分。从这个意义上说，零声母也是一种声母。

普通话零声母可以分为开口呼零声母和非开口呼零声母两类。

开口呼零声母音节，即以元音 a、o、e 开头的音节，发音时前面会带有微弱的喉塞音 [ʔ]。例如："昂扬（ángyáng）""额外（éwài）"。

非开口呼零声母音节，即除开口呼以外的齐齿呼、合口呼、撮口呼三种零声母音节。齐齿呼零声母音节，汉语拼音用隔音字母 y 开头，实际的发音常带有轻微摩擦的半元音 [j]；合口呼零声母音节，汉语拼音用隔音字母 w 开头，实际的发音常带有轻微摩擦的半元音 [w] 或齿唇通音 [ʋ]；撮口呼零声母音节，汉语拼音用隔音字母 y 开头，实际发音常带有轻微摩擦的半元音 [ɥ]。例如："已经（yǐjīng）""物产（wùchǎn）""语病（yǔbìng）"。

第三节　普通话韵母发音难点解析

一、韵母的定义

韵母是音节中声母后面的部分。韵母由韵头、韵腹和韵尾三部分组成，韵头一般由 i、u、ü 充当，韵腹一般由 a、o、e、ê、i、ü、u、-i[ɿ]、-i[ʅ]、er 充当，韵尾一般由 i、u 等元音或鼻辅音 n[n]、ng[ŋ] 充当。普通话共有 39 个韵母，主要由元音充当，但不是所有的元音都可以做韵母。此外，韵母还可以由元音和鼻辅音 n[n]、ng[ŋ] 组合而成。

韵母按照结构可分为单元音韵母、复元音韵母和鼻辅音韵母三类。

单元音韵母，也叫单韵母，是由一个元音构成的韵母。单元音韵母的不同音色是由舌位的前后、高低和唇形的圆展等方面造成的。根据发音时舌头的部位及状态，单元音韵母可以分为舌面单元音韵母、舌尖单元音韵母和卷舌元音韵母三类。普通话单元音韵母有 10 个：a、o、e、ê、i、ü、u、-i[ɿ]、-i[ʅ]、er。其中，a、o、e、ê、i、ü、u 为舌面单元音韵母，-i[ɿ]、-i[ʅ] 为舌尖单元音韵母，er 为卷舌元音韵母。

复元音韵母，也叫复韵母，是由两个或三个元音复合而成的韵母。构成复韵母的两个或三个元音在发音时有主次之分，可分为韵头、韵腹、韵尾三个部分。根据韵腹位置的不同，复韵母可以分为前响复韵母、后响复韵母和中响复韵母三类。普通话复元音韵母有13个：ai、ei、ao、ou、ia、ie、üe、ua、uo、iao、iou、uai、uei。其中，ai、ei、ao、ou为前响复韵母，ia、ie、üe、ua、uo为后响复韵母，iao、iou、uai、uei为中响复韵母。

  鼻辅音韵母，也叫鼻韵母，是由元音和鼻辅音韵尾构成的韵母。根据鼻辅音韵尾的不同，鼻韵母可以分为前鼻音韵母和后鼻音韵母。普通话鼻韵母有16个：an、en、in、ün、ian、uan、üan、uen、ang、eng、ing、ong、iang、iong、uang、ueng。其中，an、en、in、ün、ian、uan、üan、uen为前鼻音韵母，ang、eng、ing、ong、iang、iong、uang、ueng为后鼻音韵母。

  传统音韵学根据韵母开头元音的发音口形又把韵母分为开口呼、齐齿呼、合口呼和撮口呼四类。开口呼是指不以i、u、ü起头的韵母，舌尖单元音韵母-i[ɿ]、-i[ʅ]也是开口呼韵母；齐齿呼是指i或以i起头的韵母；合口呼是指u或以u起头的韵母；撮口呼是指ü或以ü起头的韵母。

表2 普通话韵母总表

按结构分	按口形分			
	开口呼	齐齿呼	合口呼	撮口呼
单元音韵母	-i[ɿ]、[ʅ]	i[i]	u[u]	ü[y]
	a[A]			
	o[o]			
	e[ɤ]			
	ê[ɛ]			
	er[ɚ]			
复合元音韵母		ia[iA]	ua[uA]	
			uo[uo]	
		ie[iɛ]		üe[yɛ]
	ai[ai]		uai[uai]	
	ei[ei]		uei[uei]	
	ao[au]	iao[iau]		
	ou[ou]	iou[iou]		

(续表)

鼻辅音韵母	an[an]	ian[iɛn]	uan[uan]	üan[yæn]
	en[ən]	in[in]	uen[uən]	ün[yn]
	ang[aŋ]	iang[iaŋ]	uang[uaŋ]	
	eng[əŋ]	ing[iŋ]	ueng[uəŋ]	
			ong[ʊŋ]	iong[yŋ]

二、韵母的发音要领

普通话韵母的发音同口腔的变化、舌位的高低和前后、唇形的圆展、发音的动程等具有直接关系。

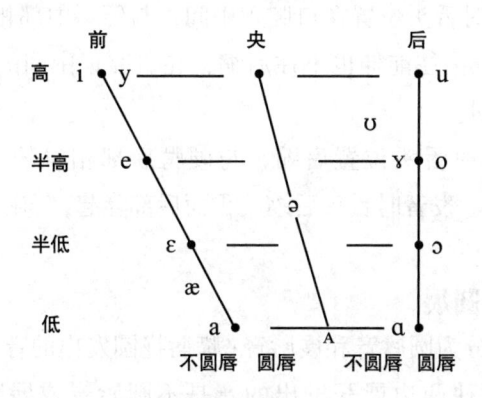

图2 舌面元音舌位简图

（一）舌位的高低

舌位的高低与口腔的开口度有关：开口度越小，舌位越高；开口度越大，舌位越低。根据舌位的高低，可以把普通话中的元音分为高元音、半高元音、半低元音、低元音四类。

高元音是舌头升到最高、口腔开口度最小的一类元音，如 i[i]、ü[y]、u[u] 等。高元音发音时，舌面抬高，与硬腭的距离最近，口腔开口度最小。

半高元音是舌头位置比高元音略低、口腔开口度比高元音略大的一类元音，如 [e]、e[ɤ]、o[o] 等。发音时舌面位置略低于高元音，与硬腭有一定距离，口腔开口度稍大。

半低元音是发音时舌头位置和口腔开口度介于半高元音、低元音之间的一类元音，如ê[ɛ]、[ɔ]等。发音时舌面位置略低于半高元音，与硬腭有一定距离，口腔开口度比半高元音略大。

低元音是发音时舌头位置最低、口腔开口度最大的一类元音，如a[a]、a[A]、a[ɑ]等。发音时舌面位置最低，与硬腭距离最大，口腔开口度最大。

（二）舌位的前后

舌位的前后是指发音时舌头在口腔中隆起位置的前后。根据发音时舌位的前后，可分为前元音、央元音、后元音三类。

前元音是发音时舌头位置隆起的最高点都在舌前部，与硬腭前部相对的一类元音，如i[i]、ü[y]、ê[ɛ]、a[a]等。发音时舌头前伸，抵住下齿背，舌面前部隆起，与硬腭前部相对。

央元音是发音时舌头位置在口腔正中间，与硬腭中部相对的一类元音，如a[A]。发音时舌头既不往前伸也不往后缩，在口腔正中间的位置，舌面中部隆起，与硬腭中部相对。

后元音是发音时舌头位置后缩，与硬腭后部相对的一类元音，如u[u]、o[o]、e[ɤ]、a[ɑ]等。发音时舌头后缩，舌面后部隆起，与硬腭后部相对。

（三）唇形的圆展

根据唇形，可分为圆唇音和展唇音：嘴唇拢圆发出的音是圆唇音，如ü[y]、u[u]、o[o]等；嘴唇往两边展开发出的音是不圆唇音或展唇音，如i[i]、ê[ɛ]、a[a]、e[ɤ]等。

圆唇音发音时，嘴唇收拢，成圆孔状；不圆唇音发音时，嘴唇自然往两边展开。

（四）发音的动程

发音动程就是发音时舌位的高低前后、唇形圆展的变化过程。普通话韵母中存在发音动程的主要是复元音韵母和鼻辅音韵母。

1. 复元音韵母发音动程

复元音韵母发音时，是从一个元音滑动到另一个元音，过渡自然，中间的气流不中断，没有明显界限。具体表现为：

前响复韵母 ai、ei、ao、ou 发音时，舌位由低到高，前一个元音是韵腹，发音响亮清晰；后一个元音是韵尾，发音轻短模糊，只表示舌位滑动的方向。

中响复韵母 iao、iou、uai、uei 的第一个元音是韵头，发音轻而短，只表示舌位的起音；中间的元音是韵腹，发音清晰响亮；最后一个元音是韵尾，发音轻短模糊，只表示舌位滑动的方向。

后响复韵母 ia、ie、ua、uo、üe 的前一个元音是韵头，发音轻短模糊，只表示舌位的起音；后一个元音是韵腹，发音清晰响亮。

2. 鼻辅音韵母发音动程

鼻辅音韵母发音时，先发元音，然后逐渐向鼻辅音 n[n] 或 ng[ŋ] 过渡，软腭下降阻塞口腔通道，气流从鼻腔流出，形成鼻音。具体表现为：

前鼻音韵母 an、en、in、ün 发音时，先发前面的元音，接着舌尖伸向上齿龈 n[n] 的位置，软腭下降，最后舌尖抵紧上齿龈，气流从鼻腔流出。前鼻音韵母 ian、uan、üan、uen 发音时，则先发第一个元音，然后过渡到另一个元音，接着舌尖抬起伸向上齿龈的位置，软腭下降，最后舌尖抵紧上齿龈，气流从鼻腔流出，发出 n[n] 音。

后鼻音韵母 ang、eng、ing、ong 发音时，先发前面的元音，接着舌根往后缩，软腭下降，舌根抵住软腭，气流从鼻腔流出，发出 ng[ŋ] 音。后鼻音韵母 iang、iong、uang、ueng 发音时，则先发第一个元音，然后过渡到另一个元音，接着舌根往后缩，软腭下降，舌根抵住软腭，气流从鼻腔流出，发出 ng[ŋ] 音。

三、普通话水平测试韵母常见失误

（一）单元音韵母常见失误

单韵母发音时，常见失误主要有舌位前后、唇形圆展以及舌面音和卷舌音混淆的失误。

1. a[A] 的常见失误

a[A] 舌面、央、低、不圆唇元音。发音时，口自然打开，舌位居中，舌面降到最低，唇形自然。例如："疤（bā）""乏（fá）""腊（là）""洒（sǎ）""打靶

（dǎbǎ）""沙发（shāfā）"等。

在普通话水平测试中，容易出现发 ɑ[A] 时把舌头靠前发成前 ɑ[a] 或者舌头靠后发成后 ɑ[ɑ] 的情况。因此，发 ɑ[A] 时，要注意舌头自然放在口腔中间，不要往前伸，也不要往后缩。

2. e 与 er 的区分

在普通话中，e[ɤ] 是舌面元音，er[ɚ] 是卷舌元音。但由于受到现代汉语方言的影响，一些应试人会在普通话测试中出现混淆二者的现象。e 与 er 的区别如下：

e[ɤ] 舌面、后、半高、不圆唇元音。发音时，口稍开，舌头后缩，舌面后部隆起，唇形往两边自然展开。例如："扼（è）""彻（chè）""革（gé）""可（kě）""苛刻（kēkè）""折射（zhéshè）"等。

er[ɚ] 卷舌、央、中、不圆唇元音。发音时，口腔自然打开，舌位居中，接着舌面前部和中部向硬腭慢慢卷起，最后形成卷舌音。例如："儿（ér）""尔（ěr）""饵（ěr）""贰（èr）""而今（érjīn）""耳目（ěrmù）"等。

因此，在普通话水平测试中，发 er 时，应注意把舌面前部和中部向硬腭卷起。一般说来，普通话中 er 音的字相对比较少，记住 er 音的字，其余就是 e 音的字了；也可以通过重点练习 er 音的绕口令来进行强化。例如：

要说"尔"专说"尔"，马尔代夫，喀布尔，尼泊尔，尼日尔，扎伊尔，卡塔尔，齐齐哈尔，安道尔，萨尔瓦多，班珠尔，利伯维尔，塞舌尔，厄瓜多尔，贾洛尔，圣彼埃尔，拉合尔，塞内加尔的达喀尔，瑞士的巴塞尔，印度的坎普尔，瓜廖尔，斋普尔，摩苏尔，阿苏尔，阿塔尔，萨尔，博尔，阿尔及尔，瓦朗加尔，内洛尔，那格浦尔，拉杜尔，班加罗尔，迈索尔，世界著名的帕米尔。①

3. i 与 ü 的区分

i 和 ü 都是舌面前高元音，但在唇形的圆展方面有很大区别，具体区分如下：

i[i] 舌面、前、高、不圆唇元音。发音时，口腔开口度最小，舌头前伸，舌尖抵紧下齿背，唇形往两边展开。例如："伊（yī）""笛（dí）""米（mǐ）""忆（yì）"

---

① 张慧（2018）《绕口令（第3版）》，北京：中国传媒大学出版社，62页。

"比例（bǐlì）""意义（yìyì）"等。

ü[y] 舌面、前、高、圆唇元音。发音时与 i 基本相同，只是发 ü 时嘴唇需要拢圆。例如："菊（jú）""吕（lǚ）""女（nǚ）""狱（yù）""女婿（nǚxu）""区域（qūyù）"等。

在普通话水平测试中，ü[y] 的常见失误是唇形没有拢圆，发成了 i[i]。因此，发音时要注意把唇形拢圆。此外，还可以通过以下方法来进行识别和区分：

一是采用记少不记多的原则合理减轻记忆负担。在普通话中，能与韵母 ü 相拼的声母只有 n、l 和 j、q、x，因此韵尾为 ü 音的字要比 i 音的字相对少一些，可以通过识记韵母 ü 的代表字的方法来识记一些常用的汉字，如"于""居""俞""与"等。

二是利用形声字声旁类推的方法识记字音。在普通话中，"比""辟""氐""弟""及""几""里""立""丽""米""其""奇"等字的韵母为 i，以它们为声旁构成的形声字的韵母也为 i 音，如"毙""避""低""递""级""机""理""粒""俪""咪""期""椅"等；"居""具""巨""区""于""俞""禺"等字的韵母为 ü，以它们为声旁构成的形声字的韵母一般也为 ü 音，如"据""惧""矩""岖""宇""愉""愚"等。

三是通过练习绕口令的方式来分辨 i 和 ü 的发音。例如：

这天天下雨，体育运动委员会穿绿雨衣的女小吕，去找穿绿运动衣的女老李。穿绿雨衣的女小吕，没找到穿绿运动衣的女老李。穿绿运动衣的女老李，也没见着穿绿雨衣的女小吕。①

（二）复合元音韵母常见失误

复韵母发音时常见失误有的是发音问题导致，有的是方言发音所导致。

1. ɑi、ei、e 的区分

ɑi 和 ei 是复韵母，e 是单韵母。复韵母在发音时有从一个元音滑动到另一个元音的动程，单韵母在发音时始终维持发音状态不变。具体区分如下：

ɑi[ai] 是前响复韵母。发音时，舌尖抵住下齿背，使舌面前部隆起与硬腭相对，发出前低不圆唇元音 [a]，发音清晰响亮，然后舌位向 [i] 的方向滑动升高，

---

① 张慧（2018）《绕口令（第3版）》，北京：中国传媒大学出版社，59页。

[i] 音轻短模糊。例如:"哀(āi)""癌(ái)""矮(ǎi)""碍(ài)""爱戴(àidài)""彩排(cǎipái)"等。

ei[ei] 是前响复韵母。发音时,舌尖抵住下齿背,使舌面前部隆起与硬腭相对,发出前半高不圆唇元音 [e],发音清晰响亮,然后舌位向 [i] 的方向滑动升高,[i] 音轻短模糊。例如:"北(běi)""飞(fēi)""胚(pēi)""泪(lèi)""蓓蕾(bèilěi)""肥美(féiměi)"等。

e[ɤ] 是单韵母。发音时,口稍开,舌头后缩,舌面后部隆起,唇形往两边自然展开。例如:"额(é)""合(hé)""责(zé)""这(zhè)""割舍(gēshě)""特色(tèsè)"等。

在普通话水平测试中,一些方言区的应试人容易受到方言的影响而把 ai、ei 读作单韵母 e[ɤ],如普通话"黑白(hēibái)"的韵母,在云南方言中往往都读作 e[ɤ]。有的时候,应试人还会出现起音时口形开口度较小或者动程不够,听起来接近单韵母 e[ɤ] 音。因此,发 ai 音时要注意把口形张大,发 ei 音时要注意从 [e] 到 [i] 的动程。

2. uo 与 o 的区分

uo 是复韵母,o 是单韵母。uo 发音时有一定动程,o 发音时维持发音状态始终不变。具体区分如下:

uo[uo] 是后响复韵母。发音时,先发元音 [u],注意舌位靠后,唇形拢圆,发音轻而短,接着口形向 [o] 音滑动,[o] 音清晰响亮。例如:"多(duō)""果(guǒ)""卧(wò)""妥(tuǒ)""火锅(huǒguō)""硕果(shuòguǒ)"等。

o[o] 是单韵母。发音时,舌位靠后,唇形拢圆,并且维持发音状态始终不变。例如:"摩(mó)""抹(mǒ)""博(bó)""颇(pō)""伯伯(bóbo)""默默(mòmò)"等。

在普通话水平测试中,uo 音的常见失误是容易丢失韵头 u,发成单韵母的 o 音。因此,发 uo 音时,应注意从 [u] 到 [o] 滑动的过程。

3. ie、üe、i 的区分

ie 和 üe 是复韵母,i 是单韵母。ie 和 üe 在发音时有动程,单韵母 i 在发音时始终维持发音状态不变。三者具体区分如下:

ie[iɛ] 是后响复韵母。发音时,先发前面的元音 [i],发音轻短模糊,接着向前半低不圆唇元音 [ɛ] 的方向滑动，[ɛ] 音清晰响亮。例如："别（bié）""介（jiè）""瞥（piē）""铁（tiě）""结（jié）""贴切（tiēqiè）"等。

üe[yɛ] 是后响复韵母。发音时，先发前面的元音 [y]，发音轻短模糊，接着向前半低不圆唇元音 [ɛ] 的方向滑动，[ɛ] 音清晰响亮。例如："曰（yuē）""越（yuè）""撅（juē）""雪（xuě）""雀跃（quèyuè）""约略（yuēlüè）"等。

i[i] 是单元音。发音时，舌位靠前，舌尖抵住下齿背，唇形往两边展开，并且维持发音状态始终不变。例如："疑（yí）""级（jí）""蜜（mì）""立（lì）""袭击（xíjī）""利益（lìyì）"等。

在普通话水平测试中，复韵母 üe 的常见失误是起音时唇形没有拢圆，发成了 ie 音，因此发音时要注意起音时把唇形拢圆；复韵母 ie 的常见失误是动程不够，发成单韵母 i 音，因此发音时应注意从 [i] 到 [ɛ] 滑动的过程。

4. ou 与 iou 的区分

ou 与 iou 都是复韵母，一些方言区的应试人因受到方言的影响而容易出现发音不到位的情况。但在普通话中，它们都带有圆唇元音，收音时唇形较方言要更圆一些。具体区分如下：

ou[ou] 是前响复韵母。发音时，先发第一个元音舌面后半高圆唇元音 [o]，发音清晰响亮，接着向 [u] 的方向滑动，发音轻短模糊。例如："凑（còu）""否（fǒu）""后（hòu）""头（tóu）""丑陋（chǒulòu）""收购（shōugòu）"等。

iou[iou] 是中响复韵母。发音时，先发第一个元音 [i]，发音轻短模糊，然后向 [o] 的方向滑动，发音清晰响亮，最后向 [u] 的方向滑动，发音轻短模糊。例如："丢（diū）""流（liú）""纽（niǔ）""羞（xiū）""久留（jiǔliú）""优秀（yōuxiù）"等。

在普通话水平测试中，复韵母 ou 与 iou 的常见失误主要体现为圆唇元音的唇形不够圆，因此在发这两个音时要注意把唇形拢圆。

（三）鼻辅音韵母常见失误

鼻辅音韵母发音时，是由发元音的状态向发鼻音的状态过渡，最后口腔通道关闭，气流从鼻腔流出，形成鼻音。一些应试人在发鼻辅音韵母时，由于受到方言的影响，会出现前后鼻辅音归音不到位的现象；此外，in 和 ian 的混淆、ian 和 üan 的混淆、ün 和 üan 的混淆、uan 和 uen 的混淆、eng 和 ong 的混淆等，也是鼻辅音韵母中比较常见的失误。

1. 前鼻音韵母与后鼻音韵母的区分

前鼻音韵母由一个或两个元音加鼻辅音 n[n] 构成。发音时，先发前边的元音，接着舌尖抬起抵住上齿龈，软腭下降，堵塞口腔通道，气流从鼻腔流出，形成前鼻音。例如："岸（àn）""奋（fèn）""音（yīn）""匀（yún）""稳（wěn）""烟（yān）""晚（wǎn）""远（yuǎn）""安分（ānfèn）""变幻（biànhuàn）"等。

后鼻音韵母由一个或两个元音加鼻辅音 ng[ŋ] 构成。发音时，先发前边的元音，接着舌面后部上抬，与软腭靠拢构成阻塞，口腔通道关闭，气流从鼻腔流出，形成后鼻音。例如："苍（cāng）""丰（fēng）""命（mìng）""共（gòng）""洋（yáng）""望（wàng）""翁（wēng）""涌（yǒng）""病房（bìngfáng）""铿锵（kēngqiāng）"等。

在普通话水平测试中，前鼻音韵母与后鼻音韵母的常见失误，主要表现为发音时舌尖和舌根的收音不到位。因此，发前鼻音韵母时，要注意收音时舌尖抬起抵住上齿龈的位置；发后鼻音韵母时，要注意收音时舌面后部上抬靠拢软腭。此外，还可以通过下面的方法来进行识别和区分：

一是记住一些代表字并进行声旁类推。前鼻音韵母的代表字有"安、半、单、反、干、曼、山、专、见、千、占、斤、今、林、民、心、因、本、分、艮、真、门、申"等；后鼻音韵母的代表字有"仓、昌、方、康、亢、良、旁、桑、尚、唐、长、章、亡、丁、京、令、平、青、廷、星、宁、呈、正、争、成、生、曾、朋"等。记住了这些代表字，就能推断出由其构成的形声字是前鼻音韵母还是后鼻音韵母。

二是利用声韵拼合规律帮助记忆。在普通话中，声母 b、p、m、f 拼 eng 韵，不拼 ong 韵，如"崩""朋""梦""风"等；声母 d、t、n 除"您"字外，其余都和韵母 ing 相拼，如"丁""厅""宁"等；声母 d、t、n、l 除"嫩""恁"外，其余都和韵母 eng 相拼，如"登""腾""能""冷"等；声母 z、c、s 除"怎""参（差）""森"外，其余都和韵母 eng 相拼，如"曾""层""僧"等。

三是通过练习绕口令的方式分辨前鼻音韵母与后鼻音韵母的发音。例如：

①床身长，船身长，床身船身不一样长。①

---

① 张慧（2018）《绕口令（第 3 版）》，北京：中国传媒大学出版社，101 页。

②十字路口指示灯，红黄绿灯分得清。红灯停，绿灯行，停行、行停看灯明。[1]

③困难像弹簧，看你强不强。你强它就弱，你弱它就强。[2]

④渔翁放鱼入水瓮，老翁放鱼出水瓮。渔翁老翁都放鱼，入出水瓮却不同。[3]

2. ian 与 üan 的区分

ian 与 üan 都是前鼻韵母，二者的区别在于韵头的不同。二者区别具体如下：

ian[iɛn] 发音时，先发前高不圆唇元音 [i]，声音轻短，接着向前半低不圆唇元音 [ɛ] 的方向滑动，最后舌尖抬起顶住上齿龈，软腭下降，堵塞口腔通道，气流从鼻腔流出，发出鼻音 [n]。例如："颠（diān）""坚（jiān）""掩（yǎn）""艳（yàn）""片面（piànmiàn）""浅显（qiǎnxiǎn）"等。

üan[yæn] 发音时，先发前高圆唇元音 [y]，唇形拢圆，声音轻短，接着向前近低元音 [æ] 的方向滑动，最后舌尖抬起顶住上齿龈，软腭下降，堵塞口腔通道，气流从鼻腔流出，发出鼻音 [n]。例如："远（yuǎn）""苑（yuàn）""圈（quān）""癣（xuǎn）""源泉（yuánquán）""轩辕（xuānyuán）"等。

在普通话水平测试中，应试人受方音影响容易将 üan 发为 ian，表现为起音时唇形没有拢圆。因此，发 üan 时，应注意把唇形拢圆。

3. ün 与 üan 的区分

ün 与 üan 都是前鼻韵母。在一些方言区的语音系统中，有 ün 而没有 üan，因此普通话水平测试时容易读错，或者口形张开较小，听起来接近 ün 音。在普通话中，二者的区别具体如下：

ün[yn] 发音时，先发前高圆唇元音 [y]，唇形拢圆，接着舌尖抬起顶住上齿龈，唇形自然展开，软腭下降，堵塞口腔通道，气流从鼻腔流出，发出鼻音 [n]。例如："孕（yùn）""逡（qūn）""裙（qún）""熏（xūn）""军训（jūnxùn）""均匀（jūnyún）"等。

üan[yæn] 发音时，先发前高圆唇元音 [y]，唇形拢圆，声音轻短，接着向

---

[1] 张慧（2018）《绕口令（第3版）》，北京：中国传媒大学出版社，102页。
[2] 张慧（2018）《绕口令（第3版）》，北京：中国传媒大学出版社，107页。
[3] 张慧（2018）《绕口令（第3版）》，北京：中国传媒大学出版社，108页。

前近低元音 [æ] 的方向滑动，最后舌尖抬起顶住上齿龈，软腭下降，堵塞口腔通道，气流从鼻腔流出，发出鼻音 [n]。例如："倦（juàn）""蜷（quán）""犬（quǎn）""宣（xuān）""涓涓（juānjuān）""渊源（yuānyuán）"等。

4. eng 与 ong 的区分

eng 与 ong 都是后鼻韵母。一些现代汉语方言区的语音系统中，有 ong 音而没有 eng 音，在普通话水平测试中容易出错，或者发 eng 音的口形是圆的，听起来接近 ong 音。二者具体区分如下：

eng[əŋ] 发音时，先把唇形往两边展开，发央元音 [ə]，接着舌面后部上抬，与软腭靠拢构成阻塞，口腔通道关闭，气流从鼻腔流出，发出鼻音 [ŋ]。例如："崩（bēng）""讽（fěng）""亨（hēng）""碰（pèng）""承蒙（chéngméng）""升腾（shēngténg）"等。

ong [ʊŋ] 发音时，先把唇形拢圆，发介于后高圆唇元音 [u] 和后半高圆唇元音 [o] 之间的圆唇元音 [ʊ]，接着舌面后部上抬，与软腭靠拢构成阻塞，口腔通道关闭，气流从鼻腔流出，发出鼻音 [ŋ]。例如："东（dōng）""拱（gǒng）""浓（nóng）""仲（zhòng）""共同（gòngtóng）""恐龙（kǒnglóng）"等。

第四节　普通话声调发音难点解析

一、声调的定义及作用

（一）声调的定义

声调是某些语言中附着在音节上的能够区别意义的相对音高的变化形式。

普通话的声调由音高变化决定。音高是声音的高低，它取决于发音体振动频率的高低。人们说话时能够发出高低不同的声音，主要是通过拉紧或放松声带实现的。在相同的时间内，声带振动的次数越多，发出的声音就越高；反之，发出的声音就低。值得注意的是，普通话的声调记录的是相对音高，而不是音高的绝对值。例如：成年男子的声带一般比较长、厚，而女子的声带往往比较短、薄，因此女子的绝对音高就要比男子高；同一个人，在情绪紧张、激动的时候，其绝对音高也同悲伤、难过时的绝对音高不一样。

世界上的语言大致可以分为声调语言和非声调语言两类。在声调语言中，不同的音高形式表达不同的意义；在非声调语言中，音高的变化只表示语气、语调的差异，不区分意义。普通话属于声调语言。

（二）声调的作用

声调是普通话音节必不可少的组成部分，在普通话表达中具有重要的作用。

第一，声调具有区别意义和词类的作用。例如：相同声母、韵母组成的音节 da，配合声调的变化就能表达不同的意义 "dā（搭）""dá（达）""dǎ（打）""dà（大）"。又如：普通话音节 heji，可以是 "héjī（合击）"，也可以是 "héjì（合剂）"，不仅意义不同，而且词类也不同，前者是动词，后者是名词。

第二，声调能使普通话形成特定的韵律和节奏。通过声音的高低变化，汉语的音节会呈现出抑扬顿挫、起伏跌宕的音乐美。例如：唐代诗人崔颢《黄鹤楼》中的诗句 "晴川历历汉阳树，芳草萋萋鹦鹉洲"，就是通过声调的曲直变化来体现作者的情感表达的。

二、调值和调类

声调可以从调值和调类两个方面进行分析。

（一）调值

调值是某一音节相对音高的具体变化形式，即声调的实际读法。

普通话的调值，通常采用"五度标记法"来进行记录。"五度标记法"为赵元任先生创制，是用一根分为五度的竖标来标记相对音高的方法：5 为高音，4 为半高音，3 为中音，2 为半低音，1 为低音。普通话共有四种调值：55、35、214、51。

```
            55 阴平      5 高
                  ↘
              35 阳平   4 半高
                   ↗
            51 去声 214 上声  3 中
                             
                             2 半低
                             
                             1 低
```

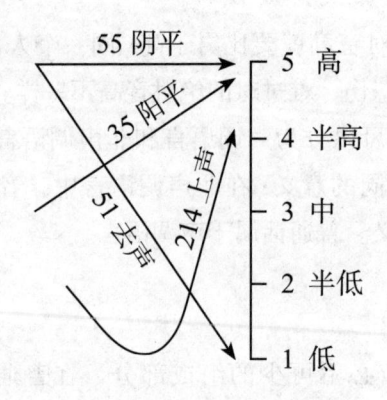

图 3　普通话调值五度标记图

（二）调类

调类是把相同调值的音节归并在一起所建立的声调类别。普通话有四种调值，相应地分为四个调类：阴平、阳平、上声、去声。

汉语调类的形成，经历了漫长的历史演变过程。普通话的四声是由中古汉语的"平、上、去、入"四声演变而来的，其演变规律大体可以概括为：平分阴阳，浊上归去，入派四声。总体而言，古代汉语的平、上、去三声与普通话调类的对应关系比较整齐，只有古入声字的演变显得比较复杂；而古代汉语声调在现代汉语方言中的分合情况就更为复杂了。

因此，现代汉语方言区的应试人在学习普通话时，首先，要关注方言的调类、调值与普通话调类、调值的对应关系，如云南话的调类与普通话基本相同，但调值却不同。其次，要掌握常用古入声字在普通话中所属的调类，如古入声字在云南话中大都归入了方言的阳平调类，如"八（bā）""笔（bǐ）""质（zhì）"等。

三、普通话声调发音要领

（一）阴平发音要领

阴平，也叫高平调，调值为55。发音时，应将声音的高度控制在个人语音区间的最高位，声带始终保持拉紧状态，声音高而平，没有升降、曲直的变化。

练习阴平时，首先，要确定个人的音高区间。其次，按单韵母顺序读出高

（55）、中（33）、低（11）三种调值的平调，感受音高变化时声带拉紧、松弛的不同情况。例如："阿（ā）""屋（wū）""交通（jiāotōng）""开心（kāixīn）""声东击西（shēngdōngjīxī）""居安思危（jū'ānsīwēi）"。

（二）阳平发音要领

阳平，也叫中升调，调值为35。发音时，音高要从中音上升到高音，是一个直线上升的过程，不能拐弯或呈曲线形状上升。

练习阳平时，先确定好个人音高区间的中间位置和最高位置。发音时，从中音3开始逐渐往上升高，直至高音5。声带控制从不松不紧开始，逐渐拉紧，直到最紧；气息则表现为由弱渐强。例如："读（dú）""乘（chéng）""儿童（értóng）""财源（cáiyuán）""文如其人（wénrúqírén）""名存实亡（míngcúnshíwáng）"。

（三）上声发音要领

上声，也叫降升调或曲折调，调值为214。上声发音时，音高先降后升，发音特征主要表现在低音段2—1之间，音长在普通话四个调类中是最长的。但是，在短文朗读、命题说话中，上声完整调值出现的机会很少，变调现象比较突出。

练习上声时，先确定好个人音高区间的三个高度：半低、低、半高。发音时，先从半低2起音，随后下降至低音1，之后快速升高至半高音4。声带由开始时的较松状态，慢慢放开到最松，之后迅速拉紧，形成相对紧张但又不是最紧张的状态；气息要稳住，先下降再往上走，逐渐加强。例如："舞（wǔ）""火（huǒ）""请（qǐng）""渔网（yúwǎng）""钢笔（gāngbǐ）""泉水（quánshuǐ）"。

（四）去声发音要领

去声，也叫全降调，调值为51。去声的音高是从高音降到低音，因此起调要高，迅速下降，呈直线形，不能拖沓。

练习去声时，要确定好个人音高区间的最高点、最低点的位置，然后从高音5开始向低音1滑落。声带从开始的最紧张到完全松弛，气息从强到弱。例如："恋（liàn）""让（ràng）""晃（huàng）""高兴（gāoxìng）""闪电（shǎndiàn）""如愿（rúyuàn）"。

四、普通话水平测试声调常见失误

普通话水平测试声调常见失误，可以按调类分别从单音节字词、多音节词语两个方面进行分析：

（一）阴平常见失误

单音节字词中的阴平常见失误，具体表现为下面两种情况：

一是调值高度不足或过高，一般与应试人受到方言语音影响有关。例如：云南昆明话阴平的调值为44，当地人受此影响，在使用普通话表达时，容易出现将阴平的调值发为44或33调的情况，从而使音高显得比较低沉。此外，应试人的某些发音习惯也会导致阴平的调值偏高，如一些女性发音时会带动鼻梁或颅顶参与共振，导致阴平的音高超过5的发音情况。

二是调型不平稳，主要表现为应试人将阴平的平直调读为平降调，调值由55变成553。原因主要是发音时调尾没有掌控好，气息不平稳，出现了气短或岔气的现象。

多音节词语中的阴平失误，主要表现为将词尾的阴平字词读为中平调或半高平调，即由55＋55变为55＋33或55＋44。这种现象在"阴平＋阴平"的字词（如"今天""波涛""贴心"等）中显得尤为突出。失误原因，一是忽视了对词尾音节阴平的控制，二是气息调控不平稳，出现了"气弱""吞音"现象。

（二）阳平常见失误

单音节字词中的阳平常见失误，主要表现为两种情况：

一是调头起点偏高或偏低。一些应试人受方言影响，会出现阳平的起始音从半高音4开始，随后上升至高音5的现象，调长明显不足；与此相类似的还有，从半低音2开始，呈现为24或25的调型，造成发音低沉或声调过长的失误。

二是调尾不够高。由于受到阴平高度不够等因素的影响，部分方言区的应试人会在发阳平时，将其调值变为34，造成调尾音高不足、声调长度不够的失误。

多音节词语阳平常见失误，多出现于"阳平＋非阳平"组合中。此时，受前一个音节字词的影响，有时就会出现阳平的误读。例如：把"白雪（báixuě）"

"求解（qiújiě）"中阳平的调值误读为212或214。应试人发音时，应注意控制语流和气息，确保不同音节之间的清晰度。

（三）上声常见失误

单音节字词中的上声常见失误，主要分为以下几种：

一是上声降不下来。普通话上声的调头在半高音2，之后声带放松，下降至低音1，随后快速攀升到半高音4。但在普通话水平测试中，一些应试人的音高几乎没有下降的过程，调值呈24。这与应试人声带过于紧张、发音过于仓促有关。

二是上声升不上去。在普通话的四个调类中，只有上声涉及半高音4，因此调尾音高的控制就显得非常关键，否则就会出现将调值214误读为21或212的情况。当然，导致这一失误的原因还有：应试人声带的紧张程度不够，导致音高未攀升即结束发音；应试人急于求成，尚未完整呈现出调型，发声就结束了。

三是上声多了一个"小尾巴"。很多应试人为了确保上声调值到位，会有意识地去强化上声音高曲折变化的特点，此时就会出现因用力过猛而将上声误读为2142或2143的情况。这与应试人的气息失控有关。

多音节词语中的上声失误，主要表现为：

一是变调错误。普通话的上声音节，如果出现在非上声音节前要变读为21，如果出现在上声音节前要变读为35；否则，就会出现上声变调失误现象。例如：将"北边"读成214＋55或35＋55，将"礼品"读成214＋214或21＋214，都属于变调错误。

二是调尾缺失。在多音节词语中，如果上声出现在词末，则需要读出其完整的调值，即214。例如："古董"的调值不能读为35＋21，而应该读为35＋214；"骏马"的调值不能读为51＋21，而应该读为51＋214。

（四）去声常见失误

去声的调值为51，在普通话声调中是音高跨度最大的一个声调。单音节字词中的去声失误主要表现为：

一是调头不够高。普通话的去声要从高音5开始，但是一些应试人的发声是从中音3开始的，将去声的调值51读成31，听起来较为低沉。

二是调尾不够低。一些应试人在发去声时，起音位置正确，但没有将声带放松到最松弛的状态，而是声带在中间松紧的状态时就停止了气息的输送，造成去声的调值变为53。

三是长度不够长。去声是普通话四声中跨度最大的调类，发音时，如果音长读得过短，就有可能造成调值不到位。

去声在多音节词语中的失误大多体现在去声的变调上，即去声音节和去声音节相连时，第一个去声没有变读为53，而仍然读为本调51。这种失误容易导致词语发音不连贯。

第五节 普通话音变发音难点解析

一、音变的定义及类型

音变是指语流中接连出现的音素、音节或声调因互相影响而发生变化的现象。人们说话时，不是孤立地发出一个一个的音节，而是把音节组成一连串自然的语流。在这些语流中，语音有时会发生各种临时性的变化，这种变化与语音经过一段时间所产生的历史变化不同，属于共时的语流音变，一般称之为语流音变。

普通话水平测试中的读多音节词语，涉及的语流音变主要有轻声、变调、儿化等。

二、普通话音变发音要领

（一）轻声及其发音要领

1. 轻声的定义及作用

在语流中，有的音节失去了原有声调而读成一个又短又轻的调子，这就是轻声。例如："头发""头号""梳头"中的"头"，调类为阳平，但在"石头""木头""馒头"中则读得轻而短，失去了原有的调值35。轻声属于一种特殊的音变现象，不是一种独立的调类，《汉语拼音方案》规定轻声不标调号。

在普通话中，轻声具有区别词义、区分词性的作用。例如："兄弟（xiōngdi）"意为"弟弟"，而"兄弟（xiōngdì）"则指"哥哥和弟弟"；"人家（rénjia）"意为"别人"，而"人家（rénjiā）"则指"住户"。又如："对头（duìtou）"为名词，意为"仇敌、对手"，而"对头（duìtóu）"则为形容词，指"正确、合适"；"实在（shízai）"为形容词，意为"扎实、地道"，而"实在（shízài）"则为副词，指"的确"或"其实"。

2. 轻声的发音特点

普通话中的轻声音节一般出现在其他音节之后或词的中间，其发音特点主要表现为：一是音强比较弱，音长比较短，听感上显得轻短、模糊。二是音高并不固定，往往受前一音节调值的影响而有高低变化。具体规则如下：

（1）阴平音节后的轻声，调值为2，如"巴掌""衣服""抽屉"等。

（2）阳平音节后的轻声，调值为3，如"笛子""福气""糊涂"等。

（3）上声音节后的轻声，调值为4，如"买卖""女婿""暖和"等。

（4）去声音节后的轻声，调值为1，如"算计""下巴""相声"等。

3. 轻声的发音规律

普通话中的轻声，主要涉及下面几种类型：

（1）语气词"啊""吧""呢""啦""吗"等读轻声，如"香啊""吃吧""他呢""走啦""对吗"等。

（2）动态助词"着""了""过"、结构助词"的""地""得"等读轻声，如"看着""走了""来过""吃的""愉快地""写得好"等。

（3）方位词"上""下""里""边""面""头"等读轻声，如"晚上""山下""屋里""那边""前面""里头"等。

（4）做补语的趋向动词读轻声，如"进来""坐下""出去""好起来""坏下去""看出来"等。

（5）名词和某些代词的后缀"子""头""巴""们""么"等读轻声，如"桌子""石头""木头""嘴巴""你们""那么"等。

（6）部分重叠音节的后一个音节读轻声，如"爸爸""星星""说说""唱唱"

53

"太太""爷爷"等。

（7）某些量词读轻声，如"写封信""打个盹儿""喝口汤""看场戏"等。

（8）部分双音节词的第二个音节习惯上读轻声，如"月亮""消息""清楚""事情""客气""难为"等。

（二）变调及其发音要领

在语流中，一些音节的声调会与单念时的调值不同。这种相邻音节调值的变化就叫作变调。普通话的变调主要有上声变调和"一""不"变调。

1. 上声的变调

上声的调值是214，单念或在词语末尾时调值不变。上声变调主要有以下几种情况：

（1）上声音节 + 非上声音节

上声音节如果出现在阴平、阳平、去声、轻声（包括非上声音节改读为轻声和一部分上声音节改读为轻声）等音节的前面，调值由214变为半上声21。例如："始终""挺拔""理论""耳朵"等。

（2）上声音节 + 上声音节

两个上声音节相连（包括后一个上声音节改读为轻声）时，前一个上声音节的调值由214变为35。例如："理想""土壤""粉笔""想想"等。

（3）上声音节 + 上声音节 + 上声音节

当词语的结构为"双单格"时，第一、二个上声音节的调值均变为35。例如："展览馆""手写体""古典美""表演奖"等。

当词语的结构为"单双格"时，第一个上声音节的调值变为21，第二个上声音节的调值变为35。例如："党小组""打草稿""小雨伞""很美好"等。

当词语呈现为并列结构时，第一、二个上声音节的调值变为35。例如："甲乙丙""稳准狠""某某某""好好好"等。

如果语流中接连出现三个以上的上声音节，那么可以根据词语的语法、语义结构划分出音节段，然后按上述规律进行变调。例如："请你往北走"可以先划分为"请你 / 往北走"，然后再将调值变读为 35 + 214 / 35 + 35 + 214。

2. "一""不"的变调

在普通话中,"一""不"单念或在词句末尾时,以及"一"作序数词使用时,调值不变,读原调:"一"的原调是阴平 55,"不"的原调是去声 51。例如:"十一""统一""绝不""偏不"。

当"一""不"处于其他音节前的时候,调值变化情况具体如下:

(1)"一""不"在去声音节前,调值变为 35。例如:"一样""一块儿""不顾""不计其数"等。

(2)"一"在非去声音节前,调值变为 51。例如:"一生""一瞥""一时""一起"等。

(3)"一""不"夹在叠词中间,读为轻声。例如:"尝一尝""说一说""去不去""好不好"等。

(三)儿化及其发音要领

1. 儿化的定义及作用

普通话的卷舌元音韵母 er,一般不与声母相拼,也不能同其他音素组成复合韵母。它除了自成音节外,还可以与它前一音节的韵母组合成一个音节,并使这个韵母带上卷舌音色,由此所产生的音变现象就叫作"儿化";卷舌化了的韵母就叫作"儿化韵"。

儿化韵的汉字书写形式是"儿"字;用汉语拼音字母拼写儿化音节,一般是在原来的音节之后加上"r",如"鸟儿(niǎor)""馅儿(xiànr)""纸条儿(zhǐ tiáor)"等。

儿化音节在普通话中,具有区别词义和区分词性的作用,如"眼(眼睛)"和"眼儿"(小洞),"信"(书信)和"信儿"(信息),"尖"(形容词)和"尖儿"(名词),"画"(动词)和"画儿"(名词)等。此外,儿化音节还能表示细小、轻微和喜爱、亲切等感情色彩,如"小棍儿""石子儿""树枝儿"和"小孩儿""小猫儿""老头儿"等。

2. 儿化的发音规律

儿化的发音,往往伴随着语音的脱落、增音、同化等现象,具体规律如下表所示:

表3 普通话儿化韵发音规律简表

韵母	儿化韵的发音	示例
无韵尾或韵尾是u	直接加卷舌动作	号码儿、粉末儿、挨个儿、没谱儿、面条儿、半截儿
韵尾是i、n	卷舌时省去韵尾i、n	名牌儿、摸黑儿、蒜瓣儿、嗓门儿、照片儿、拐弯儿
韵腹是i、ü	卷舌时在韵腹后增加[ə]	垫底儿、肚脐儿、玩意儿、毛驴儿、小曲儿、痰盂儿
韵腹是 -i[ɿ]、-i[ʅ]	卷舌时把 -i[ɿ]、-i[ʅ] 变为[ə]	瓜子儿、石子儿、挑刺儿、墨汁儿、锯齿儿、记事儿
韵尾是ng	卷舌时脱落韵尾ng，韵腹鼻化	药方儿、鼻梁儿、蛋黄儿、提成儿、图钉儿、胡同儿

三、普通话水平测试音变常见失误

（一）轻声常见失误

在普通话水平测试中，应试人读多音节词语时，常见的轻声发音错误或缺陷，主要有：

一是将轻声词语如"意思""提防""火候""连累""明白""招牌"等，读作非轻声词语。

二是将非轻声词语如"莲子""鱼子""棋子""鸡子儿""枪子儿""石子儿"等，读作轻声词语。

三是未掌握轻声发音要领，或过度拖长轻声前面音节的时长，或轻声音节发音时间太短、音强太弱，甚至出现音节脱落现象。

四是轻声音节读得不够轻、短，导致该字原有调型及调值仍然清晰可辨。

（二）变调常见失误

上声变调的常见失误，主要表现为没有按照发音要领调整调值，如把"北京"的"北"、"水果"的"水"均误读为214，从而导致朗读多音节词语时出现词语内部语音中断现象。

"一""不"变调的常见失误，主要表现为把夹在叠词中的"一"或"不"念成了原调，如把"要不要"中的"不"读成51，把"看一看"中的"一"读成55等。

（三）儿化常见失误

普通话水平测试中的儿化常见失误，主要表现为：

一是将儿化韵音节读成独立音节，如把"老头儿"读作 lǎotóu'ér，把"金鱼儿"读作 jīnyú'ér 等。

二是儿化韵发音时舌尖上翘不够，导致儿化韵出现发音缺陷。

三是后鼻音韵母儿化时没有鼻化，导致出现诸如"花瓶儿"读作"花皮儿"等的语音错误。

四是发音动程不完整。例如：韵母 o、uo 儿化时，舌头的前、左、右三个部位都会被调动起来，从而使整个舌头形成一个"窝"状，同时圆唇。但一些应试人在发儿化韵 or、uor 时，不仅存在舌位动程不够、唇形不圆等问题，而且还会把韵腹 o 变读为央元音 [ə] 再卷舌，这样就会出现诸如"耳膜儿"读作"耳门儿"、"活儿"读作"魂儿"等的语音错误。

第三章 普通话水平测试中的短文朗读

第一节 普通话朗读短文测试简介

一、朗读与朗诵

　　朗读是把书面的文字作品转变为口头有声语言的创作性活动，是朗读者在理解文字作品的基础上用自己的声音塑造形象、反映生活、说明道理、再现作者思想感情的再创造过程。

　　朗诵是用艺术化的声音结合各种语言表达手段来表达思想感情的一种语言艺术。

　　朗读与朗诵，既有联系，又有区别。二者都需要将文字转化为声音，都要借助表达技巧来呈现作品的内容。但文艺朗诵重在展现文字作品与声音艺术的结合，追求的是气息、音色、情感等方面的艺术化表达效果，必要时甚至可以运用现代汉语特定方言区的语调来表现思想情感；普通话水平测试中的朗读要求全程使用普通话，朗读时不需要刻意追求情感、氛围等艺术化的表达。

二、朗读短文测试

　　在普通话水平测试中，应试人朗读的短文从《普通话水平测试用朗读作品》中选取，评分以朗读作品的前400个音节（不含标点符号和括注的音节）为限。

该测试项限时4分钟完成,共30分。①

普通话水平测试的朗读短文,主要是测查应试人使用普通话朗读书面作品的水平,即在测查声母、韵母、声调读音标准程度的同时,重点测查连读音变、停连、语调以及流畅程度。应试人在测试过程中,如出现错读、漏读或增读、声母或韵母的系统性语音缺陷、语调偏误、停连不当、朗读不流畅(包括回读),以及因语速不当所导致的超时等现象,则按《普通话水平测试大纲》扣除相应的分值。②

三、朗读作品的语体

语体,是人们在运用全民语言时为适应特定语境需要而形成的语言运用特点的体系。根据语体形成的语境类型、语言要素和非语言要素,首先,现代汉语语体可以分为谈话语体和书卷语体两种类型:谈话语体是人们为了适应日常生活交际需要而形成的语言运用特点体系,具有平易自然、生动活泼的风格基调;书卷语体是人们为了适应社会群体活动交际需要而形成的语言运用特点体系,具有严密规范、庄重典雅的风格基调。其次,谈话语体、书卷语体的内部又可继续划分出不同的分支语体:谈话语体可分为随意谈话体和专题谈话体;书卷语体可分为文艺语体和实用语体两类,其中文艺语体又可分为诗歌体、散文体和对白体等,实用语体又可分为政论语体、科学语体、事务语体、报道语体等。③

普通话水平测试中的朗读作品均属于书卷语体,包括文艺语体和实用语体两大类。文艺语体如作品2号《春》、作品3号《匆匆》、作品10号《繁星》、作品48号《"住"的梦》等,实用语体如作品23号《莫高窟》、作品24号《"能吞能吐"的森林》、作品47号《中国石拱桥》、作品45号《中国的宝岛——台湾》等。不同语体类型的作品,其朗读测试中的要求也各不相同。应试人要注意掌握不同类型语体的朗读要求,以提高训练与测试的有效性。

---

① 国家语委普通话与文字应用培训测试中心(2022)《普通话水平测试测试实施纲要(2021年版)》,北京:语文出版社,2—3页。
② 国家语委普通话与文字应用培训测试中心(2022)《普通话水平测试测试实施纲要(2021年版)》,北京:语文出版社,3页。
③ 周芸、邓瑶、周春林(2011)《现代汉语导论》,北京:北京大学出版社,274—276页。

第二节 普通话朗读短文测试常见失误

一、声韵调常见失误

在普通话水平测试中，读准每一个字的声韵调，这是朗读测试的基本要求。应试人应根据给定的作品，准确、清晰地读出每一个音节；否则，就会出现声韵调失误现象，具体包括语音错误和语音缺陷两种类型。

语音错误是指应试人在朗读测试中未按原文字词朗读所造成的错误，如错读、漏读、增读、改读等。错读主要包括：应试人读错字词中声、韵、调的任何一个要素；上声变调、"一""不"变调错误；轻声、儿化，以及"啊"的变读错误。需要注意的是，没有标出"儿"的儿化词，读为儿化，如果发音规范自然，不扣分；如果读错，则按照读错一个音节进行扣分。漏读、增读、改读则分别指的是应试人在朗读过程中出现少读字词、多读字词、将甲字读为乙字的失误。上述失误，均按照错读一个音节进行累计扣分。

应试人在朗读过程中，如果同一声母或韵母多次出现发音含混或不到位等现象，如发音介于对应音之间（s—sh）、韵尾 n[n] 和 ng[ŋ] 区分不明显等，那么就会被视为系统性语音缺陷。声母或韵母的系统性语音缺陷，一般视程度扣 0.5 分、1 分。

二、音变常见失误

（一）轻声、变调、儿化及其常见失误

在普通话朗读测试时，应试人要根据轻声、变调、儿化等语流音变的要求，读准相关音节。例如："我们（men）""荒着（zhe）""那么（me）"等为轻声音节；"不（bù）妥协""不（bú）媚俗""每年一（yí）度"等属于变调现象；"雪球儿（qiúr）""银条儿（tiáor）""小男孩儿（háir）"等带有儿化韵。

此外，语流中的重叠形容词变调也需要关注。一是 AA 式形容词后加"儿"尾，重叠的第二个音节变成"儿化韵"时，第一个音节读原调，第二个音节要

变为阴平，如"慢慢儿（的）""快快儿（的）""好好儿（的）"等。二是 ABB 式形容词除重叠的音节本身为阴平不变调外，其余调类的 BB 两个音节有的需变读为阴平 55，如"骨碌碌""慢腾腾""文绉绉"等，有的则需保持原调，如"软绵绵""黑沉沉""暖洋洋"等。三是 AABB 式形容词中的 BB 变调，除与 ABB 式形容词中的 BB 变调规律相同外，有时 AA 中的第二个音节要读轻声，形成"本调＋轻声＋阴平＋阴平"的读法，如"疙疙瘩瘩""马马虎虎""漂漂亮亮"等。

（二）"啊"的变读及其常见失误

在普通话中，"啊"用在句首，作叹词，其调值往往会根据话语表达的内容及情感需要而发生变化。例如：

"啊（ā）"表示惊异或赞叹，如"啊，今年的果树长得真好哇！"

"啊（á）"表示追问，如"啊？你说什么？"

"啊（ǎ）"表示惊疑，如"啊？怎么会这样？"

"啊（à）"表示应诺、赞叹、惊异或明白过来，如"啊，下雪啦！""啊，我知道了"。

"啊"用在句尾，作语气词，常常会受到其前面音节末尾音素的影响而发声语流音变，具体规律如下表所示：

表 4　普通话语气词"啊"音变简表

前一音节末尾音素	读作	写作	示例
[A]、[o]、[ɤ]、[ɛ]、[i]、[y]	[iA]	呀	你说呀、有办法呀、哪趟车呀、快拿主意呀
[u]	[uA]	哇	幸福哇、大嫂哇、在哪儿住哇、笑一笑哇
[n]	[nA]	哪	天哪、多清新哪、正盼着你们哪、长得真俊哪
[ŋ]	[ŋA]	啊	妄想啊、没空啊、怎么不响啊、专心听讲啊
[ɿ]、[ɚ]	[zA]	啊	大红纸啊、真好吃啊、什么事儿啊
[ʅ]	[ʐA]	啊	去过几次啊、多么动人的舞姿啊、要深思啊

在朗读测试中，常见的"啊"音变失误主要表现为没有按照规律进行变读，而是直接读为本音。例如：将"我不啊（wa）""小心啊（na）"中的"啊"误读为"a"。

三、语调常见失误

语调是朗读时声音的停连、轻重、高低等方面的变化。应试人在朗读测试时，如果受到其所在现代汉语方言区语调的影响而出现声音的停连、轻重、高低等方面的误读或偏差，或者语调不能随着短文思想情感的变化而变化，就会形成语调偏误现象。

（一）停连及常见失误

停连是朗读短文时根据语意表达和生理呼吸的需要所作出的停顿和连接。停顿的位置、停顿时间的长短、连接的方法等，都需要根据文章的思想情感表达需要来确定。恰当的停连，能够传达出应试人对作品的准确理解和得体把握。

1. 停连的方式

朗读中停连的处理，需要从具体的语境入手，结合上下文的意思，作出恰当的处理。停连处理得恰当，不仅可以把语意层次表达清楚，还可以引起听者对作品含义的思考，增强语言的表现力和感染力。

（1）选择恰当的停顿位置

停顿时出现的间歇，通常是出于呼吸的需要，按照书面标点符号进行停顿即可。但有的时候，一些字数较多、句法成分及结构关系复杂的句子，虽然句中没有使用标点符号，但为了把思想感情表现得更加充分，也可以适当做短暂停顿。

第一，标点符号停顿。标点符号是书面语言的停顿符号，也是朗读作品时语言停顿的重要依据。标点符号的停顿规律一般是：句号、问号、感叹号、省略号的停顿时间，略长于分号、破折号、连接号；分号、破折号、连接号的停顿时间，长于逗号、冒号；逗号、冒号的停顿时间，长于顿号、间隔号。此外，段落之间的停顿时间，一般要比句号、问号、感叹号、省略号的停顿时间更长一些。例如：

从化的荔枝树／／／多得像汪洋大海，／／开花时节，／／／满野嘤嘤嗡嗡，／／忙得那蜜蜂／／忘记早晚，／／有时趁着月色／／／还采花酿蜜。／荔枝蜜的特点是／／成色纯，养分大。／住在温泉的人／／多半喜欢吃这种蜜，／／滋养精神。／热心肠的同志／／为我也弄到两瓶。／一开瓶子塞儿，／／／就是那么一股甜香;／／调上半杯一喝，／／／甜香里带着股清气，／／很有点鲜荔枝味儿。／喝着这样的好蜜，／／你会觉得／／／

生活都是甜的呢。[1]

语法停顿。语法停顿是句子中间的自然停顿，一般是为了强调、突出句子中的主语、谓语、宾语、定语、状语或补语所做的短暂停顿。例如：

①我母亲/管束我最严，她是/慈母兼严父。[2]
②船/靠岸的时候，已经是/半夜了。[3]

感情停顿。感情停顿是为了突出某种思想情感而作出的停顿。感情停顿不受书面标点和语法关系的制约，一般是根据思想感情表达的需要而进行停顿处理。例如：

①月亮与太阳/都是整个儿的，从上山起/一直照到下山为止。[4]
②这页画/布局/那样经济，设色/那样柔活，故/精彩/足以动人。[5]

（2）选择合适的连接方式

在朗读测试中，有时出于内容表达的需要，书面中虽有标点符号，但为了从听觉上呈现出语意的完整性，会在有标点的地方不作停顿，而将标点之后的内容进行顺势连读。例如：

①海自己醒了，喘着气，⌒转侧着，打着呵欠，⌒伸着懒腰，⌒抹着眼睛。[6]
②鸽的名样很多，以颜色说，大概应以灰、⌒白、⌒黑、⌒紫为基本色。[7]

2. 常见停连失误

在普通话朗读测试中，常有应试人因对作品内容不熟悉、词句生疏卡顿或语意理解有误而出现停连不当的情况。所以，应试人在朗读前应先静下心来将文字内容默看一遍，快速熟悉文章的内容，以免朗读时因此而产生停连不当的失误。

（1）停顿位置不恰当

应试人在朗读时，因语法关系处理不当或句子较长时气息控制不当所造成

---

[1] 周作人等（2007）《最美的散文（中国卷）》，北京：北京出版社，214页。
[2] 张治富（2013）《经典诵读诗文精选》，北京：清华大学出版社，185页。
[3] 郁达夫（2006）《郁达夫散文集》，北京：西苑出版社，69页。
[4] 张治富（2013）《经典诵读诗文精选》，北京：清华大学出版社，184页。
[5] 朱自清（2016）《朱自清作品集》，北京：蓝天出版社，7页。
[6] 张治富（2013）《经典诵读诗文精选》，北京：清华大学出版社，201页。
[7] 老舍（2020）《老舍散文精选集》，太原：山西人民出版社，64页。

的语句停顿不恰当,这是停连不当中比较常见的问题。例如:

①原句:天是真热,朝南的屋子里都有九十度以上。[1]

误读:天是真 / 热,朝南的屋子 / 里都有九 / 十度以上。

②原句:绿色的田野夹杂着黄色菜花田和紫色苜蓿田锦绣般地在脚下展开。[2]

误读:绿色的田野夹杂着 / 黄色菜花田和紫色 / 苜蓿田锦绣般地在 / 脚下展开。

例①没有考虑到句子成分的完整性,将一个关系密切的结构单位分开后造成了停顿不恰当。例②的字数比较多且中间没有标点符号,应试人因气息不足而造成了停顿的不恰当。

(2)连接方法不得当

朗读测试时,一些应试人会机械地根据作品中的标点符号去读文章,看到标点就停顿,这也是停连不当的一种表现。例如:

我有三个哥哥,四个姐姐,但能长大成人的,只有大姐,二姐,三姐,三哥与我。[3]

这句话中的短句比较多,如果测试时只是依照标点符号进行停顿,就会从听觉上感到文章内容的散乱。这句话的连接方式可以处理如下:

我有三个哥哥,⌒四个姐姐,但能长大成人的,只有大姐,⌒二姐,⌒三姐,三哥与我。

(二)重音及常见失误

重音是朗读时为强调或突出语句目的而将某些词语读得比较重的音。重音一般是通过加强音强并配合音节的延长来表现的,但在具体朗读中,为了抒发感情,有时反而需要将重点词句读得比其他词句要轻柔一些。总之,掌握重音需要根据具体语境,以清晰地表达语意、得体地传情感人为宜。

1. 重音的类型

重音一般可以分为语法重音和强调重音两大类。

---

[1] 徐志摩(2006)《徐志摩散文集》,北京:西苑出版社,250页。
[2] 周作人等(2007)《最美的散文(中国卷)》,北京:北京出版社,100页。
[3] 老舍(2020)《老舍散文精选集》,太原:山西人民出版社,111页。

（1）语法重音

语法重音是根据语法结构特点而读的重音，一般不带有特别强调的感情色彩。语法重音可以分为词法重音和句法重音两种类型。

词法重音是指词在构成及变化过程中所体现出来的重音。普通话的轻重音一般分为重音、中音、轻音三个等级。

表5　普通话词语常见的轻重格式

词的音节数量	轻重格式	示例
双音节词	中·重	胡适、波浪、大学、教授
	重·中	工人、新鲜、恍惚、轻巧
	重·轻	日子、瘦子、晃荡、袖子
三音节词	中·中·重	学生会、拍胸脯、主动脉、聚宝盆
	中·重·轻	挨板子、爱面子、爬格子、虚套子
	中·轻·重	筒子楼、豆腐渣、择不开、看不起
四音节词	中·重·中·重	沧海桑田、寻章摘句、惟妙惟肖、活灵活现
	重·中·中·重	不约而同、疲于奔命、胸有成竹、片甲不留
	中·轻·中·重	坑坑洼洼、句子成分、糊里糊涂、尾巴工程

句法重音是词语和词语在组合关系中所体现出来的重音。其规律具体如下：

第一，主语和谓语相比，谓语或谓语中的主要动词要读得重一些。例如：

从交湖可以乘车上少妇峰，路上要换两次车。①

第二，谓语中心语和宾语相比，宾语要读得重一些。例如：

台州是个山城，可以说是在一个大谷里。②

第三，定语、状语以及表示情态、结果、数量、程度的补语，比中心语要读得重一些。例如：

①眼前是金黄色的麦田。

②今天才星期一。

---

① 朱自清（2016）《朱自清作品集》，北京：蓝天出版社，77页。
② 朱自清（2016）《朱自清作品集》，北京：蓝天出版社，62页。

③孩子跑得满头大汗。

第四，疑问代词、指示代词通常比别的词语要读得重一些。例如：

①今天谁值班？

②我哪里都没有去。

（2）强调重音

强调重音通常是为了突出语意重点或是为了表达强烈思想情感而重读的某些词句。

强调重音一般没有固定的位置，往往由语句所要表达的重点及目的所决定，因此所体现出的内在意蕴也就会不尽相同，表达的效果自然也有所区别。例如：

这些也不知是从哪里来的话？这些话也不知有什么兴趣？①

这句话中，作者要表达的意思是：在离别前和朋友聊了一些琐碎的话题，所以朗读时可以将"哪里"和"兴趣"读得重一些。

2. 常见重音失误

应试人在朗读测试时如果重音使用不当，就不能准确地体现出短文的表达目的，甚至还有可能产生语句的歧义或误解。

第一，词语轻重音格式不正确。文章都是由句子组成的，而句子又是由词或短语组合而成的。在朗读短文时，要做到语句流畅、语调自然，就要处理好词语的轻重变化；否则，就会出现词语轻重格式的失误。例如：

我们不明白这些百合花是从哪里得来的。②

在这句话中，双音节词"这些""得来"应读作"中·重"格式；三音节词"百合花"应读作"中·中·重"格式；"我们""明白""哪里"应读作"重·轻"格式。如果忽略了词语轻重格式的表达，听起来就会感到十分别扭。

第二，强调重音使用不当。应试人朗读时没有充分理解上下文，致使句子中应表达语意重点或情感色彩的词没有加以强调，造成语意或情感表达混乱。一般来说，应试人在练习短文朗读时，可以先根据理解，将文中的重音用"·"标示出来。例如：

---

① 郁达夫（2006）《郁达夫散文集》，北京：西苑出版社，11页。

② 周作人等（2007）《最美的散文（中国卷）》，北京：北京出版社，185页。

我与父亲不相见已二年余了，我最不能忘记的是他的背影。①

这句话的意思是：我和父亲已经有两年多没见面了，我深刻地记得父亲的背影。根据语意理解，朗读时应该强调的词语是"不相见""二年""背影"，但有些应试人却把"父亲""余了""不能""他的"等作为重音来读，这样就会导致听者产生疑问：难道不相见的还有母亲吗？难道还有别人的背影吗？所以，重音的选择应结合上下文语意，自然体现话语表达的目的。

（三）句调及常见失误

句调是朗读时贯穿于整个句子的声音的升、降、曲、直变化。句调往往是随着思想情感的起伏而自如变化的，因此应试人的朗读状态也会显得比较从容和自然。

1. 句调的表达

在朗读中，句调通常以平调、升调、降调、曲调等变化交织出现。不同的句调，会表现出不同的语气和情感。

（1）高升调

高升调多用于疑问句、反问句、祈使句中，或者是表示愤怒、紧张、警告、号召等句子里。朗读时，高升调的语势是前低后高、语气上扬。例如：

①我渐渐惊怕起来，我完全成了个呆气的孩子。②

②真的，那班士大夫到哪里去了呢？③

例①表达的是一种紧张的气氛。例②表达的是一种疑问。

（2）降抑调

降抑调一般用在感叹句、祈使句中，或者是表示坚决、自信、赞扬、祝愿等感情的句子里。有的时候，表达沉痛、悲愤的感情也会使用降抑调。朗读时，降抑调的语势是调子逐渐由高降低，尾音低沉而缓慢。例如：

①谁能相信今天在这里低徊追怀往事的我，也正是当年幸福者之一呢！④

---

① 朱自清（2016）《朱自清作品集》，北京：蓝天出版社，14 页。
② 周作人等（2007）《最美的散文（中国卷）》，北京：北京出版社，201 页。
③ 朱自清（2016）《朱自清作品集》，北京：蓝天出版社，9 页。
④ 周作人等（2007）《最美的散文（中国卷）》，北京：北京出版社，83 页。

②总之，入夏以来，这病症一天比一天加重。[①]

例①是对内心孤寂的一种感叹。例②是对自己身受病痛折磨的无奈表达。

（3）平直调

平直调一般多用在叙述、说明，或者表示迟疑、思索、冷淡、追忆、悼念等的句子里。朗读时，平直调的语势是始终平直舒缓，没有显著的高低变化。例如：

①在今日的文化里，相片的重要性几乎胜过了音乐、图画与雕刻等等。[②]

②空旷的天空里，流涨着的只是些灰白的云。[③]

例①是对照片重要性的说明。例②则描写的是天空的广阔与平淡。

（4）曲折调

曲折调用于表示特殊的感情，如讽刺、讥笑、夸张、强调、双关、特别惊异等句子里。朗读时，曲折调的语势是由高而低后又高，把句子中某些特殊的音节特别加重加高或拖长，形成一种升降曲折的变化。例如：

①我们国内的新女子是在一天天可辨认的成长，从数千年来有形与无形的束缚与压迫中渐次透出性灵与身体的美与力，像一支在竹筐里露着的新笋。[④]

②河里小舟飘着，一片斜阳射在水面，一种金色的浅光，衬着岸上的绿野，景色真是好看。[⑤]

例①表现的是新时代国内女子的朝气，语气上要有对比变化。例②是对景色的赞美，略带夸张语气。

2. 常见句调失误

普通话朗读测试中最常见的句调偏误，就是不论读什么类型的文章，都是用一种固定的、缺乏变化的单一句调来进行朗读，无法体现出有声语言的魅力；尤其是在短文中难点音相对比较集中的情况下，一些方言区的应试人就会因过分关注自己的语音缺陷而出现情绪紧张、不敢从容朗读等现象，从而导致前后

---

① 郁达夫（2006）《郁达夫散文集》，北京：西苑出版社，145页。
② 老舍（2020）《老舍散文精选集》，太原：山西人民出版社，221页。
③ 周作人等（2007）《最美的散文（中国卷）》，北京：北京出版社，64页。
④ 郁达夫（2006）《郁达夫散文集》，北京：西苑出版社，362页。
⑤ 宋建忠（2009）《现代散文鉴赏》，呼和浩特：内蒙古人民出版社，113页。

语句不连贯、语调生涩，甚至出现回读或超时等现象。例如：

原句：江南，秋当然也是有的，但草木凋得慢，空气来的润，天的颜色显得淡，并且有少雨而多风车。[1]

误读：江南，秋当然/也是有的，但草木凋/得慢，空气来/得润，天的颜色显/得淡，并且有少雨而/多风。

对于方言区的应试人来说，原句的难点音较多，加之分句之间的层次比较复杂，很容易出现句调处理不当、朗读不流畅的情况。

---

[1] 周作人等（2007）《最美的散文（中国卷）》，北京：北京出版社，60页。

第四章　普通话水平测试中的命题说话

第一节　普通话命题说话测试简介

一、命题说话

　　说话，是口语表达的一种呈现方式，也是极具个性色彩的语言表达。人们通过说话传递信息，表达情感，达成交际目的。说话有多种形式，可以是独白式的，也可以是交互式的，可以是一对一，也可以是一对多的交流形式。

　　普通话水平测试中的命题说话属于独白式的话语表达。独白是单主体建构的连贯话语，它是语义上有联系、结构上相衔接、有特定话题的完整语篇。它通过若干句子、句群和语段符合语义联系和结构合理的组接，完成主题的表达。但是，普通话水平测试中的命题说话又不同于一般意义上的具有随机性、随意性和交际性的日常交流，它是一种规约性的口语表达，主要表现为具有明确的话题限制、语言使用的准确规范、完整的语篇以及限时表达等，是对应试人的思维能力、知识水平、心理素质及语言组织能力的综合考量。

二、命题说话测试

　　普通话水平测试中的说话，是通过规定命题来完成的。应试人说话的题目从《普通话水平测试用话题》中选取，说话时长为3分钟，满分为40分。

普通话水平测试中的命题说话，是测查应试人在没有文字凭借的情况下进行普通话表达的水平。重点测查应试人的语音标准程度、词汇语法规范程度和自然流畅程度。应试人在测试过程中，如出现无效话语、雷同、离题、缺时等现象，则按照《普通话水平测试实施纲要》的规定扣除相应的分值。[①]

第二节 普通话命题说话测试常见失误

普通话命题说话作为一项集思维能力、知识水平、心理素质、临时组织语言等综合能力为一体的测查项目，是普通话水平测试中难度最大、失分率也相对较高的一题。根据普通话命题说话测试的标准和要求，应试人的常见失误主要体现在以下几个方面。

一、语调不自然

语调具有狭义和广义之分。狭义的语调是指语气表达的主要手段；广义的语调是说话或朗读时，声音的停连、轻重、高低、节奏等方面的变化。语调受语言结构、语用环境和说话人心理等因素的影响，是一个具有综合因素的声音表现。

普通话水平测试中的命题说话，其语调属于广义层面的语调，其特点与谈话语体的性质密切相关。语体是在特定的语境中表现出来的使用语言材料的特点体系，不同的语体具有不同的表达功能，也有相应的表达要求。命题说话是谈话语体中的一种独白式的口语，属于一种规范的日常口语。因此，命题说话所要求的"语调自然"就可以理解为：

---

① 国家语委普通话与文字应用培训测试中心：《普通话水平测试实施纲要（2021年版）》，语文出版社，2022年4月。

首先,应试人在说话时,不能像念文字材料那样将要说的话"念"出来,即"背稿式"表达。《普通话水平测试大纲》及《计算机辅助普通话水平测试评分试行办法》在自然流畅程度中对"有背稿子的表现"有扣分标准。"背稿式"表达往往是以文字材料作为依托来进行表达,而命题说话则是无文字状态下的有主题的即兴表达。二者在声音形式上最大的区别和标记就在于:前者可以是"读"或者是"念",而后者必须是"说"。

其次,命题说话虽然是一种独白式的单向口语表达,但它不同于朗诵、演讲等语言艺术表达范畴中的独白口语。应试人不需要运用所谓的朗读、演讲等技巧进行说话,如声音的忽高忽低、忽大忽小、抑扬顿挫、慷慨激昂等,这些都是对命题说话"自然流畅程度"的违背。

最后,命题说话不是表演艺术,而是亲切、朴实地表达自己的经历、感受、看法和理解,类似于"日常化的讲述"。只不过,这种"日常化的讲述"要比现实生活中的日常讲述更加规范。因为它不能随意中断,也不能出现日常口语中常见的"嗯""呃""这个""那个""就是说""然后"等口头禅,更不能加入夸张的声音强调和演示,它是一种规范的、平静的话语表达方式。

二、流畅程度不足

在普通话水平测试中,命题说话的"流畅程度",主要是测查应试人对说话节奏的把握是否恰当。应试人在命题说话中出现的流畅程度不足,主要表现为说话过于简略或啰唆、说话过于急促或缓慢等几种情况。

说话过于简略,主要表现为应试人三言两语就结束话题,甚至说话不足30秒便无话可说。过于啰唆,主要体现为应试人不停地使用"嗯""啊""然后""这个""那个""怎么说呢""就是说""反正"之类的口头禅,或者反复重复同一句话、同一个意思。

说话过于急促或缓慢,则主要表现为应试人的停顿时间、停顿位置不恰当。说话过于急促,要么表现为一句话紧接着一句话说,中间不给人以喘息的机会,要么表现为每一句话都说得很快,但却有很长时间用停顿不说话来进行填充。导致应试人说话过于急促的原因,可能与个人性格有关,也可能是测试时心理紧张。应试人需要明确原因,有意识地放慢说话节奏,以便让思维与表达同步。说话过于缓慢，主要体现为应试人说每一个词、每一个句子时都拖得很长，中断的地方会用一些没有信息含量的口头禅来进行填充。说话缓慢的原因一般同思维有关，当思维活动跟不上语言表达时，应试人就会用放慢节奏的方式进行缓解。需要注意的是，说话过于急促或过于缓慢都会影响说话的节奏，使说话的流畅程度受阻。

提高普通话水平测试中命题说话的流畅程度，主要是控制好说话的速度，即语速。说话人在不受特殊心理、情感等影响下所呈现出来的语速，有的人会略微快一些，有的则会略微慢一些，但都可以归为正常语速。一般说来，正常说话的语速大概是每分钟 200 个音节。但是，有时说话人会在特殊心理、情感的影响下出现临时性的语速改变，如兴奋、愉快、紧急时的语速就会快一些，忧郁、悲伤、庄重时的语速就会慢一些，这就是超常语速。普通话水平测试时，命题说话的语速基本为正常语速，因为它不是语言艺术的表达，不需要使用超常语速来凸显某种情感。

此外，停顿也是影响命题说话流畅度的一个重要因素。说话中的停顿，首先是换气的生理需要，其次是语法和语义表达的需要。除了换气的生理需要外，应试人应注意根据表达的需要，恰当运用语法停顿，合理安排语义停顿。

可以说，语速和停顿共同构成了话语表达的节奏。通常，汉语的话语表达节奏多以 4—7 个音节为一个气息单位，每个节奏单位同时也是一个语义群。所以，节奏既是语音的形式，也是语义的表现。正确的说话节奏应该是在整齐、均匀的基础上，有适当的起伏变化。过多的停顿所形成的断续型节奏、忽快忽慢或忽高忽低所形成的峰谷型节奏等，都会影响命题说话的流畅程度。

三、语篇结构不当

语篇是由具有某种语义关系的若干句子所组成的言语整体，具有衔接性、连贯性的特点。应试人在命题说话测试中所形成的语篇结构，主要包括表达主题内容的确立、材料的组织安排两个方面。结合这两个要素对应试人的命题说话测试进行考查，其常见失误主要表现为主题确立不当、谋篇方式不当两个方面。

（一）主题确立不当

主题思想是话题的内容，也是全文的要旨所在。有话题限制的话语表达，首先要有明确的主题统领全文。但在测试中，应试人对于主题的确立却表现出诸多不符合要求的情况。

1. 离题或偏题

离题是命题说话测试中的一种常见现象，可分为有意离题和无意离题两种情况。

有意离题主要表现为：开头说一两句与话题有关的话，马上转入自己事先准备好的与话题无关的内容上。例如：应试人在完成命题说话"假日生活"测试时，是这样说的：

我的假日生活很丰富，我的假日生活主要是学做菜。这个暑假，我学做的一道菜是番茄炒鸡蛋。番茄炒鸡蛋的做法是……（随后，应试人便将"我的假日生活"最终说成了"番茄炒鸡蛋的制作流程"）

与此相类似的还有：将提前准备好的"番茄炒鸡蛋"的内容，套用在诸如"尊敬的人"（我尊敬的人是我的妈妈。我的妈妈经常给我做好吃的，她做的最好吃的一道菜就是番茄炒鸡蛋。她的番茄炒鸡蛋是这样做的……）、"童年生活"（我的童年是在快乐中度过的，我的妈妈很爱我，常常给我做好吃的。她做的最好吃的一道菜是番茄炒鸡蛋。她的番茄炒鸡蛋是这样做的……）、"假日生活"（我的假日生活很丰富，我在业余生活中主要是学做菜。这个寒假，我学做的一道菜是番茄炒鸡蛋。番茄炒鸡蛋的做法是……）等话题上。这是应试人学习态度、应试态度不端正所导致的结果。

无意离题是指应试人因语言知识不足、综合素养不高、文化程度不够等非主观因素所导致的说话失误现象。具体表现为：说话时，没有根据题目的要求建构所要表达的内容，思维散乱，语句、语段之间缺乏内在的逻辑联系，东一句，西一句，想到哪里说到哪里。例如：有的应试人在完成命题说话"尊敬的人"时，是这样说的：

我尊敬的人是我的妈妈。我的妈妈对我特别好，无论什么事都会站在我的角度为我考虑。可是，我却常常不理解她。我这个人脾气不好，遇到事情总是不能冷静地处理，所以经常和别人发生矛盾。我的生活习惯也不太好，经常不按时吃饭、睡觉，所以会经常生病。我有一个妹妹，她比我小三岁，她特别喜欢读书，她读的书特别多，也特别广。她还喜欢体育运动，打球、游泳、跑步都不错。我俩岁数相差不大，所以特别能聊到一块儿。有事都会在一起商量。记得有一次……

诸如此类的无意离题或偏题，在普通话水平测试的命题说话中占有很大比例，是应试人未认真审题造成的缺乏表达主题、语篇结构松散等失误现象，也是应试人思维机制的主控能力不强的表现。也就是说，应试人没有或不能明确自己要说什么，不能做到先想好再说，而是边说边想，或者说了以后再想，这样就会导致不必要的扣分。

2. 主题缺乏新意和深度

除了离题之外，命题说话测试基本上没有其他专门针对话题内容的评分标准了，也没有设置关于表达内容优劣的评分标准。但是，命题说话是集思想内容和表达方式于一体的语篇，它体现的是应试人系统把握语言和综合运用语言的能力；加之命题说话的评分目前采用的是测试员人工打分的方式，因而就存在一个定性与定量相结合的评测问题。所谓"定性"，既是对应试人普通话水平的大致评判，也包含着测试员对应试人表达能力的综合印象。这些都会在一定程度上影响应试人的考试得分。一般说来，主题不鲜明、缺乏新意是命题说话测试中较为常见的失误现象。

下面就以两位应试人完成命题说话"我喜欢的节日"所形成的语篇为例，进行分析和说明：

甲：我喜欢的节日是春节，因为春节有许多好吃的东西，有新衣服穿、有压岁钱花，还可以无拘无束地玩耍。春节我们一般要过三天。第一天是除夕。除夕这一天就是吃年夜饭，看春节联欢晚会。年夜饭，有的是在家里吃，有的是在外面的饭店里吃。这一天，每一家都会吃一些平常不吃的好菜。除夕这一天，最忙的是大人们，他们要打扫卫生，准备年夜饭，要买各种各样的东西。我们小孩子偶尔也会帮大人干一点儿活。第二天是大年初一，这一天我们会去找朋友玩儿，拿着压岁钱去街上买东西。家长不会让我们做作业，也不会让我们做家务。这一天我们可以放开玩儿，就算我们做了一些过头的错事，家长一般也会原谅我们。大人们会在这一天聚在一起聊天、打牌等，因为这一天不用干活了。第三天，我们会去亲戚家吃饭，或者请亲戚到我们家里吃饭。年夜饭一般是家里人一起吃，走亲戚、约朋友吃饭，就会安排在初三这一天。三天过后，年就基本过完了。但一般要到初六以后，人们才会恢复正常的工作，许多商店也才会开门营业。初六过完后，春节才算彻底结束。这就是我喜欢的节日春节。

乙：我喜欢的节日是春节，因为春节是一个团圆的日子。每到春节的时候，远方的游子都会回到家乡，分别许久的友人也可以聚在一起，一家老小可以同享天伦之乐。春节到来的时候，也是我特别孤独的时候，因为万家灯火，我却无家可归。父母在我求学的几年中相继离世，之后我也再没有回过老家。这几年在外地工作，每到春节的时候，我都会申请留在单位值班，因为没有了父母，没有了家，也没有了春节。春节的几天，是我最难熬的。这几天成了我怀念家、想念父母的日子。尽管如此，我还是喜欢春节。它是一个让人有盼头的节日，它让人有家的仪式感和对家的向往。春节是一个很温暖的节日，每一次回想起和父母一起吃年夜饭的场景，我都会觉得很幸福。每到春节，我的妈妈就会把屋子打扫得干干净净，还会在客厅里铺上新鲜的松针。我们就在铺着松针的地上吃年夜饭。松针的香气和妈妈做的饭菜的香味儿都是我最怀念的。我喜欢春节，喜欢看所有人都急切想要回家的样子，看街上热闹的场景。我喜欢春节，虽然我无家可归，却有千千万万的人在这个团圆的日子有家可回。

从内容上说，上面两个语篇都能够在规定的时间内围绕话题进行表达，但二者在主题表达的鲜明性和新颖性上却有所不同：甲应试人所构建的内容比较陈旧，所提供的信息是为大家所熟知的，从某种程度上说，并没有提供大家未知的、具有一定吸引力的信息。这样的表达，从内容上说缺乏个性和新颖性；从听者的角度说，整段话让人感到平淡、苍白，缺乏真正打动人心的细节。乙应试人的表述则不同，它具有打动人心的新颖感和真挚感。应试人鲜明地表达了自己喜欢春节的原因，以及对春节较为深刻的认识。应试人所提供的信息具有个人独特的理解，能够让听者产生强烈的共鸣和无穷的回味。

（二）谋篇方式不当

主题的确立，是解决语篇结构中"说什么"的问题；谋篇方式，是解决"怎么说"的问题。命题说话测试中的常见失误，除了不知道说什么之外，还表现为不知道怎么说，即谋篇方式不当，主要表现为：

一是语篇结构不完整，开头、结尾缺乏应有的逻辑联系。有头无尾或者说到最后早忘了开头是怎么说的，这些都是命题说话测试中的常见失误现象。

二是语篇结构层次不清晰，语句、语段之间的内在逻辑关系没有得到彰显。例如：有的应试人一开始说了"首先"，接下来就再没有"其次"了；说了"因为"，后面的内容也不是"结果"。

三是中心内容或主题呈现不当。例如：明明是话题的主要思想或观点，却在说话中被应试人轻描淡写地一句话带过，中心思想没有得到强化，以至于话题核心观点的鲜明性不足。

四、出现无效话语

普通话测试中的命题说话是一种以话题为编码核心的话语信息传递过程。因为有话题的限制，因而它不同于一般的交际性话语表达。这种单向的主题性话语表达，往往对信息传递的有效性提出了更高的要求。

从话语信息的类型看，命题说话测试中的话语信息是以理性信息为主要的话语表达，重在测查应试人围绕主题进行信息编码和传递的能力；至于审美信息和风格信息，只是作为附带信息体现应试人的表达水平，能够给话题表达增加良好的整体印象。但从信息有效性的角度看，命题说话的话语信息的核心是理性信息的传递，即通过各级各类语言单位的组合，规范、准确、完整地表达话题所要求的内容。不在此范围规定下传递的信息，都会被视为是无效信息。

通常，命题说话中的无效信息传递，主要表现为有意制造无效信息和无意产生无效信息两种情况。

（一）有意制造无效信息

出现有意制造无效信息的情况，主要是因为应试人没有认真准备话题的内容或缺乏谋篇的能力而导致的。因为无话可说，只好用一些跟话题无关的字词来填充空白。例如：话题"童年生活"的表达。

我的童年是在姥姥家度过的。我记忆最深刻的就是，每到晚上，我的姥姥就要给我讲故事。她给我讲的最多的故事就是：从前有座山，山里有座庙，庙里有个老和尚和小和尚。老和尚对小和尚说：从前有座山，山里有座庙，庙里有个老和尚和小和尚。老和尚对小和尚说……（以此为内容不停地循环，直到3分钟结束）

有意制造无效信息,因为是应试人的"无奈之举",所以表现方式五花八门,包括唱歌、念准考证上面的注意事项、长时间沉默后又突然说两句等等。

(二)无意产生无效信息

无意产生无效信息的情况,一般是应试人不能很好地区分话语内容的主次,或者没有合理运用材料和安排内容结构所导致的。例如:话题"我喜爱的艺术形式"的表达。

我喜爱的艺术形式是古诗词。古诗词是我国传统文学特有的一种形式,具有很高的艺术价值。我特别喜欢的是唐诗。唐诗特别有韵味,读起来朗朗上口。比如"床前明月光,疑是地上霜,举头望明月,低头思故乡"。这首诗描写了……又如"红豆生南国,春来发几枝。愿君多采撷,此物最相思"。这首诗……此外,还有"清明时节雨纷纷,路上行人欲断魂。借问酒家何处有,牧童遥指杏花村"。这首诗抒发了……

以上命题说话中的背诗就属于无效信息,因为不符合普通话命题说话测试关于话语信息的要求。这些无效信息占据了说话的时间,等应试人想要表达其他有效信息内容的时候,说话时间已经到了,话题的表达也就会显得不够完整。

此外,命题说话测试中的无效信息,还包括与话题无关的口头语、反复或重复出现的话语等,包括有的应试人将普通话测试朗读用的短文经过一定的转换和修改后,将其用于命题说话测试中,都将被视为无效信息。

下 篇

第五章　普通话水平测试单字训练 / 81

第六章　普通话水平测试词语训练 / 132

第七章　普通话水平测试朗读训练 / 199

第八章　普通话水平测试说话训练 / 220

第五章 普通话水平测试单字训练

第一节 单字声母分类辨读

一、单字训练[①]

（一）双唇音 b、p、m 单字训练

1. b

bā	bǎ	bà	bāi	bǎi	bài	bān	bǎn	bàn	bāng
八	靶	罢	掰	摆	拜	斑	版	瓣	帮
bǎng	bàng	báo	bǎo	bào	bēi	bèi	bēn	běn	bèn
绑	蚌	雹	饱	豹	卑	被	奔	苯	笨
bēng	bèng	bī	bǐ	bì	biān	biǎn	biāo	biǎo	biē
崩	迸	逼	彼	闭	鞭	贬	膘	表	憋
biě	bīn	bìn	bǐng	bō	bó	bó	bǔ	bù	bù
瘪	滨	鬓	柄	拨	帛	铂	捕	埠	簿

2. p

pā	pá	pāi	pái	pài	pān	pán	pàn	páng	pāo
趴	爬	拍	牌	派	攀	盘	畔	庞	抛
páo	pēi	péi	pèi	pēn	pén	pēng	péng	péng	pěng
袍	胚	赔	配	喷	盆	抨	棚	蓬	捧

[①] 本书所列的单字训练，凡多音字仅提供一种读音。

pī	pí	pǐ	pì	piān	piàn	piāo	piǎo	piē	piě
披	脾	癖	屁	偏	骗	飘	瞟	瞥	撇
pín	pǐn	pìn	píng	píng	pō	pò	pōu	pū	pǔ
频	品	聘	平	凭	颇	破	剖	扑	圃

3. m

mā	mǎ	mà	mái	mài	mán	màn	máng	māo	máo
抹	码	骂	埋	脉	瞒	慢	盲	猫	锚
mǎo	mào	méi	méi	měi	mēn	mén	měng	mèng	mī
卯	帽	枚	霉	镁	闷	门	猛	梦	眯
mí	mì	mián	miǎn	miáo	miǎo	miào	miè	mǐn	míng
谜	幂	棉	免	苗	渺	妙	篾	抿	铭
míng	miù	mō	mó	mò	móu	mǒu	mú	mǔ	mù
鸣	谬	摸	摹	默	眸	某	模	母	墓

（二）唇齿音 f 单字训练

fá	fá	fǎ	fān	fān	fán	fǎn	fàn	fàn	fāng
筏	罚	法	帆	番	繁	返	贩	饭	方
fáng	fǎng	fēi	fèi	fén	fěn	Féng	fěng	fèng	fó
防	访	妃	沸	焚	粉	冯	讽	奉	佛
fǒu	fǒu	fū	fū	fú	fú	fǔ	fǔ	fù	fù
否	缶	孵	敷	幅	俘	俯	甫	腹	赋

（三）舌尖前音 z、c、s 单字训练

1. z

zā	zá	zāi	zǎi	zài	zán	zàn	zāng	zàng	zāo
咂	砸	栽	崽	再	咱	暂	脏	葬	遭
záo	zǎo	zào	zé	zè	zéi	zěn	zēng	zèng	zǐ
凿	藻	躁	则	仄	贼	怎	憎	赠	籽
zì	zōng	zōng	zòu	zú	zuàn	zuǐ	zuì	zūn	zuò
渍	鬃	踪	揍	族	攥	嘴	醉	尊	座

2. c

cā	cāi	cái	cān	cǎn	cáng	cáo	cè	cè	céng
擦	猜	裁	餐	惨	藏	槽	册	策	层

cèng 蹭	cī 疵	cí 辞	cí 祠	cí 雌	cì 赐	cōng 葱	còu 凑	cū 粗	cù 簇
cuān 蹿	cuán 攒	cuàn 窜	cuī 摧	cuì 啐	cuì 脆	cūn 皴	cún 存	cuō 撮	cuò 锉

3. s

sā 撒	sǎ 洒	sāi 腮	sài 赛	sǎn 伞	sàn 散	sāng 桑	sāo 骚	sào 臊	sè 涩
sè 瑟	sēng 僧	sī 撕	sī 私	sì 嗣	sōng 松	sòng 颂	sōu 艘	sū 酥	sú 俗
sù 溯	suān 酸	suàn 蒜	suī 虽	Suí 隋	suí 绥	suǐ 髓	suì 遂	sǔn 损	suǒ 索

（四）舌尖中音 d、t、n、l 单字训练

1. d

dā 搭	dāi 呆	dǎn 胆	dàn 氮	dǎng 党	dàng 档	dǎo 捣	dào 稻	dé 德	dēng 灯
dèng 瞪	dī 堤	dí 嫡	diān 掂	diǎn 碘	diāo 叼	diē 跌	dīng 盯	dǐng 鼎	diū 丢
dòng 冻	dōu 兜	dòu 窦	dū 督	duān 端	duàn 断	duī 堆	dūn 蹲	dùn 顿	duǒ 躲

2. t

tā 塌	tǎ 塔	tà 榻	tái 抬	tān 摊	tán 痰	tǎng 躺	tàng 趟	táo 陶	tǎo 讨
téng 誊	tī 踢	tí 啼	tiān 添	tián 填	tiǎn 舔	tiāo 挑	tiē 贴	tiě 铁	tīng 厅
tǐng 艇	tóng 彤	tǒng 统	tōu 偷	tóu 投	tòu 透	tū 凸	tuǐ 腿	tuō 托	tuó 驮

3. n

nà 钠	nà 捺	nǎi 乃	nài 耐	nán 难	náng 囊	náo 挠	nǎo 脑	nèn 嫩	néng 能
nī 妮	nǐ 拟	nì 溺	nì 腻	niān 蔫	nián 黏	niǎn 碾	niáng 娘	niàng 酿	niǎo 鸟

niē	niè	nín	níng	niǔ	nóng	nù	nǚ	nuǎn	nuó
捏	孽	您	凝	扭	脓	怒	女	暖	挪

4. l

là	lài	lán	lǎn	láng	lāo	lào	lào	lè	lěi
蜡	赖	篮	缆	狼	捞	涝	烙	勒	蕾
léng	lèng	lí	lì	lì	liǎ	lián	liǎn	liàn	liáng
棱	愣	犁	隶	吏	俩	帘	敛	链	梁
liāo	liào	Liào	liē	līn	lín	líng	lǐng	liǔ	lóng
撩	撂	廖	咧	拎	磷	伶	领	绺	聋
lǒu	lù	lǚ	lǜ	luán	luǎn	lüè	lūn	luó	luò
篓	麓	屡	滤	峦	卵	掠	抡	骡	摞

（五）舌尖后音 zh、ch、sh、r 单字训练

1. zh

zhá	zhǎ	zhāi	zhái	zhǎi	zhān	zhǎn	zhāng	zhǎng	zhàng
铡	眨	斋	宅	窄	瞻	盏	章	掌	账
zhāo	zhǎo	zhē	zhé	zhè	zhēn	zhěn	zhēng	zhèng	zhī
昭	爪	遮	辙	蔗	贞	诊	睁	政	脂
zhí	zhǐ	zhì	zhōng	zhòng	zhōu	zhǒu	zhòu	zhū	zhú
侄	旨	滞	终	仲	粥	肘	皱	诸	逐
zhǔ	zhù	zhuā	zhuài	zhuān	zhuàn	zhuāng	zhuàng	zhuī	zhūn
煮	驻	抓	拽	砖	赚	桩	撞	追	谆

2. ch

chā	chá	chà	chāi	chái	chán	chǎn	cháng	chàng	chāo
插	茬	刹	拆	柴	蝉	铲	尝	畅	超
cháo	chě	chè	chèn	chēng	chéng	chěng	chī	chì	chǒng
巢	扯	撤	衬	撑	惩	逞	痴	翅	宠
chōu	chóu	chǒu	chú	chù	chuāi	chuān	chuán	chuǎn	chuāng
抽	绸	丑	锄	触	揣	穿	船	喘	疮

3. sh

shá	shǎ	shà	shāi	shài	shāng	shǎng	shàng	shāo	shào
啥	傻	煞	筛	晒	商	晌	尚	捎	哨
shé	shè	shén	Shěn	shēng	shéng	shèng	shī	shì	shòu
蛇	赦	什	沈	升	绳	剩	湿	嗜	授
shū	shú	Shǔ	shuā	shuǎ	shuāi	shuǎi	shuān	shuì	shǔn
枢	赎	蜀	刷	耍	摔	甩	拴	税	吮

4. r

rán	rǎn	rāng	ràng	ráo	rǎo	rào	rě	rè	rén
燃	染	嚷	让	饶	扰	绕	惹	热	仁
rěn	rèn	rèn	rēng	réng	rì	róng	róng	róu	ròu
忍	韧	刃	扔	仍	日	绒	融	揉	肉
rú	rǔ	rǔ	ruǎn	ruǐ	ruì	ruì	rùn	ruò	ruò
儒	汝	辱	软	蕊	锐	瑞	润	若	弱

（六）舌面音 j、q、x 单字训练

1. j

jī	jí	jǐ	jì	jiá	jiǎ	jià	jiān	jiǎn	jiàn
激	即	脊	剂	颊	钾	驾	兼	碱	键
jiāng	jiāng	jiāo	jiāo	jiǎo	jiē	jié	jié	jiě	jīn
姜	僵	浇	椒	脚	皆	结	截	解	襟
jǐn	jìn	jīng	jìng	jiū	jū	jù	juān	jué	jūn
仅	浸	茎	镜	揪	驹	聚	捐	爵	均

2. q

qī	qí	qǐ	qì	qiā	qià	qiān	qián	qián	qiàn
漆	鳍	启	砌	掐	恰	签	潜	黔	嵌
qiāo	qiáo	qiě	qiè	qīn	qǐn	qìn	qīng	qīng	qíng
跷	瞧	且	怯	侵	寝	沁	氢	倾	擎
qǐng	qióng	qū	qú	quán	quán	quē	qué	què	qún
顷	琼	驱	渠	拳	泉	缺	瘸	确	裙

3. x

xī	xí	xiā	xiá	xià	xiān	xián	xiàn	xiāng	xiāo
膝	袭	瞎	狭	夏	掀	涎	陷	镶	硝
xiào	xiē	xié	xīn	xīng	xíng	xǐng	xiōng	xióng	xiū
啸	楔	偕	锌	腥	型	醒	凶	雄	修
xiǔ	xiù	xiù	xū	xuán	xuǎn	Xuē	xué	xuě	xùn
朽	袖	嗅	戌	悬	癣	薛	穴	雪	徇

（七）舌根音 g、k、h 单字训练

1. g

gài	gān	gǎn	Gàn	gāng	gǎng	gāo	gē	gēn	gēng
概	杆	感	赣	刚	港	膏	搁	跟	耕
gěng	gōng	gǒng	gōu	gū	gǔ	gù	guā	guǎ	guà
梗	躬	汞	沟	孤	鼓	雇	刮	寡	卦
guǎi	guài	guǎn	guàn	guàng	guī	guǐ	gǔn	guō	guǒ
拐	怪	馆	灌	逛	硅	轨	滚	锅	裹

2. k

kāi	kān	kāng	káng	kàng	kǎo	kē	kě	kēng	kǒng
揩	刊	慷	扛	炕	烤	瞌	渴	坑	孔
kǒng	kòng	kōu	kòu	kòu	kū	kū	kù	kuǎ	kuà
恐	控	抠	叩	寇	哭	窟	酷	垮	跨
kuài	kuān	kuǎn	kuáng	kuàng	kuī	kuī	kuì	kǔn	kuò
块	宽	款	狂	矿	亏	窥	愧	捆	廓

3. h

hā	hài	hǎn	hàn	háng	hào	hé	hēi	hén	hěn
哈	骇	罕	撼	航	耗	盒	嘿	痕	很
hēng	héng	hóu	hòu	hú	hǔ	huá	huà	huái	huán
哼	衡	侯	候	弧	唬	滑	桦	怀	环
huǎn	huāng	huáng	huǎng	huī	huǐ	huì	hūn	huǒ	huò
缓	慌	黄	谎	挥	毁	绘	荤	伙	霍

（八）零声母单字训练

ā	āi	ǎi	àn	āng	ǎo	è	ēn	ěr	ōu
阿	哀	矮	案	肮	袄	厄	恩	饵	鸥
ǒu	wā	wà	wān	wǎn	wǎng	wěi	wēn	wèng	wō
偶	娲	袜	湾	挽	枉	伪	瘟	瓮	涡
wū	yā	yǎ	yán	yǎn	yāng	yàng	yǎo	yè	yì
诬	押	雅	筵	演	秧	漾	窅	谒	翼
yǐn	yīng	yǒng	yōu	yǒu	yū	yuán	yuàn	yǔn	yùn
瘾	膺	咏	悠	酉	淤	垣	苑	陨	蕴

二、单字对比训练

（一）z、zh 单字对比训练

zā	zhā	zá	zhá	zāi	zhāi	zǎi	zhǎi
咂 — 扎		杂 — 铡		栽 — 摘		崽 — 窄	
zài	zhài	zān	zhān	zàn	zhàn	zāng	zhāng
再 — 债		簪 — 粘		赞 — 占		脏 — 章	
zàng	zhàng	záo	zháo	zǎo	zhǎo	zào	zhào
葬 — 丈		凿 — 着		枣 — 找		造 — 照	
zé	zhé	zè	Zhè	zěn	zhěn	zēng	zhēng
泽 — 哲		仄 — 浙		怎 — 枕		增 — 争	
zèng	zhèng	zī	zhī	zǐ	zhǐ	zì	zhì
甑 — 证		咨 — 汁		紫 — 止		字 — 治	
zōng	zhōng	zǒng	zhǒng	zòng	zhòng	zǒu	zhǒu
宗 — 忠		总 — 肿		粽 — 重		走 — 肘	
zòu	zhòu	zū	zhū	zú	zhú	zǔ	zhǔ
奏 — 皱		租 — 朱		足 — 烛		阻 — 煮	
zuì	zhuì	zuǎn	zhuǎn	zuàn	zhuàn	zuó	zhuó
醉 — 缀		纂 — 转		钻 — 撰		昨 — 浊	

（二）c、ch 单字对比训练

cā	chā	cāi	chāi	cái	chái	cān	chān
擦 — 插		猜 — 钗		材 — 柴		参 — 搀	

cán	chán	cǎn	chǎn	càn	chàn	cāng	chāng
蚕 — 蝉		惨 — 铲		灿 — 忏		仓 — 昌	
cáng	cháng	cāo	chāo	cáo	cháo	cǎo	chǎo
藏 — 尝		糙 — 超		曹 — 朝		草 — 吵	
cè	chè	cén	chén	céng	chéng	cī	chī
策 — 彻		岑 — 臣		层 — 程		疵 — 吃	
cí	chí	cǐ	chǐ	cōng	chōng	cóng	chóng
慈 — 池		此 — 齿		聪 — 冲		丛 — 崇	
còu	chòu	cū	chū	cù	chù	cuān	chuān
凑 — 臭		粗 — 初		簇 — 矗		蹿 — 穿	
cuán	chuán	cuàn	chuàn	cuī	chuī	cūn	chūn
攒 — 船		篡 — 串		崔 — 炊		村 — 春	
cún	chún	cǔn	chǔn	cuō	chuō	cuò	chuò
存 — 纯		忖 — 蠢		撮 — 戳		错 — 辍	

（三）s、sh 单字对比训练

sā	shā	sǎ	shǎ	sà	shà	sà	shà
撒 — 纱		洒 — 傻		萨 — 煞		飒 — 霎	
sāi	shāi	sài	shài	sān	shān	sǎn	shǎn
腮 — 筛		赛 — 晒		三 — 山		伞 — 闪	
sàn	shàn	sāng	shāng	sǎng	shǎng	sàng	shàng
散 — 扇		桑 — 商		嗓 — 赏		丧 — 尚	
sāo	shāo	sǎo	shǎo	sào	shào	sè	shè
缫 — 稍		扫 — 少		臊 — 绍		涩 — 设	
sēn	shēn	sēng	shēng	sī	shī	sǐ	shǐ
森 — 绅		僧 — 声		丝 — 师		死 — 使	
sì	shì	sōu	shōu	sū	shū	sú	shú
肆 — 势		搜 — 收		酥 — 书		俗 — 熟	
sù	shù	suān	shuān	suàn	shuàn	suí	shuí
速 — 树		酸 — 闩		算 — 涮		绥 — 谁	
suǐ	shuǐ	suì	shuì	sǔn	shǔn	suō	shuō
髓 — 水		碎 — 税		损 — 吮		梭 — 说	

（四）n、l 单字对比训练

nà 纳 —	là 辣	nài 耐 —	lài 籁	nán 难 —	lán 栏	náng 囊 —	láng 郎
náo 挠 —	láo 牢	nào 闹 —	lào 涝	nè 讷 —	lè 勒	něi 馁 —	lěi 垒
nèi 内 —	lèi 泪	néng 能 —	léng 棱	ní 霓 —	lí 黎	nǐ 拟 —	lǐ 李
nián 黏 —	lián 廉	niǎn 碾 —	liǎn 敛	niàng 酿 —	liàng 亮	niǎo 鸟 —	liǎo 蓼
niào 尿 —	liào 料	niē 捏 —	liē 咧	niè 涅 —	liè 猎	nín 您 —	lín 临
níng 凝 —	líng 凌	nǐng 拧 —	lǐng 岭	niǔ 扭 —	liǔ 绺	niù 拗 —	liù 遛
nóng 浓 —	lóng 聋	nú 奴 —	lú 庐	nǔ 弩 —	lǔ 卤	nǚ 女 —	lǚ 铝
nuǎn 暖 —	luǎn 卵	nüè 疟 —	lüè 掠	nuó 挪 —	luó 逻	nuò 糯 —	luò 摞

（五）f、h 单字对比训练

fā 发 —	hā 哈	fá 罚 —	há 蛤	fān 帆 —	hān 酣	fān 翻 —	hān 憨
fán 烦 —	hán 涵	fán 樊 —	hán 含	fàn 范 —	hàn 旱	fàn 贩 —	hàn 翰
fāng 芳 —	hāng 夯	fáng 妨 —	Háng 杭	fáng 房 —	háng 航	fàng 放 —	hàng 沆
fēi 非 —	hēi 黑	fén 焚 —	hén 痕	fěn 粉 —	hěn 狠	fèn 愤 —	hèn 恨
fēng 封 —	hēng 亨	féng 缝 —	héng 横	Féng 冯 —	héng 恒	fèng 奉 —	hèng 横
fū 夫 —	hū 呼	fū 孵 —	hū 忽	fú 服 —	hú 胡	fú 伏 —	hú 弧

fú	hú	fú	hú	fǔ	hǔ	fǔ	hǔ
浮 — 壶		辐 — 葫		抚 — 唬		斧 — 虎	

fǔ	hǔ	fù	hù	fù	hù	fù	hù
俯 — 浒		付 — 护		赴 — 扈		赋 — 互	

（六）j、q、x 与 z、c、s 单字对比训练

jī	zī	jī	zī	jī	zī	jǐ	zǐ
讥 — 咨		积 — 姿		激 — 滋		挤 — 紫	

jǐ	zǐ	jì	zì	jì	zì	jì	zì
脊 — 姊		济 — 字		寄 — 恣		寂 — 渍	

jūn	zūn	jūn	zūn	jūn	zūn	qī	cī
均 — 尊		君 — 遵		钧 — 樽		漆 — 疵	

qī	cī	qí	cí	Qí	cí	qí	cí
凄 — 呲		祈 — 祠		祁 — 慈		歧 — 瓷	

qǐ	cǐ	qì	cì	qì	cì	qì	cì
岂 — 此		泣 — 刺		砌 — 赐		憩 — 伺	

qūn	cūn	qún	cún	xī	sī	xī	sī
逡 — 村		裙 — 存		膝 — 思		溪 — 私	

xī	sī	xī	sī	xǐ	sǐ	xì	sì
悉 — 蛳		惜 — 司		洗 — 死		隙 — 饲	

xì	sì	xì	sì	xūn	sūn	xūn	sūn
戏 — 肆		细 — 嗣		熏 — 孙		勋 — 狲	

（七）r、l 单字对比训练

rán	lán	rán	lán	rǎn	lǎn	rǎn	lǎn
然 — 岚		燃 — 栏		冉 — 揽		染 — 懒	

ráng	láng	rǎng	lǎng	rǎng	lǎng	ràng	làng
瓤 — 琅		壤 — 朗		攘 — 烺		让 — 浪	

ráo	láo	ráo	láo	rǎo	lǎo	rào	lào
娆 — 劳		饶 — 牢		扰 — 姥		绕 — 烙	

rè	lè	réng	léng	róng	lóng	róng	lóng
热 — 乐		仍 — 棱		融 — 珑		溶 — 笼	

róng	lóng	rǒng	lǒng	róu	lóu	róu	lóu
荣 — 隆		冗 — 垄		揉 — 楼		蹂 — 蒌	

| ròu | lòu | rú | lú | rú | lú | rǔ | lǔ |
| 肉 — 漏 | | 茹 — 炉 | | 儒 — 颅 | | 乳 — 虏 | |

| rǔ | lǔ | rù | lù | rù | lù | ruǎn | luǎn |
| 辱 — 掳 | | 入 — 碌 | | 褥 — 鹿 | | 阮 — 卵 | |

| rùn | lùn | ruò | luò | ruò | luò | ruò | luò |
| 润 — 论 | | 若 — 落 | | 弱 — 络 | | 偌 — 骆 | |

三、声母类推字表

（一）z、c、s 声母类推字表[①]

1. z 声母类推字表

匝（zā）：咂（zā）砸（zá）

皂（zào）：澡（zǎo）藻（zǎo）噪（zào）燥（zào）躁（zào）

责（zé）：啧（zé）帻（zé）箦（zé）

兹（zī）：滋（zī）孳（zī）

子（zǐ）：仔（zǐ）籽（zǐ）孜（zī）字（zì）

宗（zōng）：综（zōng）棕（zōng）踪（zōng）鬃（zōng）粽（zòng）

尊（zūn）：遵（zūn）樽（zūn）鳟（zūn）

2. c 声母类推字表

才（cái）：材（cái）财（cái）

采（cǎi）：彩（cǎi）睬（cǎi）踩（cǎi）菜（cài）

曹（cáo）：漕（cáo）嘈（cáo）槽（cáo）螬（cáo）

慈（cí）：磁（cí）鹚（cí）糍（cí）

窜（cuàn）：撺（cuān）蹿（cuān）

崔（cuī）：催（cuī）摧（cuī）璀（cuǐ）

卒（cù）：萃（cuì）淬（cuì）翠（cuì）粹（cuì）啐（cuì）悴（cuì）瘁（cuì）

寸（cùn）：村（cūn）忖（cǔn）

[①] 声母类推字表中，根据声旁类推出来的字音存在一定的特例，如形声字"识（shí）""炽（chì）"的声母，就与声旁"只"的声母 zh 不一致。识记时，应注意这些特殊情况，以免误读字音。

3. s 声母类推字表

散（sàn）：馓（sǎn）撒（sā）

桑（sāng）：搡（sǎng）嗓（sǎng）颡（sǎng）

司（sī）：伺（sì）饲（sì）嗣（sì）

斯（sī）：厮（sī）澌（sī）撕（sī）嘶（sī）

思（sī）：锶（sī）腮（sāi）鳃（sāi）

四（sì）：泗（sì）驷（sì）

叟（sǒu）：搜（sōu）溲（sōu）嗖（sōu）馊（sōu）飕（sōu）艘（sōu）嫂（sǎo）

遂（suì）：隧（suì）燧（suì）邃（suì）

孙（sūn）：荪（Sūn）狲（sūn）

（二）zh、ch、sh 声母类推字表

1. zh 声母类推字表

召（zhào）：招（zhāo）昭（zhāo）沼（zhǎo）诏（zhào）照（zhào）

折（zhé）：蜇（zhē）哲（zhé）浙（Zhè）

者（zhě）：赭（zhě）锗（zhě）诸（zhū）猪（zhū）潴（zhū）渚（zhǔ）煮（zhǔ）

只（zhī）：织（zhī）职（zhí）帜（zhì）

支（zhī）：枝（zhī）肢（zhī）

知（zhī）：蜘（zhī）智（zhì）

直（zhí）：值（zhí）植（zhí）殖（zhí）置（zhì）

执（zhí）：贽（zhì）挚（zhì）鸷（zhì）蛰（zhé）

止（zhǐ）：芷（zhǐ）址（zhǐ）趾（zhǐ）

至（zhì）：侄（zhí）致（zhì）窒（zhì）蛭（zhì）

志（zhì）：痣（zhì）梽（zhì）

中（zhōng）：忠（zhōng）钟（zhōng）盅（zhōng）衷（zhōng）种（zhǒng）

专（zhuān）：砖（zhuān）转（zhuǎn）传（zhuàn）啭（zhuàn）

2. ch 声母类推字表

叉（chā）：权（chā）衩（chà）钗（chāi）

产（chǎn）：浐（Chǎn）铲（chǎn）

朝（cháo）：潮（cháo）嘲（cháo）

辰（chén）：宸（chén）晨（chén）唇（chún）

斥（chì）：坼（chè）拆（chāi）

出（chū）：础（chǔ）绌（chù）黜（chù）

厨（chú）：橱（chú）躅（chú）

除（chú）：滁（Chú）蜍（chú）

垂（chuí）：陲（chuí）捶（chuí）棰（chuí）锤（chuí）

春（chūn）：椿（chūn）蠢（chǔn）

3. sh 声母类推字表

沙（shā）：莎（shā）痧（shā）裟（shā）鲨（shā）

善（shàn）：鄯（shàn）缮（shàn）膳（shàn）蟮（shàn）鳝（shàn）

师（shī）：浉（Shī）狮（shī）筛（shāi）

式（shì）：试（shì）拭（shì）轼（shì）弑（shì）

市（shì）：柿（shì）铈（shì）

受（shòu）：授（shòu）绶（shòu）

叔（shū）：淑（shū）菽（shū）

孰（shú）：熟（shú）塾（shú）

署（shǔ）：薯（shǔ）曙（shǔ）

率（shuài）：摔（shuāi）蟀（shuài）

（三）n、l 声母类推字表

1. n 声母类推字表

那（nà）：哪（nǎ）娜（nà）挪（nuó）

乃（nǎi）：奶（nǎi）艿（nǎi）氖（nǎi）

奈（nài）：萘（nài）捺（nà）

南（nán）：喃（nán）楠（nán）

内（nèi）：讷（nè）呐（nà）纳（nà）衲（nà）钠（nà）

尼（ní）：妮（nī）泥（ní）呢（ne）怩（ní）铌（ní）睨（nì）

念（niàn）：鲶（nián）捻（niǎn）埝（niàn）

聂（Niè）：蹑（niè）镊（niè）嗫（niè）

农（nóng）：浓（nóng）脓（nóng）侬（nóng）秾（nóng）哝（nóng）

奴（nú）：孥（nú）驽（nú）努（nǔ）弩（nǔ）胬（nǔ）怒（nù）

2.1 声母类推字表

赖（lài）：癞（lài）籁（lài）懒（lǎn）

兰（lán）：拦（lán）栏（lán）烂（làn）

阑（lán）：澜（lán）斓（lán）镧（lán）襕（lán）

览（lǎn）：揽（lǎn）缆（lǎn）榄（lǎn）

劳（láo）：捞（lāo）痨（láo）崂（Láo）唠（lào）涝（lào）

老（lǎo）：佬（lǎo）姥（lǎo）铑（lǎo）栳（lǎo）

乐（lè）：砾（lì）栎（lì）泺（Luò）

雷（léi）：镭（léi）蕾（lěi）擂（lèi）

累（lèi）：骡（luó）螺（luó）瘰（luǒ）漯（luò）瘰（luò）

离（lí）：漓（lí）篱（lí）璃（lí）

力（lì）：荔（lì）劣（liè）肋（lèi）勒（lè）

历（lì）：沥（lì）雳（lì）呖（lì）枥（lì）

厉（lì）：励（lì）砺（lì）蛎（lì）

连（lián）：莲（lián）涟（lián）鲢（lián）琏（liǎn）链（liàn）

廉（lián）：濂（Lián）镰（lián）

良（liáng）：粮（liáng）狼（láng）琅（láng）浪（làng）

两（liǎng）：魉（liǎng）辆（liàng）俩（liǎ）

列（liè）：烈（liè）裂（liè）咧（liě）例（lì）

留（liú）：馏（liú）榴（liú）瘤（liú）溜（liū）

龙（lóng）：咙（lóng）聋（lóng）笼（lóng）胧（lóng）珑（lóng）陇（Lǒng）

隆（lóng）：癃（lóng）窿（lóng）

娄（lóu）：喽（lóu）楼（lóu）搂（lǒu）篓（lǒu）缕（lǚ）屡（lǚ）

鹿（lù）：漉（lù）麓（lù）辘（lù）簏（lù）

路（lù）：鹭（lù）露（lù）潞（Lù）璐（lù）

录（lù）：禄（lù）碌（lù）绿（lǜ）氯（lǜ）

吕（lǚ）：侣（lǚ）铝（lǚ）

仑（lún）：伦（lún）沦（lún）轮（lún）抡（lūn）论（lùn）

罗（luó）：逻（luó）萝（luó）锣（luó）箩（luó）

（四）f、h 声母类推字表

1. f 声母类推字表

伐（fá）：阀（fá）筏（fá）垡（fá）

凡（fán）：矾（fán）钒（fán）帆（fān）

非（fēi）：菲（fēi）啡（fēi）绯（fēi）扉（fēi）霏（fēi）诽（fěi）匪（fěi）
榧（fěi）斐（fěi）蜚（fěi）翡（fěi）痱（fèi）

夫（fū）：肤（fū）麸（fū）呋（fū）芙（fú）扶（fú）蚨（fú）

伏（fú）：茯（fú）袱（fú）

弗（fú）：拂（fú）氟（fú）佛（fó）沸（fèi）狒（fèi）费（fèi）

畐（fú）：福（fú）幅（fú）辐（fú）蝠（fú）副（fù）富（fù）

父（fù）：斧（fǔ）釜（fǔ）

复（fù）：腹（fù）蝮（fù）馥（fù）覆（fù）

2. h 声母类推字表

忽（hū）：惚（hū）唿（hū）

乎（hū）：呼（hū）滹（hū）

虎（hǔ）：唬（hǔ）琥（hǔ）

化（huà）：花（huā）哗（huā）华（huá）铧（huá）桦（huà）货（huò）

奂（huàn）：涣（huàn）换（huàn）唤（huàn）焕（huàn）痪（huàn）

荒（huāng）：慌（huāng）谎（huǎng）

黄（huáng）：璜（huáng）磺（huáng）蟥（huáng）簧（huáng）潢（huáng）

皇（huáng）：凰（huáng）湟（Huáng）惶（huáng）徨（huáng）煌（huáng）

灰（huī）：恢（huī）诙（huī）

回（huí）：茴（huí）蛔（huí）徊（huái）

会（huì）：绘（huì）烩（huì）

昏（hūn）：阍（hūn）婚（hūn）惛（hūn）涽（hūn）睧（hūn）焙（hūn）
火（huǒ）：伙（huǒ）钬（huǒ）

（五）j、q、x 声母类推字表

1. j 声母类推字表

及（jí）：圾（jī）芨（jī）极（jí）级（jí）汲（jí）岌（jí）笈（jí）伋（jí）

己（jǐ）：记（jì）纪（jì）忌（jì）芑（jǐ）

脊（jǐ）：瘠（jí）鹡（jí）嵴（jí）蹐（jí）

2. q 声母类推字表

七（qī）：柒（qī）沏（qī）砌（qì）

妻（qī）：凄（qī）萋（qī）

齐（qí）：脐（qí）蛴（qí）荠（qí）

3. x 声母类推字表

夕（xī）：汐（xī）矽（xī）

西（xī）：茜（xī）硒（xī）牺（xī）舾（xī）粞（xī）栖（xī）

希（xī）：稀（xī）晞（xī）浠（xī）俙（xī）悕（xī）睎（xī）烯（xī）郗（xī）

奚（xī）：溪（xī）傒（xī）蹊（xī）

析（xī）：淅（xī）晳（xī）晰（xī）蜥（xī）

息（xī）：熄（xī）螅（xī）媳（xí）

第二节 单字韵母分类辨读

一、单字训练

（一）单元音韵母单字训练①

1. 舌面单元音韵母单字训练

（1）a

bá	bǎ	bà	chà	chà	dā	dǎ	dà	fā	fá
拔	把	坝	权	岔	答	打	大	发	伐
fǎ	há	kǎ	lā	là	mā	mǎ	mà	ná	nà
法	蛤	卡	拉	辣	抹	马	骂	拿	娜
pā	pá	pà	sǎ	sà	shā	shà	tā	tǎ	tà
趴	耙	帕	洒	卅	刹	煞	他	塔	踏

（2）o

bō	bó	bǒ	bò	mò	fó	pō	pó	pǒ	pò
播	驳	跛	簸	莫	佛	泼	婆	叵	魄

（3）e

chē	chè	dé	gē	gé	gè	hē	hé	hè	kē
车	彻	得	歌	革	个	喝	禾	贺	磕
kě	kè	lè	sè	shè	tè	zé	zhè	zhé	zhě
可	客	乐	色	涉	特	择	这	哲	褶

（4）i

bí	bǐ	bì	dí	dǐ	dì	jī	jí	jǐ	jì
鼻	笔	币	笛	抵	蒂	饥	吉	戟	寂

---

① 舌面单元音韵母 ê 除语气词"欸"之外，单用情况不多，只出现在复合元音韵母 ie、üe 中，故此处不再单列训练用单字。舌尖单元音韵母 -i[ɿ]、-i[ʅ] 的单字训练，可参考本章第一节中的舌尖前音 z、c、s 单字训练和舌尖后音 zh、ch、sh、r 单字训练完成。

lí	lǐ	lì	mǐ	mì	ní	nǐ	pī	pí	pì
厘	鲤	吏	米	秘	尼	拟	劈	疲	辟
qí	qǐ	qì	tī	tí	tǐ	tì	xī	xí	xì
祈	启	迄	梯	啼	体	剃	夕	袭	戏

（5）u

bǔ	chū	chú	cù	dú	dǔ	fú	fù	gū	gǔ
卜	出	厨	醋	犊	赌	弗	缚	孤	谷
hū	hú	hù	kū	kù	lú	lù	mú	mù	nǔ
忽	糊	互	枯	裤	颅	禄	模	牧	努
pú	pù	rǔ	rù	sù	tū	tǔ	zhǔ	zhù	zú
仆	堡	汝	入	粟	突	土	拄	贮	卒

（6）ü

jū	jǔ	jù	lǚ	lǜ	qū	qǔ	qù	xū	xú
驹	矩	拒	吕	虑	屈	曲	趣	戌	徐

2. 卷舌元音韵母单字训练

ér	ér	ěr	ěr	èr	èr
儿	而	尔	饵	二	贰

（二）复合元音韵母单字训练

1. 前响复韵母单字训练

（1）ai

āi	ái	ǎi	ài	bāi	bái	bǎi	bài	cāi	cǎi
哀	癌	矮	碍	掰	白	柏	败	猜	睬
dǎi	dài	gāi	gǎi	gài	hái	hǎi	kǎi	lái	lài
逮	贷	该	改	概	孩	海	凯	来	癞
nǎi	pái	pài	tāi	tái	tài	zāi	zǎi	zài	zhài
氖	排	派	胎	台	汰	灾	宰	在	债

（2）ei

bēi	běi	bèi	děi	fēi	féi	fěi	fèi	gěi	hēi
碑	北	钡	得	非	肥	匪	吠	给	黑

léi	lěi	lèi	méi	mèi	pēi	péi	pèi	shéi	zéi
雷	垒	肋	霉	昧	胚	培	佩	谁	贼

（3）ao

bāo	bǎo	páo	cáo	cǎo	chāo	chǎo	dāo	dào	gāo
苞	堡	刨	曹	草	钞	吵	刀	盗	羔
gào	háo	hǎo	hào	kào	láo	lǎo	mào	nǎo	nào
告	毫	好	耗	靠	劳	老	貌	恼	闹
pāo	pào	sǎo	sháo	shào	tāo	tào	zǎo	zào	zhào
抛	炮	扫	勺	哨	涛	套	枣	燥	召

（4）ou

chóu	chòu	dōu	dǒu	dòu	fǒu	gōu	gǒu	gòu	hóu
仇	臭	兜	陡	痘	缶	勾	狗	垢	侯
hǒu	hòu	kǒu	kòu	lóu	lǒu	lòu	móu	mǒu	róu
吼	后	口	扣	楼	篓	陋	眸	某	柔
shōu	shǒu	shòu	sōu	tóu	zhōu	zhóu	zhòu	zǒu	zòu
收	守	寿	搜	头	舟	轴	咒	走	揍

2. 后响复韵母单字训练

（1）ia

jiā	jiǎ	jiá	qiā	qiǎ	qià	xiā	xiá	xiá	xià
夹	假	颊	掐	卡	洽	瞎	匣	霞	下

（2）ie

biē	bié	jiē	jié	jiě	jiè	liè	miē	miè	niè
鳖	别	阶	洁	姐	介	劣	咩	灭	啮
piě	qiē	qié	qiè	tiē	tiě	xiē	xié	xiě	xiè
苤	切	茄	窃	贴	铁	楔	协	写	泄

（3）ua

guā	guà	huā	huà	kuā	kuà	shuā	wā	wà	zhuǎ
瓜	挂	花	化	夸	挎	刷	蛙	袜	爪

（4）uo

chuō	chuò	cuō	cuò	duō	duó	duǒ	duò	guó	guǒ
戳	辍	搓	挫	多	踱	垛	剁	国	果

guò	huō	huó	huò	kuò	luō	luó	luǒ	nuò	shuō
过	豁	活	祸	扩	啰	锣	裸	诺	说
shuò	suō	tuō	tuǒ	tuò	wō	zhuō	zhuó	zuǒ	zuò
硕	唆	拖	妥	拓	涡	拙	灼	佐	坐

(5) üe

juē	jué	juè	nüè	què	xuē	xué	xuè	yuē	yuè
撅	诀	倔	虐	雀	靴	学	血	约	阅

3. 中响复韵母单字训练

(1) iao

biāo	biào	diāo	diào	jiāo	jiào	liáo	liáo	liào	miāo
标	鳔	貂	钓	郊	轿	辽	燎	撂	喵
miáo	miǎo	miào	niào	piāo	piáo	piào	qiāo	qiáo	qiǎo
描	渺	庙	尿	漂	瓢	票	锹	乔	巧
qiào	tiáo	tiào	xiāo	xiǎo	xiào	yāo	yáo	yǎo	yào
俏	条	眺	萧	晓	孝	邀	窑	杳	耀

(2) iou

jiū	jiǔ	jiù	liū	liú	liǔ	liù	niū	niú	niǔ
究	灸	厩	溜	流	绺	遛	妞	牛	纽
niù	qiū	qiú	xiū	xiǔ	xiù	yōu	yóu	yǒu	yòu
拗	秋	囚	羞	朽	秀	忧	邮	酉	佑

(3) uai

guāi	guǎi	guài	huái	huài	kuài	shuāi	shuài	wāi	wài
乖	拐	怪	槐	坏	快	衰	帅	歪	外

(4) uei

chuī	chuí	cuī	cuǐ	cuì	duì	guī	guǐ	guì	huī
吹	垂	崔	璀	脆	对	龟	轨	柜	辉
huí	huǐ	huì	kuī	kuí	kuì	shuǐ	shuì	suí	suì
回	悔	汇	盔	葵	溃	水	睡	绥	岁
tuī	tuí	tuì	wēi	wéi	wěi	wèi	zhuī	zhuì	zuì
推	颓	蜕	危	违	苇	畏	锥	缀	罪

(三) 鼻辅音韵母单字训练

1. 前鼻音韵母单字训练

(1) an

bān	bàn	cán	càn	chān	chàn	dān	dǎn	fán	gān
扳	扮	残	灿	掺	颤	丹	掸	烦	甘
gǎn	hán	hàn	kān	kàn	lán	lǎn	mán	mǎn	pán
秆	函	憾	刊	看	拦	懒	鳗	螨	盘
pàn	shān	shǎn	chán	tān	tǎn	tàn	zǎn	zàn	zhàn
叛	杉	闪	禅	贪	坦	炭	攒	赞	蘸

(2) en

běn	chēn	chén	chèn	fēn	fén	fěn	fèn	gēn	hěn
本	抻	辰	趁	酚	坟	粉	愤	根	狠
kěn	mēn	rèn	shēn	shén	shěn	shèn	zhēn	zhěn	zhèn
垦	闷	刃	申	神	审	渗	珍	诊	朕

(3) in

bīn	jīn	jǐn	jìn	lín	mín	mǐn	pīn	pín	pìn
滨	巾	锦	禁	霖	民	皿	拼	频	聘
qīn	qín	qǐn	qìn	xīn	xìn	yīn	yín	yǐn	yìn
亲	擒	寝	沁	辛	信	殷	寅	尹	印

(4) ün

jūn	jùn	qún	xūn	xún	xùn	yūn	yún	yǔn	yùn
均	郡	群	熏	巡	训	晕	匀	允	孕

(5) ian

biān	biǎn	biàn	diān	diǎn	diàn	jiān	jiǎn	jiàn	lián
边	扁	辩	颠	典	奠	坚	拣	荐	怜
liǎn	liàn	niān	nián	niǎn	niàn	qiān	qián	qiǎn	qiàn
敛	恋	拈	年	碾	念	签	乾	浅	歉
tiān	tián	tiǎn	xiān	xián	xiǎn	yān	yán	yǎn	yàn
天	甜	腆	纤	贤	险	咽	延	掩	艳

(6) uan

chuān	chuán	cuàn	duān	duǎn	duàn	guān	guǎn	guàn	huān
川	传	篡	端	短	缎	观	管	罐	欢
huán	huǎn	huàn	kuān	kuǎn	luán	luǎn	luàn	shuān	shuàn
还	缓	幻	宽	款	峦	卵	乱	栓	涮
tuān	tuán	wān	wán	wǎn	wàn	zhuān	zhuǎn	zhuàn	zuān
湍	团	湾	丸	晚	腕	专	转	撰	钻

(7) üan

juǎn	juàn	quán	quàn	xuān	xuán	xuǎn	yuān	yuán	yuǎn
卷	倦	蜷	券	宣	玄	癣	冤	援	远

(8) uen

gǔn	gùn	hūn	hún	hùn	lūn	lún	lùn	shǔn	shùn
滚	棍	昏	浑	混	抡	轮	论	吮	顺
sūn	sǔn	tūn	tún	wén	wěn	wèn	zhūn	zhǔn	zūn
孙	损	吞	屯	纹	紊	问	谆	准	遵

3. 后鼻音韵母单字训练

(1) ang

bāng	bǎng	bàng	cāng	chāng	cháng	chǎng	dāng	dàng	fáng
邦	榜	傍	苍	昌	偿	敞	当	档	防
fǎng	fàng	gāng	gǎng	gàng	hāng	kāng	kàng	láng	làng
仿	放	缸	岗	杠	夯	康	抗	郎	浪
pàng	ráng	sǎng	tāng	táng	tǎng	tàng	zhāng	zhǎng	zhàng
胖	瓤	嗓	汤	糖	淌	烫	章	涨	障

(2) eng

bēng	bèng	céng	chēng	chéng	chěng	chèng	dēng	děng	dèng
绷	蹦	曾	撑	丞	逞	秤	登	等	澄
fēng	féng	fèng	gēng	gěng	héng	kēng	lěng	méng	měng
枫	逢	凤	庚	埂	横	吭	冷	盟	锰
pēng	pèng	shēng	shěng	shèng	téng	zèng	zhēng	zhěng	zhèng
烹	碰	笙	省	圣	疼	赠	蒸	整	政

（3）ing

bīng 冰	bǐng 禀	bìng 病	dīng 叮	dǐng 顶	dìng 订	jīng 荆	jǐng 警	jìng 竞	líng 零
lǐng 岭	lìng 另	míng 名	mìng 命	níng 宁	píng 萍	qīng 卿	qíng 晴	qǐng 请	qìng 庆
tīng 听	tíng 廷	tǐng 艇	xīng 腥	xǐng 醒	xìng 幸	yīng 婴	yíng 盈	yǐng 影	yìng 映

（4）ong

cōng 匆	cóng 从	dōng 东	dǒng 董	dòng 栋	gōng 恭	gǒng 拱	gòng 贡	hōng 烘	hóng 虹
kōng 空	kǒng 孔	lóng 聋	lǒng 垄	nóng 浓	nòng 弄	róng 荣	rǒng 冗	sǒng 耸	sòng 讼
tōng 通	tóng 童	tǒng 捅	tòng 痛	zhōng 忠	zhǒng 冢	zhòng 重	zōng 棕	zǒng 总	zòng 纵

（5）iang

| liáng 良 | liàng 晾 | niàng 酿 | qiāng 枪 | qiǎng 抢 | xiāng 厢 | xiǎng 饷 | xiàng 巷 | yāng 央 | yáng 佯 |

（6）iong

| jiǒng 窘 | qióng 琼 | xiōng 汹 | xióng 雄 | yōng 壅 | yǒng 咏 | yòng 用 |

（7）uang

| chuāng 窗 | chuáng 床 | chuǎng 闯 | chuàng 创 | guāng 光 | guǎng 广 | guàng 逛 | huāng 荒 | huáng 皇 | huǎng 谎 |
| huàng 晃 | kuāng 筐 | kuáng 狂 | kuàng 旷 | shuāng 双 | shuǎng 爽 | wāng 汪 | wáng 王 | wǎng 枉 | wàng 妄 |

（8）ueng

| wēng 嗡 | wēng 翁 | wèng 瓮 |

103

二、单字对比训练

（一）单元音韵母单字对比训练

1. o、e 单字对比练习

bō	gē	mō	kē	fó	dé	mó	hé
波 —	哥	摸 —	磕	佛 —	德	魔 —	禾

bǒ	kě	mǒ	shě	bò	tè	pò	lè
跛 —	渴	抹 —	舍	檗 —	特	破 —	乐

2. e、er 单字对比练习

é	ér	ké	ér	chě	ěr	kě	ěr
鹅 —	而	咳 —	儿	扯 —	耳	可 —	饵

rě	ěr	shě	Ěr	è	èr	kè	èr
惹 —	迩	舍 —	洱	腭 —	二	克 —	贰

3. i、ü 单字对比练习

yī	yū	yí	yú	yǐ	yǔ	yǐ	yǔ
衣 —	淤	移 —	余	以 —	语	已 —	与

yì	yù	yì	yù	lí	lú	lǐ	lǚ
忆 —	遇	意 —	预	离 —	驴	李 —	吕

lǐ	lǚ	lì	lǜ	nǐ	nǚ	jī	jū
里 —	旅	历 —	律	拟 —	女	机 —	拘

jī	jū	jí	jú	jí	jú	jǐ	jǔ
击 —	居	集 —	橘	疾 —	局	脊 —	举

jǐ	jǔ	jì	jù	qī	qū	qī	qū
挤 —	沮	记 —	具	期 —	区	欺 —	屈

qí	qú	qǐ	qǔ	qǐ	qǔ	qì	qù
骑 —	渠	起 —	取	启 —	娶	气 —	趣

qì	qù	xī	xū	xī	xū	xí	xú
器 —	去	昔 —	需	悉 —	虚	席 —	徐

xǐ	xǔ	xǐ	xǔ	xì	xù	xì	xù
洗 —	许	喜 —	诩	戏 —	旭	隙 —	续

（二）复合元音韵母单字对比训练

1. ai、ei 单字对比练习

bāi	bēi	bǎi	běi	bài	bèi	bài	bèi
掰 — 悲	百 — 北	败 — 备	拜 — 背
gǎi	gěi	hāi	hēi	lái	léi	lái	léi
改 — 给	咳 — 黑	来 — 雷	莱 — 镭
lài	lèi	mái	méi	mǎi	měi	mài	mèi
赖 — 类	埋 — 煤	买 — 美	迈 — 媚
nài	nèi	pāi	pēi	pái	péi	pài	pèi
奈 — 内	拍 — 胚	排 — 陪	派 — 配

2. ie、üe 单字对比练习

yē	yuē	yè	yuè	jiē	juē	jié	jué
椰 — 约	业 — 越	揭 — 撅	捷 — 决
jié	jué	jiè	juè	liè	lüè	niè	nüè
结 — 觉	诫 — 倔	烈 — 略	孽 — 疟
qiē	quē	qié	qué	qiè	què	qiè	què
切 — 缺	茄 — 瘸	怯 — 确	窃 — 阙
xiē	xuē	xié	xué	xiě	xuě	xiè	xuè
歇 — 削	携 — 学	写 — 雪	屑 — 血

3. ou、iou 单字对比练习

ǒu	yǒu	òu	yòu	lóu	liú	lǒu	liǔ
藕 — 有	怄 — 又	楼 — 留	篓 — 柳
lòu	liù	móu	miù	mǒu	miù	dōu	diū
漏 — 遛	眸 — 缪	某 — 谬	都 — 丢

4. uai、uei 单字对比练习

wāi	wēi	wài	wèi	chuāi	chuī	guāi	guī
歪 — 威	外 — 位	揣 — 吹	乖 — 归
guǎi	guǐ	guài	guì	huái	huí	huài	huì
拐 — 诡	怪 — 桂	槐 — 回	坏 — 惠
kuài	kuì	shuǎi	shuǐ	shuài	shuì	zhuài	zhuì
快 — 匮	甩 — 水	率 — 睡	拽 — 坠

（三）鼻辅音韵母单字对比训练

1. an、ang 单字对比练习

ān — āng	bān — bāng	bǎn — bǎng	cān — cāng
安 — 肮	班 — 帮	版 — 绑	餐 — 仓
cán — cáng	chán — cháng	chǎn — chǎng	chàn — chàng
惭 — 藏	缠 — 肠	产 — 敞	颤 — 倡
dǎn — dǎng	dàn — dàng	fān — fāng	fán — fáng
胆 — 党	淡 — 荡	帆 — 方	烦 — 防
fǎn — fǎng	fàn — fàng	gān — gāng	gǎn — gǎng
返 — 纺	犯 — 放	甘 — 刚	感 — 港
hán — háng	kān — kāng	kàn — kàng	lán — láng
含 — 航	堪 — 康	看 — 亢	栏 — 廊
lǎn — lǎng	làn — làng	mán — máng	mǎn — mǎng
览 — 朗	烂 — 浪	蛮 — 忙	满 — 莽
pán — páng	pàn — pàng	sǎn — sǎng	tán — táng
盘 — 旁	畔 — 胖	伞 — 嗓	谈 — 糖
tǎn — tǎng	zàn — zàng	zhǎn — zhǎng	zhàn — zhàng
毯 — 倘	赞 — 葬	展 — 掌	战 — 账

2. en、eng 单字对比练习

bēn — bēng	bèn — bèng	chén — chéng	chén — chéng
奔 — 崩	笨 — 蹦	陈 — 成	臣 — 惩
chèn — chèng	fēn — fēng	fēn — fēng	fén — féng
趁 — 秤	纷 — 丰	芬 — 蜂	焚 — 缝
fěn — fěng	fèn — fèng	gēn — gēng	gēn — gēng
粉 — 讽	奋 — 奉	根 — 耕	跟 — 羹
hén — héng	mén — méng	pēn — pēng	pén — péng
痕 — 横	门 — 萌	喷 — 抨	盆 — 膨
sēn — sēng	shēn — shēng	shēn — shēng	shén — shéng
森 — 僧	身 — 声	深 — 笙	神 — 绳
shěn — shěng	shèn — shèng	shèn — shèng	shèn — shèng
审 — 省	肾 — 胜	甚 — 圣	渗 — 盛
zhēn — zhēng	zhēn — zhēng	zhēn — zhēng	zhěn — zhěng
针 — 争	贞 — 征	珍 — 睁	枕 — 整

zhěn	zhěng	zhèn	zhèng	zhèn	zhèng	zhèn	zhèng
诊 — 拯		阵 — 正		镇 — 证		震 — 政	

3. in、ing 单字对比练习

bīn	bīng	bīn	bīng	bìn	bìng	jīn	jīng
宾 — 冰		濒 — 兵		鬓 — 病		金 — 惊	

jīn	jīng	jǐn	jǐng	jǐn	jǐng	jìn	jìng
津 — 精		仅 — 井		紧 — 景		进 — 敬	

jìn	jìng	lín	líng	lín	líng	lìn	lìng
浸 — 境		邻 — 灵		林 — 凌		吝 — 令	

mín	míng	pīn	pīng	pín	píng	pín	píng
民 — 鸣		拼 — 乒		贫 — 评		频 — 凭	

qīn	qīng	qīn	qīng	qǐn	qǐng	qìn	qìng
侵 — 轻		钦 — 倾		寝 — 顷		沁 — 庆	

xīn	xīng	xīn	xīng	xīn	xīng	xìn	xìng
心 — 星		芯 — 兴		薪 — 猩		信 — 杏	

xìn	xìng	yīn	yīng	yīn	yīng	yín	yíng
衅 — 幸		阴 — 英		音 — 鹰		银 — 赢	

yín	yíng	yǐn	yǐng	yǐn	yǐng	yìn	yìng
吟 — 萤		引 — 影		瘾 — 颖		印 — 硬	

4. in、ian 单字对比练习

bīn	biān	bìn	biàn	jīn	jiān	jǐn	jiǎn
滨 — 鞭		摈 — 辫		斤 — 肩		锦 — 减	

jìn	jiàn	lín	lián	lǐn	liǎn	lìn	liàn
尽 — 舰		淋 — 帘		凛 — 脸		赁 — 练	

mín	mián	mǐn	miǎn	qīn	qiān	qín	qián
民 — 绵		悯 — 缅		亲 — 牵		禽 — 潜	

qǐn	qiǎn	qìn	qiàn	xīn	xiān	xìn	xiàn
寝 — 谴		沁 — 欠		辛 — 掀		信 — 限	

5. ün、üan 单字对比练习

jūn	juān	jūn	juān	jùn	juàn	jùn	juàn
军 — 捐		君 — 鹃		俊 — 卷		峻 — 倦	

qún	quán	xūn	xuān	xūn	xuān	xún	xuán
裙 — 权		勋 — 喧		熏 — 轩		循 — 悬	

xún	xuán	xùn	xuàn	xùn	xuàn	yūn	yuān
旬 — 旋		驯 — 炫		逊 — 眩		晕 — 渊	

yún	yuán	yǔn	yuǎn	yùn	yuàn	yùn	yuàn
耘 — 援		陨 — 远		韵 — 怨		蕴 — 院	

6. ian、üan 单字对比练习

jiān	juān	jiàn	juàn	jiàn	juàn	qiān	quān
坚 — 娟		件 — 倦		建 — 绢		签 — 圈	

qián	quán	qiǎn	quǎn	qiàn	quàn	qiàn	quàn
乾 — 拳		浅 — 犬		歉 — 劝		嵌 — 券	

xiān	xuān	xiān	xuān	xián	xuán	xiǎn	xuǎn
先 — 轩		纤 — 宣		涎 — 漩		显 — 选	

xiǎn	xuǎn	xiàn	xuàn	xiàn	xuàn	yān	yuān
险 — 癣		陷 — 炫		献 — 绚		焉 — 渊	

7. uan、uen 单字对比练习

chuān	chūn	chuán	chún	chuán	chún	chuǎn	chǔn
穿 — 春		传 — 纯		船 — 醇		喘 — 蠢	

cuān	cūn	duān	dūn	duǎn	dǔn	duàn	dùn
蹿 — 村		端 — 墩		短 — 盹		断 — 盾	

duàn	dùn	guǎn	gǔn	guàn	gùn	huān	hūn
缎 — 顿		馆 — 滚		贯 — 棍		欢 — 荤	

huán	hún	huàn	hùn	kuān	kūn	kuǎn	kǔn
环 — 魂		患 — 混		宽 — 坤		款 — 捆	

luán	lún	luàn	lùn	shuàn	shùn	suān	sūn
峦 — 沦		乱 — 论		涮 — 顺		酸 — 孙	

tuān	tūn	tuán	tún	wān	wēn	wǎn	wēn
湍 — 吞		团 — 囤		弯 — 温		豌 — 瘟	

wán	wén	wán	wén	wǎn	wěn	wǎn	wěn
丸 — 闻		顽 — 蚊		晚 — 吻		惋 — 紊	

wàn	wèn	zhuān	zhūn	zhuǎn	zhǔn	zuān	zūn
万 — 问		砖 — 谆		转 — 准		钻 — 尊	

8. eng、ong 单字对比练习

céng	cóng	chēng	chōng	chéng	chóng	chěng	chǒng
曾 — 从		撑 — 舂		橙 — 崇		逞 — 宠	

dēng	dōng	dēng	dōng	děng	dǒng	dèng	dòng
灯 — 东		登 — 冬		等 — 懂		凳 — 动	
dèng	dòng	gēng	gōng	gēng	gōng	gēng	gōng
瞪 — 冻		耕 — 功		庚 — 攻		羹 — 躬	
gěng	gǒng	gěng	gǒng	gèng	gòng	hēng	hōng
埂 — 巩		耿 — 拱		更 — 供		哼 — 轰	
héng	hóng	kēng	kōng	léng	lóng	lěng	lǒng
恒 — 弘		坑 — 空		棱 — 聋		冷 — 拢	
téng	tóng	téng	tóng	zhēng	zhōng	zhēng	zhōng
疼 — 童		藤 — 瞳		争 — 终		征 — 钟	
zhēng	zhōng	zhěng	zhǒng	zhěng	zhǒng	zhèng	zhòng
蒸 — 盅		整 — 肿		拯 — 种		证 — 众	
zhèng	zhòng	zhèng	zhòng	zēng	zōng	zèng	zòng
政 — 重		症 — 仲		增 — 棕		赠 — 纵	

三、韵母类推字表①

（一）i 韵类推字表

比（bǐ）：毙（bì）毕（bì）庇（bì）批（pī）琵（pí）媲（pì）砒（pī）纰（pī）
　　　　陛（bì）蓖（bì）妣（bǐ）枇（pí）毗（pí）

辟（pì）：避（bì）壁（bì）臂（bì）璧（bì）嬖（bì）癖（pǐ）劈（pī）噼（pī）
　　　　僻（pì）譬（pì）霹（pī）

氐（dī）：低（dī）抵（dǐ）邸（dǐ）诋（dǐ）底（dǐ）砥（dǐ）

弟（dì）：递（dì）娣（dì）睇（dì）剃（tì）涕（tì）梯（tī）锑（tī）悌（tì）

及（jí）：级（jí）极（jí）汲（jí）笈（jí）圾（jī）芨（jī）岌（jí）

几（jǐ）：机（jī）肌（jī）讥（jī）叽（jī）饥（jī）玑（jī）矶（jī）

里（lǐ）：理（lǐ）鲤（lǐ）狸（lǐ）哩（lǐ）厘（lí）俚（lǐ）浬（lǐ）娌（lǐ）锂（lǐ）

立（lì）：苙（lì）笠（lì）粒（lì）翌（yì）翊（yì）意（yì）

---

① 韵母类推字表中，根据声旁类推出来的字音存在一定的特例，如形声字"拙（zhuō）"苗（zhuó）"的韵母，就与声旁"出"的韵母 u 不一致。识记时，应注意这些特殊情况，以免误读字音。

丽（lì）：俪（lì）郦（Lì）骊（lí）鹂（lí）逦（lǐ）

利（lì）：梨（lí）犁（lí）莉（lì）俐（lì）蜊（lí）痢（lì）

米（mǐ）：咪（mī）眯（mī）迷（mí）谜（mí）糜（mí）醚（mí）麋（mí）

其（qí）：期（qī）欺（qī）琪（qí）旗（qí）棋（qí）祺（qí）淇（Qí）麒（qí）

奇（qí）：椅（yǐ）倚（yǐ）猗（yǐ）猗（yī）漪（yī）骑（qí）琦（qí）崎（qí）

（二）u 韵类推字表

卜（bǔ）：补（bǔ）讣（fù）仆（pú）扑（pū）朴（pǔ）

孚（fú）：俘（fú）孵（fū）浮（fú）莩（fú）蜉（fú）

甫（fǔ）：辅（fǔ）脯（fǔ）傅（fù）缚（fù）铺（pū）匍（pú）莆（pú）葡（pú）
蒲（pú）浦（pǔ）埔（pǔ）圃（pǔ）蒱（pú）溥（pǔ）捕（bǔ）

付（fù）：符（fú）驸（fù）府（fǔ）俯（fǔ）腑（fǔ）腐（fǔ）附（fù）

古（gǔ）：估（gū）咕（gū）沽（gū）姑（gū）轱（gū）菇（gū）诂（gǔ）
牯（gǔ）固（gù）故（gù）崮（gù）锢（gù）痼（gù）怙（hù）

胡（hú）：葫（hú）湖（hú）蝴（hú）糊（hú）醐（hú）

户（hù）：护（hù）沪（Hù）戽（hù）庐（lú）炉（lú）芦（lú）

卢（lú）：泸（Lú）颅（lú）鲈（lú）胪（lú）轳（lú）

吾（wú）：捂（wǔ）梧（wú）悟（wù）唔（wú）晤（wù）寤（wù）

朱（zhū）：珠（zhū）诛（zhū）株（zhū）茱（zhū）蛛（zhū）铢（zhū）

主（zhǔ）：拄（zhǔ）注（zhù）住（zhù）驻（zhù）柱（zhù）蛀（zhù）

（三）ü 韵类推字表

居（jū）：据（jù）剧（jù）锯（jù）

巨（jù）：矩（jǔ）拒（jù）距（jù）炬（jù）苣（jù）

区（qū）：岖（qū）驱（qū）躯（qū）伛（yǔ）姁（yù）

于（yú）：迂（yū）吁（yù）盂（yú）宇（yǔ）芋（yù）竽（yú）纡（yū）

俞（yú）：愉（yú）逾（yú）瑜（yú）愈（yù）喻（yù）榆（yú）

禺（yú）：愚（yú）隅（yú）寓（yù）遇（yù）

（四）üe 韵类推字表

厥（jué）：噘（juē）撅（juē）蕨（jué）蹶（jué）橛（jué）镢（jué）獗（jué）

爵（jué）：嚼（jué）爝（jué）

月（yuè）：玥（yuè）刖（yuè）

（五）an 韵类推字表

安（ān）：鞍（ān）桉（ān）氨（ān）案（àn）按（àn）
半（bàn）：拌（bàn）伴（bàn）绊（bàn）判（pàn）叛（pàn）畔（pàn）
单（dān）：殚（dān）郸（Dān）掸（dǎn）弹（dàn）蝉（chán）婵（chán）
旦（dàn）：担（dān）但（dàn）胆（dǎn）坦（tǎn）袒（tǎn）
反（fǎn）：返（fǎn）饭（fàn）贩（fàn）扳（bān）坂（bǎn）板（bǎn）
干（gàn）：杆（gǎn）竿（gān）肝（gān）赶（gǎn）秆（gǎn）鼾（hān）
　　　　　汗（hàn）罕（hǎn）旱（hàn）悍（hàn）捍（hàn）刊（kān）
甘（gān）：柑（gān）酣（hān）邯（hán）
曼（màn）：漫（màn）慢（màn）谩（mán）蔓（màn）幔（màn）馒（mán）
山（shān）：岸（àn）汕（shàn）疝（shàn）炭（tàn）舢（shān）
番（fān）：翻（fān）蕃（fān）潘（Pān）蟠（pán）
斩（zhǎn）：崭（zhǎn）暂（zàn）惭（cán）
占（zhàn）：战（zhàn）站（zhàn）粘（zhān）

（六）in 韵类推字表

宾（bīn）：滨（bīn）缤（bīn）摈（bìn）殡（bìn）鬓（bìn）嫔（pín）
今（jīn）：衿（jīn）矜（jīn）妗（jìn）衾（qīn）琴（qín）吟（yín）
斤（jīn）：近（jìn）靳（jìn）芹（qín）欣（xīn）新（xīn）薪（xīn）
堇（jǐn）：谨（jǐn）馑（jǐn）勤（qín）
林（lín）：淋（lín）琳（lín）霖（lín）彬（bīn）
民（mín）：岷（Mín）泯（mǐn）抿（mǐn）
因（yīn）：茵（yīn）姻（yīn）氤（yīn）

(七) en 韵类推字表

本(běn):苯(běn)笨(bèn)奔(bēn)

辰(chén):晨(chén)娠(shēn)震(zhèn)振(zhèn)赈(zhèn)

分(fēn):纷(fēn)芬(fēn)吩(fēn)氛(fēn)酚(fēn)粉(fěn)忿(fèn)

沈(Shěn):忱(chén)枕(zhěn)鸩(zhèn)

艮(gěn):根(gēn)跟(gēn)痕(hén)狠(hěn)很(hěn)恨(hèn)

真(zhēn):缜(zhěn)镇(zhèn)嗔(chēn)慎(shèn)

门(mén):闷(mèn)扪(mén)焖(mèn)们(men)

刃(rèn):忍(rěn)仞(rèn)纫(rèn)韧(rèn)

申(shēn):绅(shēn)伸(shēn)呻(shēn)砷(shēn)神(shén)审(shěn)

珍(zhēn):疹(zhěn)诊(zhěn)趁(chèn)

贞(zhēn):侦(zhēn)桢(zhēn)祯(zhēn)

(八) ang 韵类推字表

邦(bāng):帮(bāng)绑(bǎng)梆(bāng)

仓(cāng):舱(cāng)沧(cāng)苍(cāng)

昌(chāng):唱(chàng)倡(chàng)猖(chāng)菖(chāng)阊(chāng)

当(dāng):档(dàng)挡(dǎng)铛(dāng)

方(fāng):访(fǎng)放(fàng)房(fáng)防(fáng)芳(fāng)纺(fǎng)
　　　　仿(fǎng)舫(fǎng)坊(fāng)妨(fáng)肪(fáng)

冈(gāng):钢(gāng)岗(gǎng)刚(gāng)纲(gāng)

康(kāng):糠(kāng)慷(kāng)

亢(kàng):抗(kàng)炕(kàng)伉(kàng)

良(liáng):粮(liáng)踉(liàng)娘(niáng)莨(liáng)

囊(náng):攮(nǎng)囔(nāng)馕(nǎng)齉(nàng)

旁(páng):磅(bàng)滂(pāng)膀(páng)榜(bǎng)傍(bàng)

尚(shàng):赏(shǎng)裳(cháng)躺(tǎng)趟(tàng)棠(táng)
　　　　淌(tǎng)倘(tǎng)常(cháng)敞(chǎng)徜(cháng)

唐（táng）：糖（táng）塘（táng）搪（táng）溏（táng）
堂（táng）：膛（táng）镗（tāng）樘（táng）
亡（wáng）：忘（wàng）妄（wàng）忙（máng）芒（máng）盲（máng）
　　　　　氓（máng）茫（máng）邙（Máng）
王（wáng）：旺（wàng）汪（wāng）枉（wǎng）
羊（yáng）：样（yàng）痒（yǎng）洋（yáng）烊（yáng）氧（yǎng）佯（yáng）
章（zhāng）：障（zhàng）樟（zhāng）彰（zhāng）璋（zhāng）漳（Zhāng）
　　　　　蟑（zhāng）嶂（zhàng）獐（zhāng）幛（zhàng）
长（zhǎng）：张（zhāng）涨（zhǎng）胀（zhàng）账（zhàng）帐（zhàng）

（九）ing 韵类推字表

丙（bǐng）：炳（bǐng）病（bìng）柄（bǐng）
并（bìng）：饼（bǐng）摒（bìng）屏（píng）瓶（píng）
丁（dīng）：顶（dǐng）订（dìng）盯（dīng）钉（dìng）厅（tīng）汀（tīng）
定（dìng）：锭（dìng）腚（dìng）啶（dìng）碇（dìng）
茎（jīng）：径（jìng）胫（jìng）颈（jǐng）经（jīng）泾（jīng）迳（jìng）痉（jìng）
　　　　　劲（jìng）轻（qīng）氢（qīng）
京（jīng）：景（jǐng）惊（jīng）鲸（jīng）憬（jǐng）璟（jǐng）影（yǐng）
令（lìng）：领（lǐng）岭（lǐng）零（líng）龄（líng）铃（líng）羚（líng）玲（líng）
　　　　　翎（líng）伶（líng）聆（líng）
名（míng）：铭（míng）茗（míng）酩（mǐng）
平（píng）：评（píng）萍（píng）坪（píng）苹（píng）枰（píng）
青（qīng）：清（qīng）情（qíng）请（qǐng）晴（qíng）氰（qíng）箐（qìng）
　　　　　蜻（qīng）静（jìng）精（jīng）靖（jìng）睛（jīng）菁（jīng）
廷（tíng）：挺（tǐng）庭（tíng）艇（tǐng）霆（tíng）蜓（tíng）
亭（tíng）：婷（tíng）停（tíng）葶（tíng）
星（xīng）：醒（xǐng）腥（xīng）惺（xīng）猩（xīng）
形（xíng）：型（xíng）刑（xíng）邢（Xíng）铏（xíng）
婴（yīng）：樱（yīng）缨（yīng）嘤（yīng）瘿（yǐng）罂（yīng）璎（yīng）
莹（yíng）：营（yíng）萦（yíng）萤（yíng）莺（yīng）荧（yíng）荥（xíng）

菱（líng）：凌（líng）绫（líng）陵（líng）

冥（míng）：螟（míng）溟（míng）暝（míng）瞑（míng）

宁（níng）：拧（nǐng）狞（níng）泞（nìng）聍（níng）

（十）eng 韵类推字表

风（fēng）：疯（fēng）枫（fēng）讽（fěng）凤（fèng）

逢（féng）：峰（fēng）缝（féng）锋（fēng）蜂（fēng）烽（fēng）蓬（péng）

正（zhèng）：政（zhèng）征（zhēng）整（zhěng）证（zhèng）症（zhèng）

争（zhēng）：挣（zhèng）睁（zhēng）铮（zhēng）诤（zhèng）峥（zhēng）

成（chéng）：城（chéng）诚（chéng）宬（chéng）晟（shèng）盛（shèng）

曾（céng）：蹭（cèng）增（zēng）赠（zèng）憎（zēng）甑（zèng）矰（zēng）

生（shēng）：胜（shèng）笙（shēng）牲（shēng）甥（shēng）眚（shěng）

登（dēng）：瞪（dèng）蹬（dēng）凳（dèng）澄（chéng）橙（chéng）

呈（chéng）：程（chéng）逞（chěng）酲（chéng）

更（gèng）：梗（gěng）埂（gěng）哽（gěng）绠（gěng）鲠（gěng）

朋（péng）：鹏（péng）棚（péng）硼（péng）蹦（bèng）崩（bēng）

蒙（méng）：朦（méng）蠓（měng）艨（méng）檬（méng）

孟（mèng）：锰（měng）勐（měng）猛（měng）蜢（měng）艋（měng）

第三节　单字声调分类辨读

一、同声韵字四声训练

（一）b、p、m 同韵字四声训练

bā 巴	—	bá 拔	—	bǎ 把	—	bà 爸		bāi 掰	—	bái 白	—	bǎi 百	—	bài 拜
bāo 包	—	báo 薄	—	bǎo 宝	—	bào 报		bēng 崩	—	béng 甭	—	běng 绷	—	bèng 蹦
biē 憋	—	bié 憋	—	biě 瘪	—	biè 别		bū 逋	—	bú 醭	—	bǔ 卜	—	bù 不
pāo 抛	—	páo 刨	—	pǎo 跑	—	pào 炮		pāi 拍	—	pái 排	—	pǎi 迫	—	pài 派
pēng 烹	—	péng 朋	—	pěng 捧	—	pèng 碰		pīn 拼	—	pín 频	—	pǐn 品	—	pìn 聘
pū 铺	—	pú 葡	—	pǔ 普	—	pù 瀑		piāo 飘	—	piáo 嫖	—	piǎo 瞟	—	piào 漂
pāng 乓	—	páng 旁	—	pǎng 耪	—	pàng 胖		piān 偏	—	pián 骈	—	piǎn 谝	—	piàn 片
mān 颟	—	mán 瞒	—	mǎn 满	—	màn 慢		mā 妈	—	má 麻	—	mǎ 马	—	mà 骂
māo 猫	—	máo 毛	—	mǎo 铆	—	mào 冒		mēng 蒙	—	méng 萌	—	měng 猛	—	mèng 孟
miāo 喵	—	miáo 苗	—	miǎo 秒	—	miào 妙		mō 摸	—	mó 磨	—	mǒ 抹	—	mò 末

（二）f 同韵字四声训练

fān 翻	—	fán 烦	—	fǎn 反	—	fàn 范		fāng 方	—	fáng 房	—	fǎng 纺	—	fàng 放
fēi 非	—	féi 肥	—	fěi 匪	—	fèi 废		fēng 峰	—	Féng 冯	—	fěng 讽	—	fèng 奉

| fū | fú | fǔ | fù | fēn | fén | fěn | fèn |
| 夫 — | 扶 — | 府 — | 父 | 分 — | 焚 — | 粉 — | 奋 |

（三）z、c、s 同韵字四声训练

zāo	záo	zǎo	zào	zuō	zuó	zuǒ	zuò
糟 —	凿 —	枣 —	燥	嘬 —	昨 —	左 —	做
cūn	cún	cǔn	cùn	cāi	cái	cǎi	cài
村 —	存 —	忖 —	寸	猜 —	才 —	采 —	菜
cān	cán	cǎn	càn	cī	cí	cǐ	cì
参 —	残 —	惨 —	灿	呲 —	词 —	此 —	次
cuō	cuó	cuǒ	cuò	suī	suí	suǐ	suì
搓 —	痤 —	脞 —	挫	虽 —	随 —	髓 —	岁

（四）d、t、n、l 同韵字四声训练

dā	dá	dǎ	dà	dī	dí	dǐ	dì
搭 —	达 —	打 —	大	低 —	迪 —	抵 —	弟
dū	dú	dǔ	dù	duō	duó	duǒ	duò
都 —	毒 —	堵 —	杜	多 —	夺 —	躲 —	剁
dāo	dáo	dǎo	dào	tāi	tái	tǎi	tài
刀 —	叨 —	岛 —	倒	胎 —	抬 —	呔 —	太
tāng	táng	tǎng	tàng	tū	tú	tǔ	tù
汤 —	糖 —	躺 —	烫	突 —	图 —	土 —	兔
tuī	tuí	tuǐ	tuì	tuō	tuó	tuǒ	tuò
推 —	颓 —	腿 —	退	拖 —	驼 —	妥 —	唾
tiān	tián	tiǎn	tiàn	tīng	tíng	tǐng	tìng
天 —	田 —	舔 —	掭	听 —	停 —	挺 —	梃
nī	ní	nǐ	nì	nā	ná	nǎ	nà
妮 —	泥 —	你 —	逆	那 —	拿 —	哪 —	纳
niān	nián	niǎn	niàn	nān	nán	nǎn	nàn
拈 —	年 —	撵 —	念	囡 —	难 —	赧 —	难
nāo	náo	nǎo	nào	niū	niú	niǔ	niù
孬 —	挠 —	恼 —	闹	妞 —	牛 —	钮 —	拗
lāo	láo	lǎo	lào	lēi	léi	lěi	lèi
捞 —	劳 —	老 —	烙	勒 —	雷 —	累 —	类

līn	lín	lǐn	lìn	lēng	léng	lěng	lèng
拎 —	林 —	凛 —	吝	棱 —	塄 —	冷 —	楞

lū	lú	lǔ	lù	luō	luó	luǒ	luò
撸 —	芦 —	鲁 —	路	捋 —	锣 —	裸 —	落

（五）zh、ch、sh、r 同韵字四声训练

zhā	zhá	zhǎ	zhà	zhāo	zháo	zhǎo	zhào
渣 —	炸 —	眨 —	榨	招 —	着 —	找 —	照
zhē	zhé	zhě	zhè	zhōu	zhóu	zhǒu	zhòu
遮 —	哲 —	者 —	这	周 —	轴 —	肘 —	咒
zhū	zhú	zhǔ	zhù	chū	chú	chǔ	chù
朱 —	竹 —	煮 —	住	出 —	厨 —	处 —	触
chī	chí	chǐ	chì	chēn	chén	chěn	chèn
吃 —	池 —	尺 —	赤	琛 —	陈 —	碜 —	趁
chōu	chóu	chǒu	chòu	chēng	chéng	chěng	chèng
抽 —	愁 —	丑 —	臭	称 —	乘 —	逞 —	秤
chuān	chuán	chuǎn	chuàn	chuāng	chuáng	chuǎng	chuàng
川 —	船 —	喘 —	钏	窗 —	床 —	闯 —	创
shēn	shén	shěn	shèn	shēng	shéng	shěng	shèng
身 —	什 —	沈 —	甚	生 —	绳 —	省 —	剩
shī	shí	shǐ	shì	shōu	shóu	shǒu	shòu
师 —	时 —	使 —	是	收 —	熟 —	手 —	受
shū	shú	shǔ	shù	rāng	ráng	rǎng	ràng
书 —	塾 —	数 —	树	嚷 —	瓤 —	攘 —	让

（六）j、q、x 同韵字四声训练

jī	jí	jǐ	jì	jiā	jiá	Jiǎ	jià
基 —	急 —	己 —	祭	家 —	夹 —	贾 —	嫁
jiāo	jiáo	jiǎo	jiào	jiē	jié	jiě	jiè
交 —	嚼 —	脚 —	叫	接 —	节 —	姐 —	借
jū	jú	jǔ	jù	juē	jué	juě	juè
居 —	局 —	举 —	巨	噘 —	决 —	蹶 —	倔
qī	qí	qǐ	qì	qiē	qié	qiě	qiè
妻 —	骑 —	启 —	器	切 —	茄 —	且 —	妾

117

| qīn | Qín | qǐn | qìn | quān | quán | quǎn | quàn |
| 亲 — | 秦 — | 寝 — | 沁 | 圈 — | 全 — | 犬 — | 劝 |

| qiān | qián | qiǎn | qiàn | qīng | qíng | qǐng | qìng |
| 千 — | 前 — | 浅 — | 欠 | 青 — | 情 — | 请 — | 庆 |

| xī | xí | xǐ | xì | xiān | xián | xiǎn | xiàn |
| 希 — | 习 — | 喜 — | 戏 | 先 — | 咸 — | 显 — | 现 |

| xiāng | xiáng | xiǎng | xiàng | xīng | xíng | xǐng | xìng |
| 乡 — | 详 — | 想 — | 向 | 星 — | 行 — | 醒 — | 性 |

| xū | xú | xǔ | xù | xuān | xuán | xuǎn | xuàn |
| 须 — | 徐 — | 许 — | 续 | 宣 — | 玄 — | 选 — | 炫 |

（七）g、k、h同韵字四声训练

| gā | gá | gǎ | gà | gē | gé | Gě | gè |
| 旮 — | 嘎 — | 尕 — | 尬 | 戈 — | 格 — | 葛 — | 个 |

| guō | guó | guǒ | guò | gēn | gén | gěn | gèn |
| 锅 — | 国 — | 果 — | 过 | 根 — | 哏 — | 艮 — | 亘 |

| kē | ké | kě | kè | kuāng | kuáng | kuǎng | kuàng |
| 棵 — | 咳 — | 渴 — | 课 | 匡 — | 狂 — | 夼 — | 况 |

| kuī | kuí | kuǐ | kuì | hān | hán | hǎn | Hàn |
| 亏 — | 逵 — | 跬 — | 愧 | 憨 — | 寒 — | 喊 — | 汉 |

| hāo | háo | hǎo | hào | hū | hú | hǔ | hù |
| 蒿 — | 嚎 — | 好 — | 号 | 乎 — | 壶 — | 虎 — | 户 |

| huān | huán | huǎn | huàn | huī | huí | huǐ | huì |
| 欢 — | 还 — | 缓 — | 患 | 灰 — | 回 — | 毁 — | 惠 |

| huāng | huáng | huǎng | huàng | huō | huó | huǒ | huò |
| 荒 — | 黄 — | 恍 — | 晃 | 豁 — | 活 — | 火 — | 或 |

（八）零声母同韵字四声训练

| āo | áo | ǎo | ào | āi | ái | ǎi | ài |
| 凹 — | 熬 — | 袄 — | 傲 | 唉 — | 挨 — | 矮 — | 爱 |

| ē | é | ě | è | wā | wá | wǎ | wà |
| 阿 — | 额 — | 恶 — | 饿 | 哇 — | 娃 — | 瓦 — | 袜 |

| wān | wán | wǎn | wàn | wāng | wáng | wǎng | wàng |
| 湾 — | 完 — | 碗 — | 万 | 汪 — | 王 — | 网 — | 忘 |

wēi	wéi	wěi	wèi	wēn	wén	wěn	wèn
薇 —	维 —	伟 —	卫	温 —	文 —	稳 —	问

wū	wú	wǔ	wù	yān	yán	yǎn	yàn
屋 —	无 —	武 —	务	烟 —	延 —	演 —	厌

yāng	yáng	yǎng	yàng	yīn	yín	yǐn	yìn
央 —	羊 —	痒 —	样	因 —	银 —	隐 —	印

yīng	yíng	yǐng	yìng	yōu	yóu	yǒu	yòu
英 —	迎 —	影 —	硬	优 —	由 —	有 —	又

yū	yú	yǔ	yù	yuān	yuán	yuǎn	yuàn
迂 —	于 —	语 —	预	渊 —	原 —	远 —	怨

二、阴平字训练

（一）声母 b、p、m 阴平字训练

bā	bāi	bān	bāo	bēi	bēn	bēng	biān	biāo	bīn
疤	掰	颁	煲	碑	贲	绷	鞭	标	斌

bīng	bō	māo	mēn	mēng	mī	miāo	miē	mā	mōu
冰	剥	猫	闷	蒙	眯	喵	咩	抹	哞

pā	pā	pāi	pān	pāo	pēng	pēng	pī	piān	piāo
趴	啪	拍	攀	抛	抨	烹	砒	偏	剽

piāo	piē	pīn	pīng	pō	pōu	pū			
飘	瞥	姘	乒	颇	剖	铺			

（二）声母 f 阴平字训练

fā	fān	fāng	fēi	fēn	fēng	fēng	fū	fū	fū
发	幡	坊	绯	氛	风	枫	肤	孵	敷

（三）声母 z、c、s 阴平字训练

cā	cāi	cān	cāng	cāo	cēng	cī	cōng	cuān	cuī
擦	猜	餐	舱	糙	噌	呲	葱	蹿	摧

cūn	cuō	sā	sā	sāi	sāng	sāo	sēn	sēng	sū
村	搓	仨	撒	鳃	桑	缫	森	僧	苏
sū	suān	suān	suī	suī	Sūn	suō	zā	zāi	zāng
酥	狻	酸	虽	睢	荪	缩	匝	哉	臧
zāo	zēng	zēng	zī	zōng	zōu	zū	zuān	zūn	zūn
遭	增	憎	姿	棕	驺	租	钻	尊	樽

（四）声母 d、t、n、l 阴平字训练

dā	dāi	dān	dāng	dāo	dēng	dī	diān	diāo	diāo
耷	待	耽	裆	叨	蹬	滴	颠	貂	雕
diē	dīng	dīng	diū	diū	dōng	dōu	dū	duān	duī
跌	叮	酊	丢	铥	咚	兜	督	端	堆
dūn	duō	lā	lāo	lēi	lī	liāo	liē	liū	lōu
敦	哆	邋	捞	勒	哩	撩	咧	熘	搂
niān	niē	niū	tā	tāi	tān	tāng	tāo	tiān	tiāo
拈	捏	妞	塌	苔	摊	汤	韬	添	挑
tiē	tīng	tīng	tōng	tōu	tū	tuān	tuī	tūn	tuō
贴	厅	汀	通	偷	突	湍	推	吞	拖

（五）声母 zh、ch、sh、r 阴平字训练

chā	chā	chāi	chān	chāng	chāo	chāo	chē	chēn	chēng
插	差	拆	搀	猖	钞	超	车	琛	称
chēng	chēng	chī	chī	chōng	chōng	chōu	chuāi	chuān	chuāng
撑	瞠	吃	蚩	冲	憧	抽	揣	川	窗
chuī	chūn	rāng	rēng	shā	shāi	shān	shāng	shāng	shāo
吹	春	嚷	扔	砂	筛	删	伤	商	烧
shē	shēn	shēn	shēng	shēng	shī	shī	shī	shōu	shuāi
奢	伸	呻	升	声	尸	诗	狮	收	衰
shuāng	shuō	zhā	zhā	zhān	zhāng	zhāng	zhāo	zhāo	zhē
霜	说	扎	楂	粘	张	章	钊	招	遮
zhēn	zhēn	zhēng	zhēng	zhēng	zhī	zhōng	zhōng	zhōu	zhōu
针	珍	争	峥	蒸	知	中	钟	州	周
zhū	zhū	zhuā	zhuān	zhuāng	zhuāng	zhuī	zhuī	zhuō	zhuō
朱	诸	抓	专	庄	桩	追	锥	拙	桌

(六)声母 j、q、x 阴平字训练

jī	jiān	jiāng	jiāo	jiē	jīn	jīng	jiū	jū	juān
饥	尖	将	交	阶	津	晶	究	鞠	娟
jūn	qī	qiā	qiān	qiān	qiāng	qiāo	qiāo	qiē	qīn
菌	栖	掐	骞	签	锵	锹	敲	切	钦
qīn	qīng	qīng	qiū	qū	qū	quān	quē	quē	xī
侵	青	倾	秋	区	驱	圈	缺	阙	西
xiā	xiān	xiān	xiān	xiān	xiāng	Xiāng	xiāng	xiāo	xiāo
瞎	仙	先	纤	跹	乡	湘	箱	枭	消
xiāo	xiē	xiē	xiē	xīn	xīn	xīn	xīng	xīng	xiōng
潇	些	楔	歇	心	辛	鑫	惺	兴	兄
xiōng	xiōng	xiū	xiū	xū	xū	xuān	xuān	xuē	Xuē
汹	胸	休	修	虚	墟	轩	宣	靴	薛

(七)声母 g、k、h 阴平字训练

gā	gā	gāi	gān	gāng	gāo	gē	gē	gēn	gēng
旮	嘎	该	干	刚	高	胳	鸽	根	更
gōng	gōu	gū	guā	guāi	guān	guāng	guī	guō	hān
工	勾	姑	瓜	乖	关	光	归	郭	酣
hāng	hāo	hē	hē	hē	hēi	hāi	hēng	hōng	hōng
夯	蒿	诃	呵	喝	黑	嗨	哼	烘	哄
hū	hū	huā	huān	huāng	huāng	huāng	huī	hūn	kā
乎	忽	花	欢	肓	荒	慌	挥	婚	咖
kāi	kān	kān	kāng	kāng	kē	kēng	kōng	kōng	kōu
揩	勘	堪	康	糠	蝌	坑	空	箜	抠
kū	kuā	kuān	kuāng	kuāng	kuāng	kuī	kuī	kūn	kūn
枯	夸	宽	诓	哐	筐	盔	窥	坤	昆

(八)零声母阴平字训练

āi	ān	āng	āo	ē	ēn	ōu	wā	wā	wāi
唉	氨	肮	凹	婀	恩	欧	挖	娲	歪

wān	wāng	wēi	wēi	wēn	wēng	wō	wū	yā	yā
弯	汪	危	威	温	翁	喔	污	压	鸭
yān	yān	yāng	yāo	yī	yīn	yīng	yōng	yōu	yuē
咽	胭	鸯	邀	依	因	应	拥	优	曰

三、阳平字训练

（一）声母 b、p、m 阳平字训练

bá	bái	báo	báo	bí	bí	bié	bó	má	mái
拔	白	雹	薄	荸	鼻	别	勃	麻	埋
mái	mán	máng	máo	máo	méi	méi	méng	méng	mí
霾	瞒	茫	牦	髦	莓	霉	萌	朦	弥
mí	mián	mián	mián	miáo	miáo	mín	míng	míng	míng
谜	眠	绵	棉	描	瞄	民	名	明	鸣
mó	mó	móu	pá	pá	pá	pái	pái	pái	pán
模	膜	谋	扒	爬	琶	排	徘	牌	盘
pán	páng	páng	páng	páng	páo	páo	páo	péi	péi
磐	磅	彷	庞	螃	刨	咆	狍	陪	培
péi	pén	péng	péng	pí	pián	pián	piáo	pín	pín
赔	盆	蓬	鹏	枇	骈	胼	瓢	贫	频
pín	píng	píng	píng	pó	pú	pú	pú		
颦	平	评	瓶	婆	葡	蒲			

（二）声母 f 阳平字训练

fá	fá	fá	fán	fán	fán	fáng	fáng	fáng	féi
伐	罚	阀	凡	烦	樊	防	肪	房	肥
fén	fén	Féng	féng	féng	fó	fú	fú	fú	fú
坟	焚	冯	逢	缝	佛	服	茯	浮	蝠

（三）声母 z、c、s 阳平字训练

cái	cái	cái	cán	cán	cáng	cáo	cáo	cáo	cáo
才	财	裁	蚕	惭	藏	曹	嘈	漕	槽

cén	cén	céng	céng	cí	cí	cí	cóng	cún	sú
岑	涔	层	曾	词	瓷	磁	从	存	俗
suí	suí	zá	zán	záo	zé	zé	zé	zéi	zuó
随	遂	杂	咱	凿	责	择	泽	贼	昨

（四）声母 d、t、n、l 阳平字训练

dá	dé	dí	dié	dú	dú	duó	lái	lán	lán
达	得	敌	叠	毒	独	夺	莱	栏	婪
lán	láo	léi	léi	lí	lián	liáng	lín	líng	liú
澜	劳	雷	羸	狸	连	良	邻	灵	留
lóu	lú	lún	luó	náng	náo	néng	ní	nián	níng
楼	炉	轮	逻	囊	挠	能	泥	年	宁
níng	nóng	tái	tái	tán	tán	táng	táng	táng	táo
柠	农	抬	苔	昙	檀	堂	塘	膛	逃
táo	téng	téng	téng	tí	tí	tián	tián	tiáo	tíng
陶	疼	腾	藤	提	啼	田	填	迢	停
tíng	tóng	tóng	tóu	tóu	tú	tuán	tuí	tún	tún
婷	同	瞳	头	投	图	团	颓	囤	臀

（五）声母 zh、ch、sh、r 阳平字训练

chá	chái	chái	chán	cháng	cháng	cháo	cháo	chén	chén
茶	柴	豺	缠	肠	常	巢	潮	臣	陈
chén	chéng	chéng	chí	chóng	chóu	chú	chuán	chuáng	chuí
宸	成	诚	池	崇	愁	除	传	床	垂
chún	rán	rán	ráng	ráo	rén	réng	róng	róu	rú
纯	然	燃	瓤	饶	人	仍	容	柔	如
shá	sháo	sháo	shé	shé	shén	shén	shéng	shí	shí
啥	芍	韶	舌	蛇	什	神	绳	识	实
shú	zhái	zhé	zhé	zhí	zhí	zhóu	zhú	zhuó	zhuó
熟	宅	折	谪	执	直	轴	竹	卓	酌

123

（六）声母 j、q、x 阳平字训练

jí	jí	jiá	jiáo	jié	jié	jié	jú	jué	qí
级	即	颊	嚼	节	婕	羯	局	决	其
qián	qiáng	qiáo	Qín	qíng	qiú	qú	quán	qún	xí
前	强	乔	秦	情	求	渠	权	群	席
xí	xiá	xiá	xián	Xiáo	xiáo	xié	xíng	xíng	xíng
袭	匣	霞	弦	崤	淆	协	刑	形	型
xióng	xú	xuán	xuán	xuán	xué	xún	xún	xún	xué
雄	徐	悬	漩	璇	穴	寻	巡	询	学

（七）声母 g、k、h 阳平字训练

gé	guó	há	hái	hái	hái	hán	hán	hán	hé
隔	国	蛤	还	孩	骸	含	涵	韩	合
héng	héng	héng	hóng	hóu	hú	hú	huá	huái	huáng
恒	横	蘅	红	猴	弧	壶	华	怀	皇
huí	hún	huó	káng	ké	ké	kuáng	kuáng	kuí	kuí
回	魂	活	扛	壳	咳	狂	诳	逵	魁

（八）零声母阳平字训练

ái	ái	áng	áo	áo	é	é	ér	wán	wáng
挨	皑	昂	敖	翱	讹	俄	儿	完	亡
wáng	wéi	wéi	wéi	wén	wén	wén	wú	wú	wú
王	为	违	唯	文	纹	闻	无	吾	蜈
yá	yán	yáng	yáo	yí	yíng	yóu	yú	yuán	yún
牙	严	扬	摇	仪	盈	尤	于	元	匀

四、上声字训练

（一）声母 b、p、m 上声字训练

bǎ	bǎi	bǎi	bǎn	bǎng	bǎo	bǎo	bǎo	běi	běn
靶	佰	摆	板	榜	饱	葆	堡	北	本

běng	bǐ	bǐ	bǐ	biǎn	biǎo	biě	bǐng	bǐng	bǒ
绷	比	妣	鄙	贬	表	瘪	柄	禀	跛
bǔ	bǔ	bǔ	bǔ	mǎ	mǎ	mǎi	mǎn	mǎn	mǎng
卜	补	捕	哺	码	蚂	买	满	螨	蟒
mǎo	mǎo	měi	měng	měng	mǐ	miǎn	miǎn	miǎo	miǎo
卯	铆	每	猛	懵	靡	冕	缅	秒	渺
mǐn	mǐn	mǐng	mǒ	mǒu	mǔ	mǔ	pǎo	pěng	pǐ
闵	敏	酩	抹	某	牡	亩	跑	捧	痞
pǐ	piǎo	piě	pǐn	pǒ	pǔ	pǔ	pǔ	pǔ	pǔ
癖	漂	撇	品	笸	朴	埔	圃	浦	谱

（二）声母 f 上声字训练

fǎ	fǎ	fǎn	fǎng	fǎng	fǎng	fǎng	fěi	fěi	fěi
法	砝	返	仿	访	纺	舫	匪	诽	斐
fěi	fěn	fěng	fǒu	fǒu	fǔ	fǔ			
翡	粉	讽	缶	否	抚	俯			

（三）声母 z、c、s 上声字训练

cǎi	cǎi	cǎn	cǎo	cǐ	cuǐ	cǔn	sǎ	sǎn	sǎn
彩	睬	惨	草	此	璀	忖	洒	伞	散
sǎng	sǎng	sǎo	sǐ	sǒng	sǒng	sǒu	sǒu	suǐ	sǔn
搡	嗓	扫	死	耸	悚	叟	擞	髓	隼
sǔn	suǒ	suǒ	suǒ	zǎ	zǎi	zǎi	zǎn	zǎo	zěn
榫	唢	琐	锁	咋	宰	崽	攒	藻	怎
zǐ	zǒng	zǒu	zǔ	zuǐ	zuǒ				
子	总	走	阻	嘴	左				

（四）声母 d、t、n、l 上声字训练

dǎi	dǎn	dǎn	dǎng	dǎng	děng	diǎn	diǎn	dǐng	dǐng
逮	胆	掸	挡	党	等	典	碘	顶	鼎
dǒng	dǒng	dǒu	dǔ	duǎn	duǒ	lǎn	lǎn	lǎng	lěi
董	懂	陡	堵	短	躲	缆	懒	朗	磊

lěng	lǐ	liǎn	liǎn	liǎ	liǎo	lǐn	lǐng	lǒng	lǒng
冷	礼	敛	脸	俩	燎	凛	岭	笼	垄
lǒu	lǚ	luǎn	luǒ	lǚ	lǚ	nǎo	nǐ	niǎn	niǎo
篓	膂	卵	裸	旅	履	恼	拟	撵	鸟
niǎo	nǐng	niǔ	nuǎn	tǎn	tǎn	tǎng	tǎng	tǎng	tiǎn
袅	拧	钮	暖	忐	坦	倘	淌	躺	舔
tiǎo	tiǎo	tiě	tǐng	tǒng	tuǐ	tuǒ			
挑	窕	帖	挺	统	腿	椭			

（五）声母 zh、ch、sh、r 上声字训练

chǎn	chǎn	chǎn	chǎng	chǎng	chǎo	chě	chěng	chěng	chǒu
产	谄	阐	厂	场	炒	扯	逞	骋	瞅
chǔ	chuǎi	chuǎn	chuǎng	chǔn	rǎn	rǎn	rǎng	rǎo	rěn
储	揣	喘	闯	蠢	冉	染	攘	娆	忍
rǒng	rǔ	ruǎn	ruǐ	shǎ	shǎn	shǎng	shǎo	shě	shěn
冗	汝	阮	蕊	傻	闪	赏	少	舍	沈
shěn	shěng	shǐ	shǒu	shǒu	shǔ	shuǎi	shuǎng	shuǐ	shǔn
婶	省	使	手	首	曙	甩	爽	水	吮
zhǎ	zhǎn	zhǎn	zhǎn	zhǎng	zhǎng	zhǎo	zhě	zhěn	zhěn
眨	展	崭	辗	涨	掌	找	褶	枕	缜
zhěng	zhěng	zhǐ	zhǒng	zhǒng	zhǒu	zhǔ	zhǔ	zhuǎn	zhǔn
拯	整	旨	肿	冢	肘	主	煮	转	准

（六）声母 j、q、x 上声字训练

jǐ	jiǎ	jiǎn	jiǎn	jiǎng	jiǎo	jiě	jǐn	jǐn	jǐng
己	假	拣	检	讲	角	姐	仅	锦	井
jǐng	jiǒng	jiǔ	jǔ	jǔ	juǎn	qiǎ	qǐ	qiǎn	qiǎng
璟	炯	韭	矩	举	卷	卡	杞	浅	抢
qiǎng	qiǎo	qiě	qǐn	qǐng	qiǔ	qǔ	qǔ	quǎn	xǐ
羟	巧	且	寝	请	糗	取	娶	犬	洗
xǐ	xǐ	xiǎn	xiǎn	xiǎng	xiǎng	xiǎo	xiǎo	xiě	xǐng
玺	徙	显	险	享	想	晓	筱	写	醒
xiǔ	xǔ	xǔ	xuǎn	xuǎn	xuě	xiě			
朽	许	栩	选	癣	雪	血			

（七）声母 g、k、h 上声字训练

gǎ	gǎi	gǎn	gǎng	gǎo	gěi	gěng	gǒng	gǒu	gǔ
嘎	改	敢	岗	搞	给	埂	巩	狗	股
guǎ	guǎi	guǎn	guǎn	guǎng	guǐ	gǔn	guǒ	hǎi	hǎn
寡	拐	馆	管	犷	诡	衮	裹	海	罕
hǎo	hěn	hěn	hǒng	hǒu	hǔ	hǔ	huǎn	huǎng	huǎng
好	很	狠	哄	吼	虎	琥	缓	晃	谎
huǐ	huǒ	huǒ	kǎ	kǎi	kǎi	kǎn	kǎn	kǎo	kǎo
毁	火	伙	卡	慨	楷	侃	砍	考	烤
kě	kěn	kěn	kǒng	kǒng	kǔ	kuǎ	kuǎn	kuǐ	kǔn
可	肯	垦	孔	恐	苦	垮	款	傀	捆

（八）零声母上声字训练

ě	ěi	ěr	ěr	ǒu	ǒu	Wǎ	wǎi	wǎn	wǎn
恶	诶	迩	珥	呕	藕	瓦	崴	晚	脘
wǎn	Wǎn	wǎng	wǎng	wǎng	wěi	wěi	wěi	wěn	wěn
绾	皖	网	惘	魍	伟	伪	萎	刎	吻
wěn	wěng	wǔ	wǔ	wǔ	yǎ	yǎn	yǎn	yǎng	yǎng
稳	塕	五	忤	捂	哑	衍	眼	仰	氧
yǎo	yǎo	yǎo	yě	yě	yǐ	yǐ	yǐ	yǐn	yǐn
杳	咬	舀	也	冶	已	蚁	倚	引	饮
yǐn	yǐng	yǐng	yǒng	yǒng	yǒng	yǒu	yǒu	yǒu	yǔ
瘾	颖	影	永	勇	涌	友	酉	莠	与
yǔ	yǔ	yuǎn	yǔn	yǔn	yǔn				
予	屿	远	允	陨	殒				

五、去声字训练

（一）声母 b、p、m 去声字训练

| bà | bài | bài | bàn | bàng | bào | bào | bèi | bèi | bèn |
| 坝 | 败 | 拜 | 办 | 傍 | 报 | 豹 | 背 | 蓓 | 笨 |

bèng	bì	bì	biàn	biāo	bìn	bìng	bìng	bù	mài
迸	必	壁	变	镖	鬓	并	病	布	迈
mài	màn	màn	mào	mào	mèi	mèi	mèn	mèng	mì
脉	漫	慢	冒	貌	媚	魅	焖	梦	幂
miàn	miào	miào	miè	miè	mìng	mò	mù	pà	pài
面	妙	庙	灭	蔑	命	默	穆	帕	湃
pàn	pàn	pàng	pào	pào	pào	pèi	pèi	pèng	pì
判	叛	胖	泡	炮	疱	沛	配	碰	僻
piàn	piào	piào	pìn	pò	pù				
骗	漂	票	聘	魄	瀑				

（二）声母 f 去声字训练

fàn	fàn	fàn	fàn	fàn	fàng	fèi	fèi	fèi	fèn
犯	饭	泛	范	贩	放	吠	废	沸	份
fèn	fèn	fèn	fèn	fèng	fù	fù	fù	fù	fù
奋	忿	粪	愤	奉	付	赴	副	赋	覆

（三）声母 z、c、s 去声字训练

Cài	càn	càn	cè	cè	cè	cè	cèng	cì	cì
蔡	灿	粲	厕	侧	测	恻	蹭	刺	赐
còu	cù	cù	cù	cù	cù	cuàn	cuàn	cuì	cuì
凑	促	醋	簇	蹙	蹴	窜	篡	脆	淬
cuì	cuì	cùn	cuò	cuò	cuò	sà	sà	sài	sài	sàn
粹	翠	寸	挫	措	锉	飒	塞	赛	散
sàng	sào	sè	sè	sè	cì	sì	sì	Sòng	sòng
丧	臊	色	啬	瑟	伺	肆	嗣	宋	送
sòng	sòng	sòu	sù	sù	sù	sù	sù	suàn	suàn
诵	颂	嗽	夙	肃	素	塑	溯	蒜	算
suì	suì	suì	zài	zàn	zàng	zào	zào	zé	zèng
岁	燧	穗	再	暂	葬	灶	噪	仄	锃
zèng	zì	zì	zòng	zòu	zuàn	zuì	zuì	zuò	zuò
赠	自	恣	纵	奏	攥	最	醉	作	座

（四）声母 d、t、n、l 去声字训练

dà	dài	dàn	dàn	dàn	dàng	dào	dào	dèng	dì
大	黛	担	诞	惮	荡	到	稻	瞪	地
dì	diàn	diào	diào	dìng	dìng	dòng	dòng	dòu	dòu
第	惦	掉	调	订	腚	动	恫	豆	窦
dù	dù	duàn	duì	duì	dùn	duò	là	lài	làng
度	渡	断	对	怼	钝	舵	蜡	赖	浪
lèi	liàn	liào	liè	lìng	lù	luàn	lùn	luò	lǜ
类	练	料	列	另	陆	乱	论	骆	律
lǜ	lüè	nà	nà	nài	nài	nàn	nào	nèi	nèn
率	略	那	讷	奈	耐	难	闹	内	嫩
nì	nì	niàn	niàng	niào	niè	nìng	niù	nòng	nù
匿	腻	念	酿	尿	蹑	佞	拗	弄	怒
nüè	nuò	tà	tài	tàn	tàn	tàn	tàng	tàng	tào
虐	懦	沓	肽	叹	炭	碳	烫	趟	套
tè	tì	tiào	tòng	tòu	tù	tù	tuì	tuì	tuò
特	剔	眺	恸	透	吐	兔	退	蜕	拓

（五）声母 zh、ch、sh、r 去声字训练

chà	chà	chàn	chàng	chàng	chuò	chè	chè	chè	chèng
岔	姹	颤	怅	畅	绰	彻	撤	澈	秤
chì	chì	chòng	chù	chù	chuài	chuàn	chuàng	ràng	rào
赤	炽	铳	畜	黜	踹	钏	怆	让	绕
rè	rèn	rèn	rèn	rì	ròu	rù	rù	ruì	ruì
热	认	韧	妊	日	肉	入	褥	锐	瑞
rùn	ruò	ruò	shà	shài	shàn	shàng	shàng	shào	shè
润	若	偌	煞	晒	扇	上	尚	哨	设
shè	shèn	shèn	shèn	shèng	shèng	shèng	shì	shì	shì
涉	肾	甚	葚	胜	盛	剩	饰	试	誓
shòu	shòu	shù	shùn	shuò	shuài	zhà	zhà	zhài	zhài
狩	瘦	术	顺	硕	率	炸	榨	债	寨
zhàn	zhàng	zhàng	zhào	zhào	zhào	zhè	zhè	zhèn	zhèn
占	丈	帐	召	诏	罩	这	鹧	阵	赈

zhèng	zhèng	zhì	zhòng	zhòng	zhòu	zhòu	zhù	zhù	zhuài
正	政	至	中	重	纣	昼	助	驻	拽
zhuàn	zhuàng	zhuì							
赚	撞	缀							

（六）声母 j、q、x 去声字训练

jì	jì	jì	jià	jià	jiàn	jiàn	jiàn	jiàn	jiàng
忌	祭	冀	价	嫁	件	荐	剑	践	降
jiàng	jiào	jiào	jiào	jiè	jiè	jiè	jìn	jìn	jìn
酱	叫	轿	较	介	戒	诫	进	劲	烬
jìng	jìng	jìng	jiù	jiù	jiù	jiù	jù	jù	juàn
径	敬	静	臼	疚	柩	救	俱	聚	镌
jùn	jùn	juàn	qì	qì	qì	qià	qià	qiàn	qiàn
郡	峻	隽	气	泣	契	洽	恰	欠	茜
qiào	qiè	qìn	qìng	qù	qù	qù	quàn	què	què
撬	怯	沁	庆	去	趣	觑	券	却	鹊
xì	xì	xià	xiàn	xiàn	xiàn	xiàng	xiàng	xiào	xiào
系	隙	下	县	限	线	向	项	孝	校
xiè	xìn	xìn	xìng	xìng	xiù	xù	xuàn	xuè	xùn
泄	信	衅	杏	幸	锈	旭	眩	谑	驯

（七）声母 g、k、h 去声字训练

gà	gài	gài	gàng	hào	gào	gè	gèn	gèng	gòng
尬	钙	概	杠	镐	告	个	亘	更	贡
gòu	gù	guà	guài	guàn	guàng	guì	gùn	guò	hài
构	固	挂	怪	贯	逛	跪	棍	过	骇
hài	Hàn	hàn	hàng	hào	hè	hèn	hèng	hòng	hòu
害	汉	焊	沆	号	鹤	恨	横	讧	后
hòu	hù	huà	huài	huàn	huàng	huì	hùn	huò	kài
候	护	桦	坏	幻	晃	惠	诨	惑	忾
kàn	kàn	kàng	kàng	kào	kào	kè	kèn	kòng	kòu
看	瞰	抗	炕	犒	靠	刻	掯	空	扣
kù	kuà	kuài	kuàng	kuì	kùn	kuò			
库	跨	快	况	愧	困	扩			

（八）零声母去声字训练

ài	àn	àng	ào	è	èn	èr	wà	wài	wàn
爱	岸	盎	奥	遏	摁	佴	袜	外	腕
wàng	wàng	wèi	wèi	wèn	Wèn	wèng	wò	wù	yà
妄	忘	卫	蔚	问	汶	瓮	沃	雾	娅
yàn	yàn	yàng	yàng	yào	yào	yào	yè	yè	yì
宴	谚	样	漾	药	钥	曜	业	谒	亿
yì	yì	yìn	yìng	yòng	yòu	yòu	yòu	yù	yù
诣	溢	印	应	用	又	佑	釉	玉	狱
yù	yuàn	yuàn	yuè	Yuè	yùn	yùn			
裕	怨	愿	悦	粤	韵	熨			

六、古入声字训练

bā	bái	bǎi	běi	bǐ	bì	bāo	cè	chá	chī
八	白	百	北	笔	必	剥	册	察	吃
chǐ	diē	fǎ	fù	gē	gé	gǔ	guō	guó	hē
尺	跌	法	复	割	隔	骨	郭	国	喝
hēi	jí	jǐ	jì	jiǎ	jiǎo	jiē	jié	jú	kě
黑	急	脊	绩	甲	脚	接	节	局	渴
kè	kū	liù	lǜ	mài	mì	mù	pāi	pǐ	pū
客	哭	六	绿	麦	蜜	木	拍	匹	扑
qī	rè	ròu	shé	shī	shì	sù	tǎ	tiě	tuō
七	热	肉	舌	湿	室	缩	塔	铁	脱
xī	xiā	sù	xuē	yā	yào	yǐ	yuè	zéi	zhǎ
吸	瞎	宿	削	压	药	乙	阅	贼	眨
zhāi	zhǎi	zhī	zhú	zhuó	zú				
摘	窄	织	竹	啄	足				

第六章　普通话水平测试词语训练

第一节　词语声母分类辨读

一、词语训练

（一）双唇音 b、p、m 词语训练

1. b + b

bǎbǐng	bǎibān	bānbù	bānbó	bāngbàn	bāobì
把柄	百般	颁布	斑驳	帮办	包庇
bǎobèi	bàobiǎo	bēibāo	bēnbō	běnbù	bìbǎng
宝贝	报表	背包	奔波	本部	臂膀
bìbō	bìbìng	biànbù	biànbié	biāobǎng	biāoběn
碧波	弊病	遍布	辨别	标榜	标本
biāobīng	biǎobái	bīngbáo	bìngbiàn	bùbiàn	bùbīng
标兵	表白	冰雹	病变	不便	步兵

2. p + p

pīpàn	pīpíng	pǐpèi	piānpáng	piānpì	piānpō
批判	批评	匹配	偏旁	偏僻	偏颇
piānpiān	píngpàn	pǐnpái	pǐnpíng	pópo	péngpài
偏偏	评判	品牌	品评	婆婆	澎湃

3. m + m

mámù	máimò	mǎnmiàn	mànmà	mángmù	màomèi
麻木	埋没	满面	谩骂	盲目	冒昧
màomì	méimao	měimào	měimǎn	miànmào	miànmù
茂密	眉毛	美貌	美满	面貌	面目
mímàn	mímáng	méngmèi	míméng	mìmì	miǎománg
弥漫	迷茫	蒙昧	迷蒙	秘密	渺茫
mǐnmiè	míngmèi	mìngmài	mìngmíng	mùmín	mùmíng
泯灭	明媚	命脉	命名	牧民	慕名

4. b、p、m 综合训练

bǎnkuài	bǎoguǎn	bāofu	bànzòu	bàoguāng	bǐzhě
板块	保管	包袱	伴奏	曝光	笔者
běnxìng	bànfǎ	bēngkuì	bèilùn	bēnchí	biāodì
本性	办法	崩溃	悖论	奔驰	标的
pìjìng	píngfán	pīfā	pīzhǔn	pīnmìng	píngxuǎn
僻静	平凡	批发	批准	拼命	评选
píqi	pó·jiā	pǔtōng	pùshài	pōuxī	pòliè
脾气	婆家	普通	曝晒	剖析	破裂
máfan	máowū	mèilì	ménkǎn	méngyá	měngliè
麻烦	茅屋	魅力	门槛	萌芽	猛烈
miáohuì	míngchēng	miǎnlì	míngxī	mófàn	mónǐ
描绘	名称	勉励	明晰	模范	模拟

（二）唇齿音 f 词语训练

1. f + f

fāfàng	fánfù	fǎnfù	fǎnfǔ	fāngfǎ	fǎngfú
发放	繁复	反复	反腐	方法	仿佛
fángfàn	fēifán	fēnfāng	fènfā	fēngfān	fēngfàn
防范	非凡	芬芳	奋发	风帆	风范

fēngfáng	fēngfù	fūfù	fùfā	fùfèi	fēn·fù
蜂房	丰富	夫妇	复发	付费	吩咐
fāfēng	fēifǎ	fēnfā	fēnfán	fēnfēi	fófǎ
发疯	非法	分发	纷繁	纷飞	佛法

2. 综合训练

fěibàng	fēngbō	fúcóng	fúdiāo	fēnggé	fójīng
诽谤	风波	服从	浮雕	风格	佛经
fǎnkuì	fēngkuáng	fèiliào	fánmáng	fēngmào	fánnǎo
反馈	疯狂	废料	繁忙	风貌	烦恼
fūqiǎn	fùqiáng	fúróng	féngrèn	fēngsú	fǎtíng
肤浅	富强	芙蓉	缝纫	风俗	法庭
fèiténg	fēnwéi	fèngxì	fúxiǎo	fángyù	fūyǎn
沸腾	氛围	缝隙	拂晓	防御	敷衍

（三）舌尖前音 z、c、s 词语训练

1. z + z

zàizào	zàizuò	zézé	zìzūn	zōngzú	zǒngzé
再造	在座	啧啧	自尊	宗族	总则
zòngzi	zǔzong	zuòzuo	zìzài	zìzai	zuòzi
粽子	祖宗	做作	自在	自在	座子

2. c + c

cāicè	cáncún	cāngcù	cāngcuì	cǎocóng	céngcì
猜测	残存	仓促	苍翠	草丛	层次
cōngcōng	cóngcǐ	cuīcán	cuīcù	cuǐcàn	cūcāo
匆匆	从此	摧残	催促	璀璨	粗糙

3. s + s

sèsù	sīsuǒ	sìsàn	sōusuǒ	sùsòng	suǒsuì
色素	思索	四散	搜索	诉讼	琐碎

4. 综合训练

zánmen 咱们	zāngwù 赃物	zāoyù 遭遇	zǎoqī 早期	zàoyáo 造谣	zěnme 怎么
zēngjìn 增进	zītài 姿态	zīběn 资本	zǐdàn 子弹	zúgòu 足够	zìmǔ 字母
zōnghé 综合	zǔlì 阻力	zìháo 自豪	zuānyán 钻研	zǒuláng 走廊	cāngsāng 沧桑
càiyáo 菜肴	cānjiā 参加	cèsuǒ 厕所	cáinéng 才能	cānyù 参与	cánkù 残酷
cèyàn 测验	cánkuì 惭愧	cāngkù 仓库	cǎifǎng 采访	cítiě 磁铁	cǐhòu 此后
cìxù 次序	cìwei 刺猬	cōnghuì 聪慧	sànbù 散布	sàngqì 丧气	sēnlín 森林
sīlìng 司令	sìjī 伺机	sīyíng 私营	sōngxiè 松懈	sīwéi 思维	sōují 搜集
sùmù 肃穆	sùcái 素材	sùlǜ 速率	sùliào 塑料	suīrán 虽然	suíbiàn 随便

（四）舌尖中音 d、t、n、l 词语训练

1. d + d

dāndiào 单调	dàidòng 带动	děngdào 等到	dìdài 地带	dàodá 到达	dàodé 道德
díduì 敌对	diàndēng 电灯	diàndìng 奠定	dǐngduān 顶端	duàndìng 断定	dǎdǔ 打赌
dàdǐ 大抵	dǎodú 导读	dédàng 得当	dǐdá 抵达	dìduàn 地段	diàodù 调度
diǎndī 点滴	dìngdān 订单	dǒudòng 抖动	dìngdū 定都	dūdǎo 督导	duìdá 对答

2. t + t

tāntā	tāntú	tāntú	tántǔ	tántiào	tàntīng
坍塌	贪图	滩涂	谈吐	弹跳	探听
tàntǎo	táotài	tiětí	tóuténg	tiāoti	tōutōu
探讨	淘汰	铁蹄	头疼	挑剔	偷偷
túténg	tuōtāi	tūntǔ	túntián	tuōtà	tuǒtiē
图腾	脱胎	吞吐	屯田	拖沓	妥帖

3. n + n

nánnǚ	nǎonù	néngnai	nínìng	niǎoniǎo	niúnǎn
男女	恼怒	能耐	泥泞	袅袅	牛腩

4. l + l

lěiluò	lǐlùn	lǎolao	lìlǜ	liánluò	línlí
磊落	理论	姥姥	利率	联络	淋漓
liúlǎn	línglóng	lúnlǐ	láilì	lǎoliàn	lǎolíng
浏览	玲珑	伦理	来历	老练	老龄
láolèi	lèlìng	lěngluò	lìluo	liàolǐ	língluàn
劳累	勒令	冷落	利落	料理	凌乱
liúliàn	liúlì	liúliàng	luǒlù	luòléi	luòluo
留恋	流利	流量	裸露	落雷	落落

5. 综合训练

dàibǔ	dānge	dāngjí	dànmò	dígu	dǎotǐ
逮捕	耽搁	当即	淡漠	嘀咕	导体
dìcéng	dàoqiè	dìtǎn	diànnǎo	diānbǒ	dùjì
地层	盗窃	地毯	电脑	颠簸	妒忌
tānhuàn	téngfēi	táobì	tíliàn	tèdìng	tiáokuǎn
瘫痪	腾飞	逃避	提炼	特定	条款
tōngxùn	tóujī	tuānliú	tuìhuà	tuōluò	tuǒxié
通讯	投机	湍流	退化	脱落	妥协

nǎilào	nèibù	nénggòu	níróng	niándài	nínggù
奶酪	内部	能够	呢绒	年代	凝固
niàndao	niǔdài	nónghòu	nìmíng	nüèji	nuòyán
念叨	纽带	浓厚	匿名	疟疾	诺言
lǎngdú	lànghuā	láodòng	lěngquè	límíng	liánhé
朗读	浪花	劳动	冷却	黎明	联合
liányīn	liáokuò	liútōng	línggǎn	lúwěi	lüèduó
联姻	辽阔	流通	灵感	芦苇	掠夺

（五）舌尖后音 zh、ch、sh、r 词语训练

1. zh + zh

zhāozhì	zhǎngzhě	zhēnzhì	zhēnzhèng	zhěnzhì	zhēnzhuó
招致	长者	真挚	真正	诊治	斟酌
zhèngzhí	zhīzhù	zhǔzhāng	zhòngzhí	zhùzhòng	zhuózhuàng
正直	支柱	主张	种植	注重	茁壮
zhēngzhá	zhuózhòng	zhuānzhì	zhuīzhú	zhízhào	zhízhèng
挣扎	着重	专制	追逐	执照	执政
zhǐzhāng	zhōngzhǐ	zhuānzhù	zhǔzhǐ	zhuāngzhì	zhuózhù
纸张	终止	专著	主旨	装置	卓著

2. ch + ch

cháchǔ	chāocháng	chāochū	chāichú	chíchěng	chǎnchú
查处	超常	超出	拆除	驰骋	铲除
chōuchá	chéngchǔ	chìchéng	chōngchì	chóuchú	chūchǎng
抽查	惩处	赤诚	充斥	踌躇	出场
chúchuāng	chánchú	chūchāi	chuōchuān	chéngchí	chōuchù
橱窗	蟾蜍	出差	戳穿	城池	抽搐
chūchūn	chúchén	chuānchā	chuánchéng	chóuchàng	chūchǎng
初春	除尘	穿插	传承	惆怅	出场

3. sh + sh

shēnshǒu	shēnshì	shìshì	shǒushù	shòushāng	shuòshì
伸手	绅士	逝世	手术	受伤	硕士
shuǐshǒu	shuìshōu	shùnshǒu	shànshí	shěshēn	shēnshān
水手	税收	顺手	膳食	舍身	深山
shèshí	shēngshū	shěnshèn	shèngshì	shíshì	shīshě
摄食	生疏	审慎	盛世	时事	施舍
shīshén	shīshǒu	shǐshū	shúshuì	shǔshí	shùnshì
失神	失守	史书	睡熟	属实	顺势

4. r + r

rǎnrǎn	réngrán	róngrěn	róuruǎn	róuruò	ruǎnruò
冉冉	仍然	容忍	柔软	柔弱	软弱

5. 综合训练

zhànshèng	zhǎngcháo	zhāoshì	zhéshè	zhérén	zhènchàn
战胜	涨潮	昭示	折射	哲人	震颤
zhēnchá	zhěngshù	zhèngshí	zhùshì	zhǔrèn	zhǐshǐ
侦察	整数	证实	注视	主任	指使
zhìshuǐ	zhíchēng	cháoshī	chāishǐ	chéngshì	chuízhí
治水	职称	潮湿	差使	城市	垂直
cháshuǐ	chōngshí	chóngshàng	chénshuì	chuánshuō	chēshēn
茶水	充实	崇尚	沉睡	传说	车身
chènshān	chāoshì	chìrè	shānchú	shēchǐ	shènzhì
衬衫	超市	炽热	删除	奢侈	甚至
shèzhì	shēngchǎn	shēngchù	shízhì	shūchū	shāichá
设置	生产	牲畜	实质	输出	筛查
shānzhài	shàngrèn	shēngzhí	rénshì	rènzhēn	róngzhuāng
山寨	上任	升值	人士	认真	戎装
rùshǒu	rǒngcháng	rénshēn	rènzhī	rùshuì	róushùn
入手	冗长	人参	认知	入睡	柔顺

（六）舌面音 j、q、x 词语训练

1. j + j

jījí	jíjiāng	jíjù	jiājǐn	jìjié	jiājié
积极	即将	急剧	加紧	季节	佳节
jiājuàn	jiājiǎng	jiànjiě	jiànjiàn	jiǎngjīn	jiāojì
家眷	嘉奖	见解	渐渐	奖金	交际
jiéjiǎn	jiējìn	jiéjú	jiějie	jǐnjí	jìnjūn
节俭	接近	结局	姐姐	紧急	进军
jīngjí	jiūjìng	jiǔjīng	jùjí	jūnjiàn	jùjué
荆棘	究竟	酒精	聚集	军舰	拒绝

2. q + q

qíqū	qíquán	qīqì	qiàqiǎo	qiánqī	qiànquē
崎岖	齐全	漆器	恰巧	前期	欠缺
qiǎngqiú	qiāoqiāo	qièqǔ	qīnquán	qīnqi	qīnqiè
强求	悄悄	窃取	侵权	亲戚	亲切
qīngqí	qīng·qiǎo	qǐngqiú	qiúqíng	qìquán	quánqiú
轻骑	轻巧	请求	求情	弃权	全球
quánquán	quèqiè	qǐqiú	qìqiú	qīnqíng	qūqiào
全权	确切	乞求	气球	亲情	躯壳

3. x + x

xīxīn	xíxìng	xīxì	xìxiǎo	xiáxiǎo	xiàxún
悉心	习性	嬉戏	细小	狭小	下旬
xiānxíng	xiànxíng	xiāngxìn	xiǎoxué	xiángxì	xíngxiāo
先行	现行	相信	小学	详细	行销
xiānxì	xiǎngxiàng	xīnxǐ	xīnxíng	xìnxī	xīngxing
纤细	想象	欣喜	新型	信息	猩猩
xīnxián	xīngxiū	xíngxiàng	xiūxián	xuānxiè	xūxīn
心弦	兴修	形象	休闲	宣泄	虚心

4. 综合训练

jīqíng	jīxù	jíxìng	jíqiè	jìxing	jiāqiáng
激情	积蓄	即兴	急切	记性	加强
jiāxiāng	jiāqín	jiàqī	jiānxìn	jiāoqū	jiāoqing
家乡	家禽	假期	坚信	郊区	交情
jīngqí	jǐngxiàng	jǔxíng	juéxīn	qiánxiàn	qiānxǐ
惊奇	景象	举行	决心	前线	迁徙
qìxī	qǐjiā	qiángjiàn	qiáojuàn	qīngjié	qīngxǐng
气息	起家	强健	侨眷	清洁	清醒
qíngjǐng	qūxiàn	qǔxiāo	qiūjì	qìjīn	qiánxīn
情景	曲线	取消	秋季	迄今	潜心
qìxiè	qiānjīn	qiángjiā	xīqǔ	xìqǔ	xiàjiàng
器械	千金	强加	吸取	戏曲	下降
xiàjì	xiānjìn	xiànjīn	xiāngjì	xiāngjiāo	xīnqín
夏季	先进	现金	相继	香蕉	辛勤
xīngqiú	xíngjūn	xìngqù	xūqiú	xùjiǔ	xuǎnjǔ
星球	行军	兴趣	需求	酗酒	选举

（七）舌根音 g、k、h 词语训练

1. g + g

gǎigé	gǎnguān	gāngà	gǔgàn	guàngài	guīgé
改革	感官	尴尬	骨干	灌溉	规格
gēnggǎi	gōngguān	gōngguǎn	guǎigùn	gùgōng	gùguó
更改	攻关	公馆	拐棍	故宫	故国
guānguāng	guìguān	guógē	guānggù	guòguān	gūgu
观光	桂冠	国歌	光顾	过关	姑姑
gǒnggù	guǎnggào	gāoguì	gāogē	gǎiguān	gànggǎn
巩固	广告	高贵	高歌	改观	杠杆

2. k + k

kāikěn	kāikǒu	kāikuò	kǎnkě	kāngkǎi	kēkè
开垦	开口	开阔	坎坷	慷慨	苛刻
kěkào	kěkǒu	kèkǔ	kōngkuàng	kuānkuò	kùnkǔ
可靠	可口	刻苦	空旷	宽阔	困苦

3. h + h

hánghǎi	hánghuì	hǎohàn	hēhù	héhū	héhuā
航海	行会	好汉	呵护	合乎	荷花
hūháo	hūhuàn	hùhuàn	huāhuì	huānhū	huǎnhé
呼号	呼唤	互换	花卉	欢呼	缓和
huánghūn	huánghuò	huīhuáng	huīhuò	huìhuà	huíhé
黄昏	惶惑	辉煌	挥霍	绘画	回合
huíhuà	huǐhuài	huìhé	húnhòu	huǒhóng	huǒhou
回话	毁坏	会合	浑厚	火红	火候

4. 综合训练

gǎnkǎi	gǎngkǒu	gāokōng	gōnghuì	guānghuá	guānghuī
感慨	港口	高空	工会	光滑	光辉
gùkè	guīhuà	gǎihuàn	gǎikǒu	gānhé	gǎnhuà
顾客	规划	改换	改口	干涸	感化
gānghǎo	gēhóu	gēnghuàn	géhé	gōngkuǎn	kǒuhào
刚好	歌喉	更换	隔阂	公款	口号
kěnqiè	kōngqì	kèhuà	kuàihuo	kānhù	kāigōng
恳切	空气	刻画	快活	看护	开工
kànhǎo	kànghéng	kěguān	kuíhuā	kònggào	kèhù
看好	抗衡	可观	葵花	控告	客户
kuàigǎn	kuānguǎng	hǎiguān	Hónggōu	hùkǒu	huàgōng
快感	宽广	海关	鸿沟	户口	化工
hǎigǎng	hǎikǒu	hàokè	hèkǎ	hēikè	huáguì
海港	海口	好客	贺卡	黑客	华贵

141

huānkuài	huíkòu	huǒkēng	huǐhèn	hùgōng	hégú
欢快	回扣	火坑	悔恨	护工	河谷

（八）零声母词语训练

āiyuàn	ái'ái	ānwěn	áoyóu	èyì	ěryǔ
哀怨	皑皑	安稳	遨游	恶意	耳语
ǒu'ěr	wàiyǔ	wànwù	wēiwàng	wéiyuē	wěiwǎn
偶尔	外语	万物	威望	违约	委婉
wēnyì	wūyā	wúyín	yāyùn	yáyín	yánwù
瘟疫	乌鸦	无垠	押韵	牙龈	延误
yǎnyìng	yànyǔ	yángyì	yáoyán	yèwǎn	yèwù
掩映	谚语	洋溢	谣言	夜晚	业务
yíwù	yìyùn	yīn'àn	yīnyuán	yīnyǐng	yǐnyòu
贻误	意蕴	阴暗	姻缘	阴影	引诱
yīngwǔ	yíngyè	yìngyāo	yǒngyuè	yǒngyuǎn	yōuyǎ
鹦鹉	营业	应邀	踊跃	永远	优雅
yóuyù	yòu'ér	yúyuè	yǔwén	yúwēng	yuān·yāng
犹豫	幼儿	愉悦	语文	渔翁	鸳鸯
yùyán	yuānyuán	yuànwàng	yúnwù	yùnyù	yīwēi
寓言	渊源	愿望	云雾	孕育	依偎

二、词语对比训练

（一）z、zh 词语对比训练

1. z + zh

zázhì	zāizhí	zàizhòng	zànzhù	zēngzhí	zīzhì
杂志	栽植	载重	赞助	增值	资质

zīzhù	zīzhǎng	zìzhì	zìzhǔ	zōngzhǐ	zǒngzhī
资助	滋长	自治	自主	宗旨	总之
zòuzhāng	zǔzhī	zǔzhǐ	zǔzhòu	zǔzhuāng	zuìzhōng
奏章	组织	阻止	诅咒	组装	最终
zuìzhèng	zūnzhòng	zūnzhào	zuòzhě	zuòzhèn	zuòzhǔ
罪证	尊重	遵照	作者	坐镇	做主

2. zh + z

zhā·zǐ	zhǎozé	zhènzuò	zhèngzài	zhèngzōng	zhīzú
渣滓	沼泽	振作	正在	正宗	知足
zhízé	zhǐzé	zhìzào	zhìzuò	zhìzǐ	zhǒngzú
职责	指责	制造	制作	质子	种族
zhūzi	zhǔzǎi	zhùzú	zhùzuò	zhuāngzài	zhuīzèng
珠子	主宰	驻足	著作	装载	追赠
zhuīzōng	zhuīzi	zhǔnzé	zhuāngzi	zhùzi	zhízi
追踪	锥子	准则	庄子	柱子	侄子

（二）c、ch 词语对比训练

1. c + ch

cáichǎn	càichǎng	cāochǎng	cāochí	cǎochǎng	cíchǎng
财产	菜场	操场	操持	草场	磁场
cóngchū	cùchéng	cúnchá	cúnchǔ	cuòchē	cuòchù
丛出	促成	存查	存储	错车	错处

2. ch + c

chācuò	chéngcái	chōngcì	chóucuò	chǔcáng	chǔcún
差错	成才	冲刺	筹措	储藏	储存
chuǎicè	chuāncì	chuáncāng	chúncuì	chéngcái	chǐ·cùn
揣测	穿刺	船舱	纯粹	成材	尺寸

（三）s、sh 词语对比训练

1. s + sh

sàishì	sànshī	sàngshī	sǎoshì	sīshì	sīshú
赛事	散失	丧失	扫视	私事	私塾
sǐshǒu	sìshí	sōngshǔ	sùshuō	sùshè	suànshù
死守	四时	松鼠	诉说	宿舍	算数
suīshuō	suíshēn	suíshí	suíshǒu	suìshu	sǔnshāng
虽说	随身	随时	随手	岁数	损伤
sǔnshī	suōshǐ	suǒshǔ	suǒshì	sōngshǒu	sīshā
损失	唆使	所属	琐事	松手	厮杀

2. sh + s

shàngsi	shēnsù	shēnsī	shēnsuì	shēnsuō	shénsè
上司	申诉	深思	深邃	伸缩	神色
shénsù	shéngsuǒ	shèngsù	shísǔn	shìsú	shōusuō
神速	绳索	胜诉	石笋	世俗	收缩
shūsàn	shūsòng	shàngsù	shàosuǒ	shēngsǐ	shēngsù
疏散	输送	上诉	哨所	生死	声速
shànsù	shīsàn	shūsōng	shúsī	shuānsè	shùnsuì
膳宿	失散	疏松	熟思	栓塞	顺遂

（四）n、l 词语对比训练

1. n + l

nǎ·lǐ	nǎilào	nàilì	nǎolì	nèilù	nénglì
哪里	奶酪	耐力	脑力	内陆	能力
néngliàng	nílóng	nìliú	niánlíng	niánlún	nónglì
能量	尼龙	逆流	年龄	年轮	农历
nóngliè	núlì	nǔlì	nuǎnliú	nà·lǐ	nèiluàn
浓烈	奴隶	努力	暖流	那里	内乱

2. l + n

láinián	lànní	lǎonián	lěngníng	lěngnuǎn	lǐniàn
来年	烂泥	老年	冷凝	冷暖	理念
lìnián	liánnián	liǎngnán	liúniàn	láolì	lìniào
历年	连年	两难	留念	劳力	利尿

（五）f、h词语对比训练

1. f + h

fāhuī	fánhuá	fǎnháng	fǎnhuán	fánghán	fánghù
发挥	繁华	返航	返还	防寒	防护
fēihóng	féihòu	fèihuà	fénhuǐ	fěnhóng	fēnghòu
绯红	肥厚	废话	焚毁	粉红	丰厚
fēnghán	fēnghuì	fénghé	fūhuà	fúhuò	fúhé
风寒	峰会	缝合	孵化	俘获	符合
fǔhuà	fùhè	fùhè	fùhuó	fènghuáng	fùhé
腐化	负荷	附和	复活	凤凰	复核

2. h + f

hǎifáng	hǎifēng	háofàng	hàofèi	héfáng	héngfú
海防	海风	豪放	耗费	何妨	横幅
hòufāng	huāfěn	huàféi	huànfā	huāngfèi	huīfā
后方	花粉	化肥	焕发	荒废	挥发
huīfù	huǒfáng	héfǎ	huāfèi	huàfēn	huífù
恢复	伙房	合法	花费	划分	回复

（六）j、q、x与z、c、s词语对比训练

1. j、q、x + z、c、s

jízào	jiāzú	jiǎngzuò	jiézòu	juézé	jīcéng
急躁	家族	讲座	节奏	抉择	基层

jiàocái	jiēcéng	jǐncòu	jīngcǎi	jǔcuò	juécè
教材	阶层	紧凑	精彩	举措	决策
jìsì	jiāsù	jiǎnsuǒ	jìngsài	jǔsàng	juésè
祭祀	加速	检索	竞赛	沮丧	角色
qiānzì	qiánzài	qīnzì	quānzi	quànzǔ	quèzáo
签字	潜在	亲自	圈子	劝阻	确凿
qǐcǎo	qìcái	qiáocuì	qiēcuō	qīngcuì	qíngcāo
起草	器材	憔悴	切磋	清脆	情操
qìsè	qīngsǎo	qīngsù	qīngsōng	qiūsè	qūsàn
气色	清扫	倾诉	轻松	秋色	驱散
xízuò	xiézuò	xièzuì	xuǎnzé	xiáncài	xiāngcūn
习作	协作	谢罪	选择	咸菜	乡村
xiūcí	xiùcai	xísú	xìsuì	xiánsǎn	xiāosǎ
修辞	秀才	习俗	细碎	闲散	潇洒

2. z、c、s + j、q、x

zēngjiā	zījīn	zǒngjié	zūjīn	zújì	zūnjìng
增加	资金	总结	租金	足迹	尊敬
zuòjiā	zǎoqī	zēngqiáng	zìqiáng	zúqiú	zàoxíng
作家	早期	增强	自强	足球	造型
zǐxì	zìxìn	zīxún	zòuxiào	zǔxiān	zūnxún
仔细	自信	咨询	奏效	祖先	遵循
cáijiǎn	cáijīng	cānjiā	cǎijí	céngjīng	cùjìn
裁剪	财经	参加	采集	曾经	促进
cuòjué	cǎiqǔ	cánquē	cāngqióng	cíqì	cuìqǔ
错觉	采取	残缺	苍穹	瓷器	萃取
còuqiǎo	sājiāo	sōují	sījī	suíjī	suōjiǎn
凑巧	撒娇	搜集	司机	随机	缩减
cāixiǎng	cíxiáng	cíxìng	cìxiù	cūxīn	sàngqì
猜想	慈祥	磁性	刺绣	粗心	丧气

súqi	sùqīng	suǒqǔ	sīxiǎng	sōngxiè	suǒxìng
俗气	肃清	索取	思想	松懈	索性

（七）r、l 词语对比训练

1. r + l

ránliào	rǎnliào	rǎoluàn	rèlàng	rèliàng	rèlèi
燃料	染料	扰乱	热浪	热量	热泪
rèliè	rénlèi	rénlún	rìlì	róngliàng	róngliú
热烈	人类	人伦	日历	容量	容留
rónglià n	róulìn	ruìlì	rúlín	rùliú	ruòlǚ
熔炼	蹂躏	锐利	儒林	入流	弱旅

2. l + r

lǎorén	lǐràng	lìrú	lìrùn	liánrì	liànrén
老人	礼让	例如	利润	连日	恋人
liǎorán	lièrì	lièrén	lùrén	luòrì	liánrèn
了然	烈日	猎人	路人	落日	连任

第二节 词语韵母分类辨读

一、单元音韵母词语训练

（一）同韵词语训练

dǎchà	dàmā	dàmá	dàshà	fādá	kāchā
打岔	大妈	大麻	大厦	发达	咔嚓
mǎdá	nǎpà	shāfā	shālā	mòmò	pōmò
马达	哪怕	沙发	沙拉	默默	泼墨

chēzhé	gēshě	géhé	gérè	gègè	gèsè
车辙	割舍	隔阂	隔热	各个	各色
hégé	kēkè	kēzé	kèchē	sèzé	tèsè
合格	苛刻	苛责	客车	塞责	特色
tèshè	zhéshè	bǐnǐ	bǐjì	díyì	dìpí
特赦	折射	比拟	笔迹	敌意	地皮
jílì	lǐyí	lìbì	mílí	mìbì	qīlì
吉利	礼仪	利弊	迷离	密闭	凄厉
qǐdí	qìjī	xīyì	xǐdí	xǐlǐ	yīxī
启迪	契机	蜥蜴	洗涤	洗礼	依稀
yìtí	yìlì	bǔzhù	bùshǔ	chūrù	cūbù
议题	毅力	补助	部署	出入	粗布
cūsú	dūcù	dúwǔ	dúwù	fùlù	fùshǔ
粗俗	督促	独舞	读物	附录	附属
gūfù	gǔwù	gùzhǔ	hùzhǔ	kūsù	kùshǔ
辜负	谷物	雇主	户主	哭诉	酷暑
lùzhū	púfú	pùbù	sùmù	túbù	tǔzhù
露珠	匍匐	瀑布	肃穆	徒步	土著
tǔlù	wǔshù	zhǔmù	zhùfú	jūyú	jùjū
吐露	武术	瞩目	祝福	居于	聚居
lǚjū	qūyù	xūyú	xùqǔ	yǔjù	yǔxù
旅居	区域	须臾	序曲	语句	语序
cìzì	sīzì	zǐsì	zìsī	rìshí	rìzhì
刺字	私自	子嗣	自私	日食	日志
shīshí	shīshì	shīzhí	shǐshī	shǐshí	shīshì
失实	失事	失职	史诗	史实	施事
shíshī	shízhì	shízhǐ	shìshí	shìzhǐ	shìshí
实施	实质	食指	事实	试纸	适时
shìshì	zhīchí	zhīshi	zhízhì	zhìzhǐ	zhìshǐ
逝世	支持	知识	直至	制止	致使

（二）综合训练

bāgǔ	báchú	báshè	bàkè	bǐwǔ	bǐfǎ
八股	拔除	跋涉	罢课	比武	笔法
bǐmò	bǐzhí	bǐshì	bìmù	bìsè	bìhù
笔墨	笔直	鄙视	闭幕	闭塞	庇护
bìbō	bōgǔ	bódé	bǔjǐ	bǔkè	bǔxí
碧波	波谷	博得	补给	补课	补习
bǔshā	bǔyù	bùyī	bùlǚ	chāqǔ	chātú
捕杀	哺育	布衣	步履	插曲	插图
chájī	chájù	cháchǔ	chēfū	chěpí	chèlí
茶几	茶具	查处	车夫	扯皮	撤离
chǐrǔ	chìrè	chūjī	chūmǎ	chūmò	chūqí
耻辱	炽热	出击	出马	出没	出奇
chūshǐ	chūshì	chúfǎ	chúxī	chǔzhì	chùfā
出使	出事	除法	除夕	处置	触发
chùjí	chùxū	cíjí	cítǐ	cìgǔ	cìkè
触及	触须	磁极	磁体	刺骨	刺客
cìshā	cūxì	dǎdǔ	dǎzì	dàdǐ	dàfù
刺杀	粗细	打赌	打字	大抵	大副
dàhù	dàjú	dàmǐ	dàshì	dàsì	délì
大户	大局	大米	大势	大肆	得力
détǐ	dībà	díshì	dǐchù	dǐdá	dǐyā
得体	堤坝	敌视	抵触	抵达	抵押
dǐyù	dǐxì	dìrè	dìzhǐ	dúdǎ	dúqì
抵御	底细	地热	地址	毒打	毒气
dúshé	dǔsè	dùjì	dùrì	èshā	èbà
毒蛇	堵塞	妒忌	度日	扼杀	恶霸
èdú	èmó	èxí	èyì	èzhǐ	èzhì
恶毒	恶魔	恶习	恶意	遏止	遏制

érkē	érxì	ěrmù	ěrjī	ěryǔ	èrhú
儿科	儿戏	耳目	耳机	耳语	二胡
fānù	fāshì	fǎjì	fǎshī	fǎyī	fǎzhì
发怒	发誓	法纪	法师	法医	法治
fújī	fúchí	fúzhí	fúshì	fúyì	fúlì
伏击	扶持	扶植	服饰	服役	浮力
fǔmō	fǔyù	fǔshì	fùjí	fùhè	fùfā
抚摸	抚育	俯视	负极	附和	复发
fùgǔ	fùháo	fùxí	fùyì	fùcí	fùshí
复古	富豪	复习	复议	副词	副食
fùlì	fùzú	fùdì	géjú	gélǜ	gū'ér
富丽	富足	腹地	格局	格律	孤儿
gūjì	gūpì	gǔjí	gǔjì	gǔdì	gǔqì
孤寂	孤僻	古籍	古迹	谷地	骨气
gǔzhé	gùcǐ	gù'ér	gùtǔ	gùjí	gùjì
骨折	故此	故而	故土	顾及	顾忌
hèxǐ	húli	húxū	hùlì	hùlǐ	jīyù
贺喜	狐狸	胡须	互利	护理	机遇
jīzhì	jīfū	jīxù	jīshí	jīshù	jīnù
机智	肌肤	积蓄	基石	基数	激怒
jíqǔ	jídù	jíkè	jírì	jícù	jíshì
汲取	极度	即刻	即日	急促	急事
jísù	jíchí	jíkǔ	jǐzhù	jìshù	jìfǎ
急速	疾驰	疾苦	脊柱	计数	技法
jìdù	jì'ér	jìmǔ	jūní	jù'é	jùzhù
季度	继而	继母	拘泥	巨额	巨著
jùfǎ	jùmù	jùxī	jùpà	jùchǐ	jùhé
句法	剧目	据悉	惧怕	锯齿	聚合
kējǔ	kēmù	kēpǔ	kēshì	kěqǔ	kěwù
科举	科目	科普	科室	可取	可恶

kěxǐ	kèzhì	kèbó	kèhù	kèjī	kèyú
可喜	克制	刻薄	客户	客机	课余
kūqì	kǔlì	kǔsè	kǔyú	kùrè	lālì
哭泣	苦力	苦涩	苦于	酷热	拉力
lèqù	lèyì	lízhí	lǐfà	lǐkē	lìdù
乐趣	乐意	离职	理发	理科	力度
lìshū	lìzhì	lìzú	lìshǔ	lìshí	lùqǔ
历书	立志	立足	隶属	砾石	录取
lǔtú	mílù	míshī	míwù	mìbù	mìmǎ
旅途	迷路	迷失	迷雾	密布	密码
mǔyǔ	mù'ěr	mùfá	mùkè	mùyù	mùqū
母语	木耳	木筏	木刻	沐浴	牧区
mùdì	mùshì	mùsè	nígū	pīlù	pígé
墓地	墓室	暮色	尼姑	披露	皮革
pífá	pūbí	púyì	pǔshí	pǔchá	pǔfǎ
疲乏	扑鼻	仆役	朴实	普查	普法
qīzhà	qíshì	qítú	qǐshì	qǐbù	qǐsù
欺诈	歧视	歧途	启事	起步	起诉
qìdù	qìpò	qìsè	qìwù	qǔdì	qūchē
气度	气魄	气色	器物	取缔	驱车
qūchú	qǔmù	qǔlè	qǔshě	qùlù	rúqī
驱除	曲目	取乐	取舍	去路	如期
rúshí	rúyì	rùgǔ	rùmí	shāchē	shàshí
如实	如意	入股	入迷	刹车	霎时
shěqì	shèzú	shèqǔ	shèshí	shīlǐ	shīlì
舍弃	涉足	摄取	摄食	失礼	失利
shīyì	shījí	shījù	shīshě	shīrè	shízú
失意	诗集	诗句	施舍	湿热	十足
shíkè	shíkū	shípò	shícè	shídì	shíxí
石刻	石窟	识破	实测	实地	实习

shípǔ	shíyù	shǐcè	shǐshū	shìqì	shìyì
食谱	食欲	史册	史书	士气	示意
shìsú	shìlǐ	shìyí	shìjì	shìtí	shìlì
世俗	事理	事宜	试剂	试题	视力
shìdù	shūfǎ	shūjú	shūlǐ	shùzhī	shù'é
适度	书法	书局	梳理	树脂	数额
shùmǎ	sīlì	sīshú	sǐjì	sìjì	sìjī
数码	私立	私塾	死寂	四季	伺机
sìyì	tàbù	tèlì	tèqū	tèxǔ	tèzhì
肆意	踏步	特例	特区	特许	特质
tíbá	tíshì	tíkū	tící	tǐchá	tǐfá
提拔	提示	啼哭	题词	体察	体罚
tǐgé	tǐpò	túmǒ	tǔzhì	wúlǐ	wúxū
体格	体魄	涂抹	土质	无理	无须
wúyí	wǔshì	wǔyì	wǔbì	wǔqǔ	wǔzī
无遗	武士	武艺	舞弊	舞曲	舞姿
wùbì	wùqì	xīfú	xīrì	xībó	xīshì
务必	雾气	西服	昔日	稀薄	稀释
xīshū	xìzé	xūzhī	xūshí	xūwú	xùrì
稀疏	细则	须知	虚实	虚无	旭日
xùshù	xùshì	xùmù	yīshí	yīwù	yīshī
序数	叙事	畜牧	衣食	衣物	医师
yīzhì	yìchù	yìrì	yìzhǐ	yǔlù	yùchí
医治	益处	翌日	意旨	语录	浴池
yùshì	yùzhī	zájì	zájū	zhàqǔ	zhélǐ
浴室	预知	杂技	杂居	榨取	哲理
zhījǐ	zhītǐ	zhīwù	zhíbǐ	zhífǎ	zhíyì
知己	肢体	织物	执笔	执法	执意
zhíbō	zhídá	zhǐbù	zhǐyì	zhǐbì	zhìfú
直播	直达	止步	旨意	纸币	制服

zhìjì	zhìtú	zhìdì	zhìpǔ	zhìmì	zhìyì
制剂	制图	质地	质朴	致密	致意
zhìxī	zhìyù	zhùdì	zīlì	zīliào	zībǔ
窒息	智育	驻地	资历	资料	滋补
zìdà	zìfù	zìlǐ	zìlǜ	zìjì	zìjù
自大	自负	自理	自律	字迹	字句
zìyì	zújì	zǔgé	zǔjī	zǔsè	zǔqǔ
字义	足迹	阻隔	阻击	阻塞	组曲

二、复合元音韵母词语训练

（一）同韵词语训练

àidài	báicài	cǎidài	cǎipái	cǎizhāi	chāitái
爱戴	白菜	彩带	彩排	采摘	拆台
hǎidài	hǎitái	kāicǎi	pāimài	zāihài	bèilěi
海带	海苔	开采	拍卖	灾害	蓓蕾
fēiděi	fēizéi	féiměi	pèibèi	àonǎo	bǎodǎo
非得	飞贼	肥美	配备	懊恼	宝岛
bàodào	bàogào	bàozào	cāoláo	cǎogǎo	cǎomào
报道	报告	暴躁	操劳	草稿	草帽
chǎonào	dǎogào	dàocǎo	gāo'ào	gāochāo	gāokǎo
吵闹	祷告	稻草	高傲	高超	高考
gāoshāo	háotáo	hàozhào	lǎoshào	máocǎo	pǎodào
高烧	号啕	号召	老少	茅草	跑道
pāomáo	ràodào	táopǎo	tǎohǎo	tiàogāo	zāogāo
抛锚	绕道	逃跑	讨好	跳高	糟糕
zǎodào	zhāokǎo	chǒulòu	chóumóu	dǒusǒu	dōushòu
早稻	招考	丑陋	绸缪	抖擞	兜售
kǒutóu	kòutóu	lòudǒu	shōugòu	shǒuhòu	shòuhòu
口头	叩头	漏斗	收购	守候	售后

zǒugǒu	jiāyā	jiājià	jiǎyá	xiàjià	jiéyè
走狗	加压	加价	假牙	下架	结业
tiēqiè	xiéqiē	shuǎhuá	cuòguò	cuōtuó	duòluò
贴切	斜切	耍滑	错过	蹉跎	堕落
guóhuò	guòcuò	guòhuó	guòhuǒ	huózhuō	huǒguō
国货	过错	过活	过火	活捉	火锅
kuòchuò	nuòruò	shuòguǒ	tuōluò	tuóluó	juéjué
阔绰	懦弱	硕果	脱落	陀螺	决绝
juéxué	quèyuè	xuěyuè	yuēlüè	jiāoxiǎo	jiàoxiāo
绝学	雀跃	雪月	约略	娇小	叫嚣
jiàotiáo	liáoxiào	miǎoxiǎo	miáotiao	piāomiǎo	qiǎomiào
教条	疗效	渺小	苗条	缥缈	巧妙
tiáoliào	xiāoyáo	xiāotiáo	xiǎodiào	xiǎoniǎo	xiǎoqiǎo
调料	逍遥	萧条	小调	小鸟	小巧
xiàoliào	yǎotiǎo	jiǔliú	jiùyǒu	niúyóu	qiújiù
笑料	窈窕	久留	旧友	牛油	求救
xiùqiú	yōujiǔ	yōuxiù	huáichuāi	shuāihuài	wàikuài
绣球	悠久	优秀	怀揣	摔坏	外快
cuīhuǐ	chuíwēi	guīduì	huíguī	huíwèi	shuǐwèi
摧毁	垂危	归队	回归	回味	水位
tuìhuí	tuìwèi	tuìshuì	wěisuí	wèisuì	zuìwéi
退回	退位	退税	尾随	未遂	最为

（二）综合训练

àiguó	àihào	bǎituō	bāokuò	bǎoguì	bǎowèi
爱国	爱好	摆脱	包括	宝贵	保卫
bèihòu	bèigào	cāozuò	dàibiǎo	dàixiè	dàitóu
背后	被告	操作	代表	代谢	带头
dǎoméi	dàolái	dàoqiè	duìshǒu	gāoxiào	guījié
倒霉	到来	盗窃	对手	高校	归结

guīlái 归来	guīmó 规模	guǐdào 轨道	guóhuì 国会	guójiā 国家	guòhòu 过后
hòuhuǐ 后悔	hòulái 后来	huāduǒ 花朵	huāfèi 花费	huáqiáo 华侨	huàféi 化肥
huàxué 化学	huàjiā 画家	huáibào 怀抱	huǐmiè 毁灭	huìbào 汇报	huìhuà 会话
huóyuè 活跃	huǒchái 火柴	jiākuài 加快	jiǎshuō 假说	jiāodài 交代	jiāoliú 交流
jiāo'ào 骄傲	jiǎoluò 角落	jiǎoxià 脚下	jiàozuò 叫作	jiàocái 教材	jiàodǎo 教导
jiàoshòu 教授	jiàoxué 教学	jiēdài 接待	jiēshōu 接收	jiēshòu 接受	jiēdào 街道
jiētóu 接头	jiézòu 节奏	jiébái 洁白	jiégòu 结构	jiéguǒ 结果	jiěmèi 姐妹
jiěpōu 解剖	jiětuō 解脱	jièshào 介绍	jièkǒu 借口	jiùguó 救国	juéduì 绝对
kāikuò 开阔	kāishuǐ 开水	kāituò 开拓	kuàiyào 快要	lèishuǐ 泪水	liáokuò 辽阔
liǎojiě 了解	liúxué 留学	liúpài 流派	liúshuǐ 流水	liúxuè 流血	méiyǒu 没有
méitóu 眉头	méijiè 媒介	měihǎo 美好	měimiào 美妙	nèiwài 内外	páiliè 排列
qiàhǎo 恰好	quēshǎo 缺少	quèbǎo 确保	shāowēi 稍微	shōuhuí 收回	shōuhuò 收获
shōusuō 收缩	shǒujiǎo 手脚	shǒuyào 首要	shòuliè 狩猎	shuāilǎo 衰老	shuǐdào 水稻
shuǐguǒ 水果	shuǐliú 水流	shuìshōu 税收	shuìjiào 睡觉	shuōhuà 说话	suīshuō 虽说
suíhòu 随后	suìyuè 岁月	táitóu 抬头	tiáoyuē 条约	tiáojié 调节	tiáojiě 调解

tiàoyuè	tuīxiāo	tuìhuà	tuìxiū	wàiguó	wàihuì
跳跃	推销	退化	退休	外国	外汇
wàijiāo	wēihài	wēiruò	wēixiǎo	wēixiào	wéishǒu
外交	危害	微弱	微小	微笑	为首
wéibèi	wéijiǎo	wéirào	wéixiū	wěituō	wèilái
违背	围剿	围绕	维修	委托	未来
xiá'ài	xiázhǎi	xiàliè	xiàyóu	xiāofèi	xiāohào
狭隘	狭窄	下列	下游	消费	消耗
xiāohuà	xiāoshòu	xiǎomài	xiǎoxué	xiàohua	xiàoguǒ
消化	销售	小麦	小学	笑话	效果
xiéhuì	xiétiáo	xiézuò	xiédài	xiězuò	xiūgǎi
协会	协调	协作	携带	写作	修改
xuēruò	xuéhuì	xuépài	xuéxiào	xuěbái	xuěhuā
削弱	学会	学派	学校	雪白	雪花
yāoqiú	yáotóu	yěshòu	yěwài	yètài	yōuměi
要求	摇头	野兽	野外	业态	优美
yōuyuè	yóuwéi	yóupiào	yóuhuà	yǒuhǎo	yǒuxiào
优越	尤为	邮票	油画	友好	有效
yòushǒu	yòumiáo	yòudǎo	yuèqiú	yuèduì	yuèguò
右手	幼苗	诱导	月球	乐队	越过
zàijiā	zhāodài	zhàokāi	zhuīqiú	zhuóyuè	zhuóshǒu
在家	招待	召开	追求	卓越	着手
zuìhòu	zuǒshǒu	zuòjiā	zuòyè	zuòbiāo	zuòwèi
最后	左手	作家	作业	坐标	座位

三、鼻辅音韵母词语训练

（一）同韵词语训练

àndàn	ànrán	bānlán	bàn'àn	cānzhǎn	cǎn'àn
暗淡	黯然	斑斓	办案	参展	惨案

第六章 普通话水平测试词语训练

cànlàn	dānchǎn	dāngàn	dànrán	fān'àn	fǎngǎn
灿烂	单产	单干	淡然	翻案	反感
fànlàn	gānhàn	gǎnrǎn	gǎntàn	gǎnlǎn	hánzhàn
泛滥	干旱	感染	感叹	橄榄	寒战
hànshān	hànrán	kāntàn	lángān	lǎnhàn	lǎnsǎn
汗衫	悍然	勘探	栏杆	懒汉	懒散
mángàn	nánchǎn	nánkān	nánkàn	pāntán	sǎnmàn
蛮干	难产	难堪	难看	攀谈	散漫
shànzhàn	tānlán	tānfàn	tǎnrán	zàntàn	zhānrǎn
善战	贪婪	摊贩	坦然	赞叹	沾染
zhǎnlǎn	zhànfàn	běnfèn	běnrén	chénmèn	ēnrén
展览	战犯	本分	本人	沉闷	恩人
fěnchén	fènhèn	gēnběn	ménzhěn	rénshēn	rènzhēn
粉尘	愤恨	根本	门诊	人参	认真
shēnfèn	shēnchén	shěnshèn	zhènfèn	bīnlín	jìnxīn
身份	深沉	审慎	振奋	濒临	尽心
jìnlín	jìnqīn	línjìn	mínxīn	pīnyīn	pínmín
近邻	近亲	临近	民心	拼音	贫民
qīnjìn	qīnlín	xīnqín	xīnjìn	xīnjīn	xìnxīn
亲近	亲临	辛勤	新近	薪金	信心
yīnqín	yǐnjìn	jūnxùn	jūnyún	biānyán	biànqiān
殷勤	引进	军训	均匀	边沿	变迁
diànxiàn	diànniàn	jiānxiǎn	jiǎnmiǎn	jiǎnyàn	jiǎnbiàn
电线	惦念	艰险	减免	检验	简便
jiǎnliàn	jiànbiàn	liánmián	liǎnmiàn	miányán	miántián
简练	渐变	连绵	脸面	绵延	棉田
miànqián	niánjiān	niánxiàn	piànmiàn	piānjiàn	qiānlián
面前	年间	年限	片面	偏见	牵连
qiánmiàn	qiánnián	qiántiān	qiánxiàn	qiányán	qiǎnxiǎn
前面	前年	前天	前线	前沿	浅显

157

tiānbiān	tiānxiàn	xiānyàn	xiǎnxiàn	xiǎnyǎn	yánxiàn
天边	天线	鲜艳	显现	显眼	沿线
yántián	yánmiàn	yǎnjiǎn	yǎnqián	yǎnbiàn	guànchuān
盐田	颜面	眼睑	眼前	演变	贯穿
huànguān	huànsuàn	suānruǎn	wǎnzhuǎn	zhuānduàn	zhuānkuǎn
宦官	换算	酸软	婉转	专断	专款
zhuǎnhuàn	zhuǎnwān	quánquán	quányuán	Xuānyuán	yuānyuán
转换	转弯	拳拳	泉源	轩辕	渊源
yuánquān	yuánquán	hùndùn	lùnwén	wēncún	wēnshùn
圆圈	源泉	混沌	论文	温存	温顺
bāngmáng	cāngsāng	cāngmáng	chǎngzhǎng	dāngchǎng	sāngzàng
帮忙	沧桑	苍茫	厂长	当场	丧葬
shàngzhǎng	tàngshāng	hángdang	fēngshèng	fēngshēng	fēngzheng
上涨	烫伤	行当	丰盛	风声	风筝
kēngshēng	bìngqíng	dìngxíng	jīngyíng	jīngxǐng	jīnglíng
吭声	病情	定型	经营	惊醒	精灵
língtīng	língxíng	mìnglìng	mìngtí	píngjìng	píngxíng
聆听	菱形	命令	命题	平静	平行
qīngtīng	qīngjìng	qīngxíng	qīngpíng	qíngjìng	xíngxīng
倾听	清净	轻型	清平	情境	行星
xìngmíng	xìngqíng	yǐngxīng	chōngdòng	cóngróng	cóngzhōng
姓名	性情	影星	冲动	从容	从中
gòngtóng	hōngdòng	kǒnglóng	lóngzhòng	nóngzhòng	tōnghóng
共同	轰动	恐龙	隆重	浓重	通红
zǒngtǒng	jiǎngxiàng	jiàngxiāng	liǎngyàng	liángxiǎng	liàngqiàng
总统	奖项	酱香	两样	粮饷	踉跄
qiángxiàng	qiángjiàng	yángxiàng	qióngjiǒng	xiōngyǒng	kuángwàng
强项	强将	洋相	穷窘	汹涌	狂妄

（二）综合训练

ānwěn	ànqíng	ángyáng	bānqiān	bǎnběn	bànyuán
安稳	案情	昂扬	搬迁	版本	半圆
bānggōng	běnháng	bènzhòng	biānfáng	biānzuǎn	biǎndan
帮工	本行	笨重	边防	编纂	扁担
biànhuàn	biànlùn	bīngdiǎn	bīngxiāng	bīngtuán	bìngjiān
变换	辩论	冰点	冰箱	兵团	并肩
bìngchéng	bìngchuáng	cāntiān	cánjú	cǎntòng	cānghuáng
病程	病床	参天	残局	惨痛	仓皇
cāngqióng	cángshēn	chánzōng	chàndòng	chāngkuáng	chángpiān
苍穹	藏身	禅宗	颤动	猖狂	长篇
chángrén	chǎngshāng	chǎngjǐng	chàngwǎng	chàngpiàn	chénjìng
常人	厂商	场景	怅惘	唱片	沉静
chéngguāng	chènshān	chēngsòng	chéngpǐn	chéngxiàng	chéngrán
晨光	衬衫	称颂	成品	丞相	诚然
chuānkǒng	chuánlìng	chuàngkān	cūnmín	cúnwáng	dānshēn
穿孔	传令	创刊	村民	存亡	单身
dànchén	dànpiàn	dāngmiàn	dǎngtuán	dàngyàng	dēngshān
诞辰	弹片	当面	党团	荡漾	登山
děngtóng	dèngyǎn	diǎnfàn	diànlíng	dìnghūn	dìnglùn
等同	瞪眼	典范	电铃	订婚	定论
dòngdàng	dòngchuāng	fānchuán	fāngǔn	fánmèn	fánxīng
动荡	冻疮	帆船	翻滚	烦闷	繁星
fǎnguāng	fǎnzhèng	fǎnhuán	Fànwén	fànrén	fàntīng
反光	反证	返还	梵文	犯人	饭厅
fāngyuán	fāngxiāng	fánghóng	fàngrèn	fàngkuān	fēnxiǎng
方圆	芳香	防洪	放任	放宽	分享
fēnxiǎo	fēnzá	fēnzhēng	fěnhóng	fènyǒng	fènrán
分晓	纷杂	纷争	粉红	奋勇	愤然

fēngchǎn	fēnghán	fēngyún	fēngmiàn	fēngmáng	fēngfáng
丰产	风寒	风云	封面	锋芒	蜂房
gānbīng	gǎnxiǎng	gāngqiáng	gēngyún	gēngzhòng	gōngfēn
干冰	感想	刚强	耕耘	耕种	工分
gōngxūn	gōngxiàn	gōngzhàn	gōngyǎng	gōngdiàn	gōngjìng
功勋	攻陷	攻占	供养	宫殿	恭敬
gòngcún	gòngxìng	gòngfèng	guānmén	guānshǎng	guānbàn
共存	共性	供奉	关门	观赏	官办
guànyòng	guānglín	hánjìn	hángqíng	hángchuán	hěnxīn
惯用	光临	寒噤	行情	航船	狠心
héngdìng	héngwēn	hōngmíng	hóngyáng	hóngrùn	hóngliàng
恒定	恒温	轰鸣	弘扬	红润	洪亮
huānsòng	huànxiàng	huànyǐng	huànxǐng	huànsàn	huángyīng
欢送	幻象	幻影	唤醒	涣散	黄莺
huángkǒng	hūn'àn	hùntóng	hùnzhàn	jiānduān	jiānzhēn
惶恐	昏暗	混同	混战	尖端	坚贞
jiāngōng	jiānrèn	jiǎnchǎn	jiànduàn	jiànjiàng	jiànshǎng
监工	兼任	减产	间断	健将	鉴赏
jiāngshān	jiāngyìng	jiǎngchéng	jiàngshēng	jiàngwēn	jīngāng
江山	僵硬	奖惩	降生	降温	金刚
jìngòng	jìnpáng	jìnshēng	jīngchéng	jīngshāng	jīngtàn
进贡	近旁	晋升	京城	经商	惊叹
jīngjiǎn	jǐngkuàng	jǐngguān	jìngpiàn	jūngōng	kānguǎn
精简	景况	警官	镜片	军功	看管
kànbìng	kànghéng	kěnhuāng	kōngxiǎng	kōngxīn	kòngxián
看病	抗衡	垦荒	空想	空心	空闲
kuānróng	kuángbēn	kuàngshān	lànyòng	lǎngsòng	lěngnuǎn
宽容	狂奔	矿山	滥用	朗诵	冷暖
liánhuán	liǎnpáng	liànbīng	liànrén	liángxìng	liángshuǎng
连环	脸庞	练兵	恋人	良性	凉爽

liángcāng	liàngguāng	liàngxiàng	língtōng	língrǔ	língxī
粮仓	亮光	亮相	灵通	凌辱	灵犀
língyáng	língdiǎn	lǐngxiān	mǎnqiāng	mángluàn	mángcóng
羚羊	零点	领先	满腔	忙乱	盲从
ménbǎn	méngdòng	mèngxiāng	mèngxiǎng	miàntán	mínfáng
门板	萌动	梦乡	梦想	面谈	民房
mínshēng	míngdān	mínglǎng	mìngzhòng	nénggàn	nóngkěn
民生	名单	明朗	命中	能干	农垦
nóngxián	pāndēng	pánxuán	pànxíng	pànbiàn	pángrén
农闲	攀登	盘旋	判刑	叛变	旁人
pénjǐng	pànluàn	pǐncháng	píngzhěng	píngfēn	píngjiǎng
盆景	叛乱	品尝	平整	评分	评奖
píngkōng	píngzhèng	píngfēng	píngzhàng	qiāndòng	qiánchéng
凭空	凭证	屏风	屏障	牵动	虔诚
qiáncáng	qiángjiàn	qiánggēn	qiǎngzhàn	qīnpéng	qīngbiàn
潜藏	强健	墙根	抢占	亲朋	轻便
qīngshuǎng	qīngxián	qióngjìn	qióngkùn	quánhéng	quánnéng
清爽	清闲	穷尽	穷困	权衡	全能
rénmìng	rěntòng	rěnxīn	rèntóng	rènmiǎn	rènyòng
人命	忍痛	忍心	认同	任免	任用
róngxìng	róngyán	sǎngyīn	shānchuān	shānlǐng	shǎnxiàn
荣幸	容颜	嗓音	山川	山岭	闪现
shānghén	shāngchuán	shāngdìng	shàngzhèn	shēnzhǎn	shēnzhāng
伤痕	商船	商定	上阵	伸展	伸张
shēnduàn	shēnqiǎn	shēnshān	shénxiàng	shěndìng	shēngjiàng
身段	深浅	深山	神像	审定	升降
shēngbìng	shèngzhuāng	shuāngbiān	shùnyǎn	shùnyìng	sōngdòng
生病	盛装	双边	顺眼	顺应	松动
sōngruǎn	sòngxíng	sòngyáng	suāntòng	suànzhàng	tānhuàn
松软	送行	颂扬	酸痛	算账	瘫痪

tántiān	tànxún	téngkōng	tiānmíng	tiányuán	tiánkòng
谈天	探寻	腾空	天明	田园	填空
tīngcóng	tíngyuàn	tíngbàn	tōngfēng	tōngxíng	tónggǎn
听从	庭院	停办	通风	通行	同感
tónglíng	tǒnglǐng	tòngxīn	tūnbìng	tūnyàn	wángōng
同龄	统领	痛心	吞并	吞咽	完工
wánshǎng	wāngyáng	wǎngdiǎn	wǎngcháng	wénfēng	wěnchǎn
玩赏	汪洋	网点	往常	文风	稳产
xiānjìng	xiānxíng	xiántán	xiánchuāng	xiǎnjùn	xiàndìng
仙境	先行	闲谈	舷窗	险峻	限定
xiànzhāng	xiāngqīn	xiāngchuán	xiāngjiàn	xiāngtián	xiángjìn
宪章	乡亲	相传	相间	香甜	详尽
xiǎngyòng	xiàngpiàn	xiàngxíng	xīnfán	xìnfēng	xīngwàng
享用	相片	象形	心烦	信封	兴旺
xīngguāng	xíngchuán	xìngyùn	xiōngměng	xiōngtáng	xióngbiàn
星光	行船	幸运	凶猛	胸膛	雄辩
xuànfēng	xúngēn	xúnjǐng	xùnyǎng	yántán	yáncéng
旋风	寻根	巡警	驯养	言谈	岩层
yǎnkuàng	yāngtián	yángcōng	yǎngbìng	yīnlěng	yǐnzhèng
眼眶	秧田	洋葱	养病	阴冷	引证
yǐnhuàn	yíngzhàn	yíngguāng	yǐngxiàng	yìngbiàn	yǒngshēng
隐患	迎战	荧光	影像	应变	永生
yǒngměng	yuánlín	yuánběn	yuǎnháng	zànxíng	zàngshēn
勇猛	园林	原本	远航	暂行	葬身
zēngyuán	zhǎnwàng	zhǎngxiàng	zhǎngguǎn	zhàngliáng	zhēnpǐn
增援	展望	长相	掌管	丈量	珍品
zhēnqíng	zhènxiàn	zhèndàng	zhèndìng	zhēngduān	zhěngxíng
真情	阵线	震荡	镇定	争端	整形
zhèngwén	zhèngjiàn	zhōngcéng	zhòngtián	zǒngguǎn	zònghéng
正文	证件	中层	种田	总管	纵横

四、词语对比训练

（一）i、ü 词语对比训练

bǐlǜ	bǐyù	bìnǚ	bìlǜ	dìyù	jíqǔ
比率	比喻	婢女	碧绿	地狱	汲取
jíjù	jìyǔ	qíqū	qǐjū	qìjù	qìxū
集聚	寄予	崎岖	起居	器具	气虚
xīyù	xīxū	yílǜ	yíjū	yìyù	jǔlì
西域	唏嘘	疑虑	移居	抑郁	举例
jùxī	jùjī	lǜdì	qūtǐ	qǔyì	qǔdì
据悉	聚积	绿地	躯体	曲艺	取缔
xūnǐ	xùjī	xùyì	yǔjì	yǔyī	yùyì
虚拟	蓄积	蓄意	雨季	雨衣	寓意

（二）ai、ei 词语对比训练

bàiběi	báifèi	zāipéi	bēi'āi	bēidài	nèizài
败北	白费	栽培	悲哀	背带	内在
ǎixiǎo	bǎihuò	bǎiyóu	cáihuá	cáijué	cǎihuì
矮小	百货	柏油	才华	裁决	彩绘
chāihuǐ	dàihào	gǎikǒu	hǎidǎo	kāiqiào	màiluò
拆毁	代号	改口	海岛	开窍	脉络
nǎiyóu	páiqiú	táijiē	zàihuì	běiguó	fēiyuè
奶油	排球	台阶	再会	北国	飞越
fèihuà	lèihuā	léibào	lèibié	měijiǔ	nèihǎi
废话	泪花	雷暴	类别	美酒	内海

（三）an、ang 词语对比训练

ānfàng	ānzàng	àncáng	cánsāng	chǎnfáng	dānchǎng
安放	安葬	暗藏	蚕桑	产房	单场

fánmáng	fǎnháng	gǎnshāng	àngrán	bàngwǎn	dàngwǎn
繁忙	返航	感伤	盎然	傍晚	当晚
dāngrán	gànggǎn	làngmàn	bāngbàn	chángshān	chángtàn
当然	杠杆	浪漫	帮办	长衫	长叹
chàngtán	fángfàn	fánghán	fángchǎn	gāngbǎn	kànghàn
畅谈	防范	防寒	房产	钢板	抗旱
bāndiǎn	bǎnquán	cānzhèng	cāntīng	cǎnzhòng	chánmián
斑点	版权	参政	餐厅	惨重	缠绵
dǎnliàng	fānténg	fánrén	gānyuàn	hánxuān	kànchuān
胆量	翻腾	凡人	甘愿	寒暄	看穿
mǎnxīn	mànyán	pānyuán	pánwèn	shānluán	zhànluàn
满心	蔓延	攀缘	盘问	山峦	战乱
cāngtiān	chánghuán	chǎngkuàng	fàngyǎn	gāngjīn	gǎngwān
苍天	偿还	厂矿	放眼	钢筋	港湾
hángxiàn	kàngzhēng	mángrén	shāngfàn	shàngděng	zhàngběn
航线	抗争	盲人	商贩	上等	账本

（四）en、eng 词语对比训练

bēnténg	chénfēng	fēnzhēng	chéngfèn	dēngmén	běnqián
奔腾	尘封	纷争	成分	登门	本钱
bēnyǒng	chénlún	chéntòng	fēnmiǎn	fēnqīng	fènzhàn
奔涌	沉沦	沉痛	分娩	分清	奋战
ménkuàng	rénshēng	rénwén	shēnxìn	shēnyuān	shénlíng
门框	人声	人文	深信	深渊	神灵
zhēnjūn	zhènyíng	zhènchàn	chéngqīn	chéngmíng	dēnglong
真菌	阵营	震颤	成亲	成名	灯笼
dēngchǎng	fēngnián	fēngfān	fēngxiàng	héngguàn	héngxíng
登场	丰年	风帆	风向	横贯	横行
lěngdòng	lěngyǎn	měngrán	mènghuàn	pèngzhuàng	shēngmíng
冷冻	冷眼	猛然	梦幻	碰撞	声名

shèngmíng	zhēngmíng	zhēngxún	zhěngbiān	zhèngquàn	zhèngbiàn
盛名	争鸣	征询	整编	证券	政变

（五）in、ing 词语对比训练

jìnxìng	jìnyǐng	jìnlìng	pǐnxíng	xīnjìng	xīnqíng
尽兴	近影	禁令	品行	心境	心情
xīnxíng	bìngjìn	bìngyīn	píngmín	jīngxīn	jīnhuáng
新型	并进	病因	平民	精心	金黄
jìnfàn	línzhōng	mínzhèng	xīnténg	xīnfáng	xìnhán
进犯	临终	民政	心疼	新房	信函
yīnsēn	yīnliàng	yǐnshēn	yìnzhāng	bīngshān	bìnglián
阴森	音量	引申	印章	冰山	并联
xīngshèng	bìngtòng	dǐngshèng	dìngzhèng	dìngdiǎn	jīngxiǎn
兴盛	病痛	鼎盛	订正	定点	惊险
jīngzhàn	jǐngquǎn	jìngxuǎn	língchén	míngrén	qīngxiāng
精湛	警犬	竞选	凌晨	名人	清香
qíngyuàn	tīngjiǎng	tíngzhàn	tǐngshēn	xīngkōng	xìngmiǎn
情愿	听讲	停战	挺身	星空	幸免

（六）uan、uang 词语对比训练

guāngguāng	guānwàng	guānghuán	guǎngchuán	zhuàngduàn	huángguān
观光	观望	光环	广传	撞断	皇冠
chuánshén	chuáncāng	guānchǎng	huānxīn	huánxíng	huǎnchōng
传神	船舱	官场	欢心	环形	缓冲
huàndēng	kuǎnxiàng	wǎnnián	zhuānchéng	chuānglián	chuángdān
幻灯	款项	晚年	专程	窗帘	床单
chuàngjiàn	guāngnéng	huāngzhāng	huǎngyán	kuángfēng	kuànggōng
创建	光能	慌张	谎言	狂风	旷工
kuàngcáng	shuāngdòng	shuǎnglǎng	wǎngfǎn	wàngxiǎng	zhuāngzhòng
矿藏	霜冻	爽朗	往返	妄想	庄重

（七）in、ian 词语对比训练

jìnyān	xìnjiàn	yīnbiàn	qínjiǎn	yǐnpiàn	jiànjìn
禁烟	信件	音变	勤俭	饮片	渐进
jiānxìn	xiānjìn	liánmǐn	yánjǐn	qiānjīn	xiànjīn
坚信	先进	怜悯	严谨	千金	现今
diǎnxin	diànxìn	jīntiē	jǐnpò	jǐnxiù	línshè
点心	电信	津贴	紧迫	锦绣	邻舍
línmó	línpiàn	mínyáo	mǐnmiè	pǐnwèi	qīnpèi
临摹	鳞片	民谣	泯灭	品味	钦佩
qǐnshì	xīntài	yǐnliào	yǐnyuē	biānyuǎn	biānzhuàn
寝室	心态	饮料	隐约	边远	编撰
biànzhǒng	biànzhèng	diǎnmíng	jiānguǎn	jiānbìng	jiǎnmíng
变种	辩证	点名	监管	兼并	简明
jiànzhèng	liánhuān	miányáng	miànfěn	qiānxùn	qiántǐng
见证	联欢	绵羊	面粉	谦逊	潜艇
qiǎntān	tiānxìng	tiángěng	xiānnèn	xiǎnqíng	xiànzhèng
浅滩	天性	田埂	鲜嫩	险情	宪政

（八）ün、üan 词语对比训练

jūnquán	jūnděng	jūnzǐ	jùnměi	jùnmǎ	qúnzi
军权	均等	君子	俊美	骏马	裙子
qúndǎo	xúnmì	xúnhuí	xùnchì	xùnqī	xùnfú
群岛	寻觅	巡回	训斥	汛期	驯服
quánpán	quánwén	xuānchēng	juānkuǎn	juān zèng	juànliàn
全盘	全文	宣称	捐款	捐赠	眷恋
quāntào	quánguì	quánmào	quánjī	quánsuō	quànjiě
圈套	权贵	全貌	拳击	蜷缩	劝解
xuānshì	xuānnào	xuánkōng	xuǎnpiào	xuànyào	xuànlì
宣誓	喧闹	悬空	选票	炫耀	绚丽

（九）ian、üan 词语对比训练

diànquān	yǎnquān	yǎnyuán	juānxiàn	quányǎn	juànmiàn
垫圈	眼圈	演员	捐献	泉眼	卷面
quánnián	quánlián	quántiān	quánxiàn	xuānyán	quánmiàn
全年	全连	全天	权限	宣言	全面
quánxiàn	yuánxiān	biàntōng	jiǎnbiàn	liánguàn	miànróng
全县	原先	变通	简便	连贯	面容
qiánkūn	xiánsǎn	yānchén	yánhuǎn	yǎnyìng	yuándīng
乾坤	闲散	烟尘	延缓	掩映	园丁
yuánmǎn	yuǎnjǐng	xuánniàn	quàngào	quǎnchǐ	juānshuì
圆满	远景	悬念	劝告	犬齿	捐税

（十）uan、uen 词语对比训练

wǎnhūn	chuánwén	wénguān	wēnwǎn	chuānxíng	chuánchéng
晚婚	传闻	文官	温婉	穿行	传承
chuányuán	duǎnpǎo	duànluò	guānmó	guǎnjiā	guànlì
船员	短跑	段落	观摩	管家	惯例
huānhū	huànqǔ	kuāndù	kuǎnshì	luǎnshí	nuǎnliú
欢呼	换取	宽度	款式	卵石	暖流
tuānjí	tuányuán	wánshuǎ	wǎnxiá	cūnzhèn	cúnfàng
湍急	团员	玩耍	晚霞	村镇	存放
hūnmí	húnzhuó	hùnzá	kūnqǔ	kùnhuò	lúnxiàn
昏迷	浑浊	混杂	昆曲	困惑	沦陷
lùntán	shùnbiàn	wénbǐ	wénlǐ	wěntuǒ	wènhào
论坛	顺便	文笔	纹理	稳妥	问号

第三节　词语声调分类辨读

一、双音节词语训练

（一）阴平＋阴平

ānchā	bājiāo	bāozā	bēishāng	bīzhēn	biāoqiān
安插	芭蕉	包扎	悲伤	逼真	标签
bīngjīng	chāyāo	chōngjī	chūshān	chuāngbā	chūngēng
冰晶	叉腰	冲积	出山	疮疤	春耕
dānyōu	dānfāng	dāngguī	dāoqiāng	dīwēi	dōngfēng
担忧	单方	当归	刀枪	低微	东风
duōkuī	fēnfāng	fēngxiāng	gānbīng	gāngjīn	gāoshēn
多亏	芬芳	风箱	干冰	钢筋	高深
gēxīng	gōngxūn	guīzhāng	hōngtuō	jiānzhēn	jiāofēng
歌星	功勋	规章	烘托	坚贞	交锋
jiētī	jīnghuāng	jīngtōng	jūgōng	ōugē	pāndēng
阶梯	惊慌	精通	鞠躬	讴歌	攀登
pēngjī	piānjī	piānzhāng	piēkāi	qīxī	shēnsuō
抨击	偏激	篇章	撇开	栖息	伸缩
shēnggēn	shēngbō	shīzōng	shīzī	shūzhāng	shūsōng
生根	声波	失踪	师资	舒张	疏松
tōngfēng	tuōshēn	tuōxiāo	wēifēng	wēnchā	wēnxīn
通风	脱身	脱销	微风	温差	温馨
xīzhuāng	xīxū	xīdēng	xiānfēng	xiāngyīn	xiānggān
西装	唏嘘	熄灯	先锋	乡音	相干
xiāoyān	xiāozhāng	xīnhuāng	xīnxīng	xīngshuāi	xiōngqiāng
硝烟	嚣张	心慌	新星	兴衰	胸腔

xuānchēng	xuānxiāo	xūnzhāng	yījīn	yōushāng	yōushēn
宣称	喧嚣	勋章	衣襟	忧伤	幽深
zāihuāng	zāoyāng	zēngshēng	zhāgēn	zhāngtiē	zhāoxī
灾荒	遭殃	增生	扎根	张贴	朝夕
zhēnxī	zhēnjūn	zhēngduān	zhōngyōng	zhōngduān	zhōngshēng
珍惜	真菌	争端	中庸	终端	终生
zhōngxīn	zhōushēn	zhuānqū	zhuāngxiū	zhuīzōng	zūnchēng
衷心	周身	专区	装修	追踪	尊称

（二）阴平 + 阳平

ānníng	bānlán	bīngbáo	cānghuáng	chāocháng	chūmíng
安宁	斑斓	冰雹	仓皇	超常	出名
chuīfú	dēngtái	duānxiáng	fāchóu	fēnyún	fēnwéi
吹拂	登台	端详	发愁	纷纭	氛围
fēngyú	fēngxíng	fēngfáng	gāngqiáng	gāolíng	gōngmíng
丰腴	风行	蜂房	刚强	高龄	功名
gōuqú	guānmó	hōngrán	huāngwú	huāngmáng	jīyuán
沟渠	观摩	轰然	荒芜	慌忙	机缘
jiāozhuó	jūliú	jūnyíng	kūjié	pānyuán	pībó
焦灼	拘留	军营	枯竭	攀缘	批驳
piānpáng	pūbí	qīnlín	qīngtái	qīngróu	qīngmíng
偏旁	扑鼻	亲临	青苔	轻柔	清明
qīngtíng	qiūlíng	shānliáng	shānghén	shēnyín	shēngténg
蜻蜓	丘陵	山梁	伤痕	呻吟	升腾
shīlíng	shuāiwáng	tāntú	tōngxíng	tuīchí	wāqián
失灵	衰亡	贪图	通行	推迟	挖潜
wēiwáng	wōliú	wūyán	xībó	xīliú	xiānmáo
危亡	涡流	屋檐	稀薄	溪流	纤毛

xiānhóng	鲜红	xiāngfú	相符	xiāngtián	香甜	xiāngfáng	厢房	xiāoróng	消融	xīnxián	心弦
xīnrán	欣然	xīngwáng	兴亡	xiōngcán	凶残	xiōngtáng	胸膛	xūyú	须臾	xūntáo	熏陶
yānhóng	嫣红	yāngqiú	央求	yāngmiáo	秧苗	yāoxié	要挟	yīzhuó	衣着	yīnmái	阴霾
yīnqín	殷勤	yīngmíng	英明	yōngsú	庸俗	yōuchóu	忧愁	yōulíng	幽灵	yōuyáng	悠扬
yuānyuán	渊源	zāiqíng	灾情	zhānlián	粘连	zhāolái	招徕	zhēncáng	珍藏	zhēnqíng	真情
zhēnzhuó	斟酌	zhēngmíng	争鸣	zhēngjié	症结	zhēngliú	蒸馏	zhōngjié	终结	zhuānghuáng	装潢

（三）阴平 + 上声

ānfǔ	安抚	bāoguǒ	包裹	bēnyǒng	奔涌	biāndǎo	编导	biāobǎng	标榜	bīngfǎ	兵法
cānglǎo	苍老	chāishǐ	差使	chōngjǐng	憧憬	chōuqǔ	抽取	chūpǐn	出品	chuāngkǒu	创口
chuīpěng	吹捧	dēngchǎng	登场	diānbǒ	颠簸	diāobǎo	碉堡	fēitǐng	飞艇	fēnmiǎn	分娩
fēngcǎi	风采	fēnghuǒ	烽火	fūqiǎn	肤浅	fūyǎn	敷衍	gāngbǐ	钢笔	gāosǒng	高耸
gōngzhǒng	工种	gōngdǎ	攻打	gōngyǎng	供养	gōuhuǒ	篝火	guānchǎng	官场	huāpǔ	花圃
jiāfǎng	家访	jiāngsǐ	僵死	jīngxiǎn	惊险	jīngjiǎn	精简	jūnshǔ	军属	kānguǎn	看管
kāngkǎi	慷慨	kēdǒu	蝌蚪	kuānchǎng	宽敞	qīchǔ	凄楚	qīwǔ	欺侮	qiāodǎ	敲打
qīngjiǎo	倾角	qīngtǔ	倾吐	qīnglěng	清冷	qīngzǎo	清早	qūjiě	曲解	qūrǔ	屈辱

shāngtǎo	shēchǐ	shēnqiǎn	shīshě	shūniǔ	shuāngyǔ
商讨	奢侈	深浅	施舍	枢纽	双语
sīcǔn	sīhuǐ	sōngsǎn	sōusuǒ	suānyǔ	suōjiǎn
思忖	撕毁	松散	搜索	酸雨	缩减
tōulǎn	tuīyǎn	tuōguǎn	xīshǔn	xīyǒu	xiānměi
偷懒	推演	托管	吸吮	稀有	鲜美
xiāngfǎng	xiāoqiǎn	xiāohuǐ	xiōngměng	xiūzhěng	xiūchǐ
相仿	消遣	销毁	凶猛	修整	羞耻
xūwěi	xuānjiǎng	xuānrǎng	xuējiǎn	yānhuǒ	yīngyǔn
虚伪	宣讲	喧嚷	削减	烟火	应允
yōngzhǒng	zēngbǔ	zhānrǎn	zhānyǎng	zhāngfǎ	zhēdǎng
臃肿	增补	沾染	瞻仰	章法	遮挡
zhēngchǎo	zhītǐ	zhīfěn	zhōngzhuǎn	zhūwǎng	zhuāngdiǎn
争吵	肢体	脂粉	中转	蛛网	装点

（四）阴平 + 去声

ānyì	āoxiàn	biēqì	bēiliè	bēizhuàng	biāncè
安逸	凹陷	憋气	卑劣	悲壮	鞭策
bīngdòng	cāicè	cāoliàn	chēngwèi	chōngxuè	chōuqì
冰冻	猜测	操练	称谓	充血	抽泣
chuīzòu	cuīcù	dāizhì	dāngzhòng	fājiào	gāodàng
吹奏	催促	呆滞	当众	发酵	高档
gōngxiào	gōngxiàn	gūpì	guīfù	hānshuì	hūxiào
功效	攻陷	孤僻	归附	酣睡	呼啸
huāngmiù	jīxiào	jīluò	jījiàn	jiānjù	jiāohù
荒谬	讥笑	击落	肌腱	间距	交互
jīng'è	jūshù	kēngdào	kūzào	kuānwèi	pāimài
惊愕	拘束	坑道	枯燥	宽慰	拍卖
pānfù	piējiàn	pūshè	qiānxùn	qiānzhèng	qīnpèi
攀附	瞥见	铺设	谦逊	签证	钦佩

qīnglài	qīngxìn	qūsàn	qūgàn	shādìng	shānjiàn
青睐	轻信	驱散	躯干	纱锭	山涧
shāngquè	shēngxiào	shēnglàng	shīdì	shīkòng	shōufù
商榷	生肖	声浪	湿地	失控	收付
shuāibài	sīxiàn	sīlǜ	tānhuàn	tōngchàng	wēimiào
衰败	丝线	思虑	瘫痪	通畅	微妙
wēnshì	xījì	xīfàn	xiānxì	xiānnèn	xiāngzhèn
温室	希冀	稀饭	纤细	鲜嫩	乡镇
xiāngchèn	xīnwèi	xīnjìn	xīngshèng	xiūdìng	xiūkuì
相称	欣慰	新近	兴盛	修订	羞愧
xūhuàn	xuějià	yāyùn	yīzhàng	yīnxùn	yīnqiè
虚幻	削价	押韵	依仗	音讯	殷切
yīngjiè	yōushèng	zāihuò	zāizhòng	zēngwù	zhāilù
应届	优胜	灾祸	栽种	憎恶	摘录
zhēnzhì	zhēngbiàn	zhuānhèng	zhuāngzài	zhuīsù	zuāntàn
真挚	争辩	专横	装载	追溯	钻探

（五）阳平+阴平

cáijūn	cánsī	cángshēn	chángshān	chángwēn	cháoxī
裁军	蚕丝	藏身	长衫	常温	潮汐
chén'āi	chénxī	chéngxīn	chéngqīng	chuánshū	chuánfū
尘埃	晨曦	诚心	澄清	传输	船夫
chúnzhēn	cízhuān	cíbēi	cóngshū	dúyīn	fánxīng
纯真	瓷砖	慈悲	丛书	读音	繁星
fángkōng	fángzū	fénshāo	huángyīng	huíshēng	huíshōu
防空	房租	焚烧	黄莺	回声	回收
láogōng	liánshēng	liántōng	liángcāng	línzhōng	língkōng
劳工	连声	联通	粮仓	临终	凌空
língxīng	lúnfān	máowū	méijūn	míngxī	módēng
零星	轮番	茅屋	霉菌	明晰	摩登

móushā	nánkān	níkēng	pénzāi	péngsōng	píngyōng
谋杀	难堪	泥坑	盆栽	蓬松	平庸
píngfēng	qiánfēng	qiánkūn	qíngkōng	quánjī	róngzī
屏风	前锋	乾坤	晴空	拳击	融资
shénkān	shíguāng	shízhuāng	shúzhī	táishēng	táobīng
神龛	时光	时装	熟知	抬升	逃兵
táohuāng	téngfēi	tiánchōng	tíngxiē	wánggōng	wéiyuē
逃荒	腾飞	填充	停歇	王宫	违约
wéigōng	wúxū	xiáqū	xiánjiē	xiánchuāng	xiéyuē
围攻	无须	辖区	衔接	舷窗	协约
xiépō	xíngzhēn	xíngzhuāng	xióngxīn	xióngmāo	xuánkōng
斜坡	刑侦	行装	雄心	熊猫	悬空
xuánwō	xuéfēng	xúngēn	yándōng	yánjiāng	yángcōng
旋涡	学风	寻根	严冬	岩浆	洋葱
yíngfēng	yíngguāng	yóuzhōng	yúcūn	yúqī	yuánxiāo
迎风	荧光	由衷	渔村	逾期	元宵
yuándīng	yúnduān	záyīn	zéyōu	zhézhōng	zhíchēng
园丁	云端	杂音	择优	折中	职称

（六）阳平+阳平

ái'ái	ángyáng	báchú	bíliáng	bóhuí	cáiyuán
皑皑	昂扬	拔除	鼻梁	驳回	财源
cánjí	chánmián	chánchú	chánghuán	chéngxíng	chéngliáng
残疾	缠绵	蟾蜍	偿还	成形	乘凉
chímíng	chóngféng	chóuchú	cíxiáng	cúnliú	dúcái
驰名	重逢	踌躇	慈祥	存留	独裁
fánghán	fénghé	fúróng	fúpín	géhé	háití
防寒	缝合	芙蓉	扶贫	隔阂	孩提
hángqíng	héyíng	hóngliú	húyí	huálún	huánglián
行情	合营	洪流	狐疑	滑轮	黄连

jíxiáng	jiérán	juéyuán	lánqiú	láofáng	liáochéng
吉祥	截然	绝缘	篮球	牢房	疗程
língyuán	liúchéng	lóngchuán	máicáng	mángliú	máonáng
陵园	流程	龙船	埋藏	盲流	毛囊
méiyóu	mílí	míméng	miányán	miáomó	móuqiú
煤油	迷离	迷蒙	绵延	描摹	谋求
pínhán	qímíng	qiánchéng	qiáncái	qiángguó	shénmíng
贫寒	齐名	前程	钱财	强国	神明
tánhé	táowáng	tíchéng	tiányuán	tiáotíng	tóuxián
弹劾	逃亡	提成	田园	调停	头衔
túténg	tuóluó	wánglíng	wénpíng	xiánshú	xiányí
图腾	陀螺	亡灵	文凭	娴熟	嫌疑
xiángqíng	xiétiáo	xíngchéng	xiónghún	xuánfú	xuélíng
详情	协调	行程	雄浑	悬浮	学龄
yánchéng	yánxí	yáoyán	yícún	yínhé	yíngpíng
严惩	筵席	谣言	遗存	银河	荧屏
yíngfáng	yóulái	yúnián	yuánxíng	yuányóu	yuánhóu
营房	由来	余年	原形	缘由	猿猴
yuánliú	yúncéng	záliáng	zéchéng	zhízhuó	zhuóshí
源流	云层	杂粮	责成	执着	着实

（七）阳平 + 上声

bátuǐ	cáijiǎn	cháofěng	chéngbǎo	chíhuǎn	chúnpǔ
拔腿	裁剪	嘲讽	城堡	迟缓	淳朴
cúnchǔ	dúdǎ	fángchǎn	hánshǔ	hézhǔn	héngsǎo
存储	毒打	房产	寒暑	核准	横扫
hóngshǔ	huáxuě	huángkǒng	huízhuǎn	jiéjiǎn	juéqǔ
红薯	滑雪	惶恐	回转	节俭	攫取
kuángxǐ	léiyǔ	liángshuǐ	liáoyǎng	língdiǎn	liúchǎn
狂喜	雷雨	凉水	疗养	零点	流产

lúwěi 芦苇	luógǔ 锣鼓	méiyǔ 梅雨	ménkǎn 门槛	míwǎng 迷惘	miáozhǔn 瞄准
mínjǐng 民警	míngxiǎng 冥想	múbǎn 模板	nánbǎo 难保	nóngkěn 农垦	páiluǎn 排卵
péitǔ 培土	píngjiǎng 评奖	qízhěng 齐整	qiánshuǐ 潜水	qínglǐ 情理	qiújiě 求解
quánshuǐ 泉水	róngrěn 容忍	shénwǎng 神往	shéngsuǒ 绳索	tíngshěn 庭审	tóngbǎn 铜板
tóubǎo 投保	túzǎi 屠宰	wánshǎng 玩赏	wénbǐ 文笔	wúlǐ 无理	xíjuǎn 席卷
xiáxiǎng 遐想	xiánsǎn 闲散	xiéshǒu 携手	xíngchǎng 刑场	xuéfǔ 学府	xúnjǐng 巡警
yánjǐn 严谨	yángliǔ 杨柳	yáobǎi 摇摆	yíbiǎo 仪表	yóujǐng 油井	yúchǔn 愚蠢
yuánběn 原本	yúnhǎi 云海	zháohuǒ 着火	zhélǐ 哲理	zhíshuǎng 直爽	zhúsǔn 竹笋

（八）阳平 + 去声

báifèi 白费	biézhì 别致	cáimào 财贸	céngmiàn 层面	cháhuò 查获	chángwèi 肠胃
cháobài 朝拜	chéngjiàn 承建	chízhòng 持重	chóngjìng 崇敬	chóubèi 筹备	chúwài 除外
chuánsòng 传诵	chuíliàn 锤炼	chúndù 纯度	cíxìng 磁性	dáhuà 答话	dédàng 得当
díshì 敌视	dúshù 读数	fánmèn 烦闷	fánghù 防护	fénmù 坟墓	fúshì 服饰
fúhuò 俘获	guóqìng 国庆	hánshòu 函授	hángdào 航道	hézòu 合奏	hénggèn 横亘
huíwèi 回味	húnpò 魂魄	huómìng 活命	jíbiàn 即便	jiéjìng 洁净	júcù 局促

juéduàn	kuángrè	láolèi	léngjìng	méngdòng	mísàn
决断	狂热	劳累	棱镜	萌动	弥散
míngmèi	mónàn	móuhài	nángkuò	níngwàng	nuóyòng
明媚	磨难	谋害	囊括	凝望	挪用
páoxiào	pízàng	pínxuè	píngdì	qímiào	qiángjiàn
咆哮	脾脏	贫血	平地	奇妙	强健
qiáojuàn	qióngjìn	quánshì	ráoshù	róngyào	róulìn
侨眷	穷尽	权势	饶恕	荣耀	蹂躏
rúdòng	shízhèng	tángsè	táozuì	tiáojì	tóufàng
蠕动	实证	搪塞	陶醉	调剂	投放
túyàng	tuífèi	wéikàng	xíwèi	xiáncài	xié'è
图样	颓废	违抗	席位	咸菜	邪恶
xíngjìn	xióngbiàn	xuánniàn	xuéwèi	yánkù	yángyì
行进	雄辩	悬念	穴位	严酷	洋溢
yáoyè	yíxiàn	yílù	yínxìng	yíngrào	yúmèi
摇曳	胰腺	疑虑	银杏	萦绕	愚昧
yuányì	yuánrùn	yúnchèn	zhéjiù	zhíniù	zhíshuài
园艺	圆润	匀称	折旧	执拗	直率
zhúqì	zhújiàn	zhúzhào	zhuódìng	zhuórè	zhuózhù
竹器	逐渐	烛照	酌定	灼热	卓著

（九）上声 + 阴平

bǐjiān	bǐnggān	chǎnfā	chǎngkāi	chǔfāng	dǎngzhāng
笔尖	饼干	阐发	敞开	处方	党章
dǐyā	dǒupō	gǔhuī	guǒzhēn	huǎnchōng	jiǎogēn
抵押	陡坡	骨灰	果真	缓冲	脚跟
jǐnsuō	jǐngchē	juǎnyān	lǎoyīng	lěijī	lǐyīng
紧缩	警车	卷烟	老鹰	累积	理应
liǎngqī	mǎnqiāng	qiǎngxiū	qǔjīng	sǎngyīn	shǎguā
两栖	满腔	抢修	取经	嗓音	傻瓜

shěnpī	shǔguāng	shuǐjīng	tǐtiē	tiǎobō	tǒngchēng
审批	曙光	水晶	体贴	挑拨	统称
wěizhuāng	wěishēng	wěisuō	wǔshēng	wǔtīng	xǐshuā
伪装	尾声	萎缩	武生	舞厅	洗刷
xiěshēng	xuějiā	yǎngshēng	yǒngshēng	yǒubāng	yǒuhēi
写生	雪茄	养生	永生	友邦	黝黑
yuǎnzhēng	zǎigē	zhǎnxiāo	zhěngxiū	zhǔfēng	zhǔtuō
远征	宰割	展销	整修	主峰	嘱托

（十）上声 + 阳平

bǎilíng	bǎiyóu	bǎoquán	běnyuán	bǔzú	cǎifá
百灵	柏油	保全	本源	补足	采伐
cǎopíng	chǐyín	chǒng'ér	chǔcáng	dǎngjí	diǎnmíng
草坪	齿龈	宠儿	储藏	党籍	点名
fǎnhuán	fěitú	fěnchén	fǒujué	gǎnjí	gǒngqiáo
返还	匪徒	粉尘	否决	赶集	拱桥
gǔmó	hǎizhé	jiǎchóng	jiǎomó	kǎixuán	kěxíng
鼓膜	海蜇	甲虫	角膜	凯旋	可行
kuǎtái	lǎngdú	lěngcáng	lǐtáng	liǎnhóng	lǚchéng
垮台	朗读	冷藏	礼堂	脸红	旅程
měiróng	miǎománg	nǎiyóu	nuǎnpíng	pǔshí	qǐchuáng
美容	渺茫	奶油	暖瓶	朴实	起床
qiǎnbó	qǔcái	sǎománg	shǒuzú	sǐshén	tǎnrán
浅薄	取材	扫盲	手足	死神	坦然
tǐxíng	tǐngbá	tǒngxiá	wǎnliú	wǎngqiú	wěnhé
体型	挺拔	统辖	挽留	网球	吻合
xǐdí	xiǎnqíng	xiǎngfú	xiěshí	xuǎnjí	xuěyuán
洗涤	险情	享福	写实	选集	雪原
yǎnrán	yǎnlián	yǒngbié	yǒuxíng	yǔróng	yǔcí
俨然	眼帘	永别	有形	羽绒	语词

yuǎnchéng 远程	yǔnshí 陨石	zǎonián 早年	zhǎngquán 掌权	zhěngxíng 整形	zhǐnán 指南
zhǔchí 主持	zhǔcóng 主从	zhǔjué 主角	zhuǎndá 转达	zhǔshí 主食	zhǔnshéng 准绳

（十一）上声 + 上声

bǎbǐng 把柄	bǎchǎng 靶场	bǎnběn 版本	bǎomǎn 饱满	bǐshǒu 匕首	dǎoyǔ 导语
dǐdǎng 抵挡	dǒusǒu 抖擞	duǒshǎn 躲闪	fǎnxǐng 反省	fǔyǎng 抚养	gǎixuǎn 改选
gǎnchǎng 赶场	gǔdǒng 古董	hǎodǎi 好歹	huǐgǎi 悔改	jiǎxiǎng 假想	jiǎnjǔ 检举
jiǎngpǐn 奖品	jiǎozhǐ 脚趾	kǎoqǔ 考取	lěngnuǎn 冷暖	lǐpǐn 礼品	lǐnghǎi 领海
lǒngtǒng 笼统	měijǐng 美景	mǔzhǐ 拇指	qǐtǎo 乞讨	qǔnuǎn 取暖	shǐzhě 使者
shǒugǎo 手稿	shuǐtǎ 水獭	sǐbǎn 死板	suǒqǔ 索取	tǎngshǐ 倘使	wǎnzhuǎn 婉转
wǎngdiǎn 网点	wěiwǎn 委婉	wǔqǔ 舞曲	xiǎnyǎn 显眼	xiǎoxuě 小雪	xuǎnqǔ 选取
yǎnjiǎn 眼睑	yǎotiǎo 窈窕	yǐwǎng 以往	yǒngměng 勇猛	yuǎnjǐng 远景	zǎowǎn 早晚
zhǎyǎn 眨眼	zhǎnzhuǎn 辗转	zhǎngguǎn 掌管	zhěnsuǒ 诊所	zhǐguǎn 只管	zhǔyǎn 主演
zhǔyǔ 主语	zhǔzhǐ 主旨	zhuǎnchǎn 转产	zhuǎnggǎng 转岗	zhǔnxǔ 准许	zhǔnyǔ 准予

（十二）上声 + 去声

bǎinòng 摆弄	bǐchù 笔触	biǎoshuài 表率	bǔyù 哺育	cǎikuàng 采矿	cǎnzhòng 惨重

chǎngkuàng	chǒulòu	chǔshì	chuǎnqì	dǎzhàn	dǎnlüè
厂矿	丑陋	处事	喘气	打战	胆略
dǎngwù	děnghào	dǐchù	diǎnzhuì	dǒulì	fǎjì
党务	等号	抵触	点缀	斗笠	法纪
fǎndào	fǎngzhì	fěibàng	fǔwèi	gǎidào	gǎntàn
反倒	仿制	诽谤	抚慰	改道	感叹
gǎofèi	guǐjì	guǒròu	hǎidài	hǒujiào	huǎnghuà
稿费	轨迹	果肉	海带	吼叫	谎话
jǐzhù	jiǎngshòu	jiǎojiàn	jiějiù	jǐngzhì	jǔzhòng
脊柱	讲授	矫健	解救	景致	举重
kǎowèn	kǒnghè	kǒulìng	kuǎndài	lěijì	lěngdòng
拷问	恐吓	口令	款待	累计	冷冻
lěngmò	liǎnmiàn	měiwèi	měngshòu	mǐnmiè	nǎonù
冷漠	脸面	美味	猛兽	泯灭	恼怒
niǔdài	pǐnwèi	qǐlì	qiǎnggòu	qǐngkè	ruǎnjìn
纽带	品味	绮丽	抢购	顷刻	软禁
sǎoshè	shǎnyào	shěqì	shěnshì	shěnglüè	shǒuchuàng
扫射	闪耀	舍弃	审视	省略	首创
shuǐbèng	sǒnglì	suǒliàn	tǒnggòu	wǎnbèi	wǎngfù
水泵	耸立	锁链	统购	晚辈	往复
wěishàn	wěipài	wěnjiàn	xiǎnhè	xiǎnjùn	xiǎnglè
伪善	委派	稳健	显赫	险峻	享乐
xiǎngliàng	xǐngwù	xuǎnpiào	xuěxiàn	yǎnbì	yǎnkuàng
响亮	醒悟	选票	雪线	掩蔽	眼眶
yǎngmù	yǐnliào	yǒngdào	yǔliàng	zhǎnchì	zhǎngduò
仰慕	饮料	甬道	雨量	展翅	掌舵
zhězhòu	zhěnzhì	zhěngzhì	zhǒngzhàng	zhǔmù	zhuǎnràng
褶皱	诊治	整治	肿胀	瞩目	转让

（十三）去声+阴平

bàngōng	bàoxiāo	bèngfā	bìfēng	bìnggēn	chàngtōng
办公	报销	迸发	避风	病根	畅通
chènshān	chùxū	dàigōng	dìtīng	diàntī	dòngchuāng
衬衫	触须	怠工	谛听	电梯	冻疮
duìjiē	fàntīng	fùxīng	gàozhōng	gùgōng	guànshū
对接	饭厅	复兴	告终	故宫	灌输
guìbīn	hàochēng	huàshī	huàndēng	huìbiān	huìxīng
贵宾	号称	画师	幻灯	汇编	彗星
jiànjiāo	jùxīng	kàngzāi	kàoshān	kuòchōng	làngtāo
建交	巨星	抗灾	靠山	扩充	浪涛
lìshēng	lìqīng	lùzhū	lǜzhōu	màishōu	màichōng
厉声	沥青	露珠	绿洲	麦收	脉冲
mèngxiāng	mìfēng	mòshāo	nàozhōng	nèishāng	nìchā
梦乡	密封	末梢	闹钟	内伤	逆差
pàishēng	qiànshōu	sàngshēn	shèngzhuāng	shùzhī	shùnxīn
派生	歉收	丧身	盛装	树脂	顺心
sùshuō	tàngshāng	tèqū	wàibīn	xìwēi	xiànqī
诉说	烫伤	特区	外宾	细微	限期
xiànbīng	xiàofēng	xùshuō	xuànfēng	xuèpō	xuèxīng
宪兵	校风	叙说	旋风	血泊	血腥
xùnqī	yànshōu	yèjīng	yìduān	yìnzhāng	yònggōng
汛期	验收	液晶	异端	印章	用工
yòuyīn	yùyuē	yuèbīng	zàihūn	zàngē	zàngshēn
诱因	预约	阅兵	再婚	赞歌	葬身
zàoshēng	zhàngōng	zhàobān	zhèngzōng	zhìxī	zhìxiāo
噪声	战功	照搬	正宗	窒息	滞销
zhìshēn	zhòngshēng	zhòngbīng	zhùxiāo	zhùzhā	zhuàngguān
置身	众生	重兵	注销	驻扎	壮观
zhuàngjī	zìzūn	zòngshēn	zòuzhāng	zuòshēng	zuìwēng
撞击	自尊	纵深	奏章	作声	醉翁

（十四）去声+阳平

bànjié	bàoxíng	biànbó	bìngmó	chèhuí	chènzhí
半截	暴行	辩驳	病魔	撤回	称职
dànchén	dìwáng	duànjué	fàxíng	fèiyán	fènghuáng
诞辰	帝王	断绝	发型	肺炎	凤凰
fùqiáng	hàojié	huàláng	huìyán	hùntóng	jiànglín
富强	浩劫	画廊	讳言	混同	降临
jìnpáng	kèlún	kòngxián	kùfáng	kuàngcáng	kuìyáng
近旁	客轮	空闲	库房	矿藏	溃疡
làméi	làngcháo	lèyuán	lèibié	lìchéng	liàngxíng
蜡梅	浪潮	乐园	类别	历程	量刑
lièhén	lìngxíng	màorán	miànróng	mòrán	mùchái
裂痕	另行	贸然	面容	默然	木柴
nèiqíng	nìliú	pànxíng	pàotái	pèijué	pòchú
内情	逆流	判刑	炮台	配角	破除
qìxuán	rènpíng	shàncháng	shèfáng	shòuquán	shùncóng
气旋	任凭	擅长	设防	授权	顺从
sòngbié	sòngyáng	sùchéng	tànxún	tècháng	wàiháng
送别	颂扬	速成	探寻	特长	外行
wànnéng	wàngtú	xiàn'é	xiàoyuán	xièdú	xìnfú
万能	妄图	限额	校园	亵渎	信服
xìngcún	xiùjué	xùyán	xuèyuán	xùnfú	yàmá
幸存	嗅觉	序言	血缘	驯服	亚麻
yànfán	yàocái	yìchéng	yìmiáo	yìchóng	yuànyán
厌烦	药材	议程	疫苗	益虫	怨言
yuètuán	yùnchóu	zàiháng	zànxíng	zàoyáo	zhàiquán
乐团	运筹	在行	暂行	造谣	债权
zhànháo	zhètáng	zhènwáng	zhèngzhí	zhìliú	zhòngcái
战壕	蔗糖	阵亡	正直	滞留	仲裁
zhòuwén	zhùfú	zhuàngnián	zìqiáng	zìxíng	zònghéng
皱纹	祝福	壮年	自强	字形	纵横

（十五）去声 + 上声

bànlǚ	bàobiǎo	bèiyǐng	bìlěi	biànzhǒng	biànjiě
伴侣	报表	背影	壁垒	变种	辩解
bùshǔ	càichǎng	cèsuǒ	chànhuǐ	cìyǎn	cuàngǎi
部署	菜场	厕所	忏悔	刺眼	篡改
cuìqǔ	dìjiǎn	dìngyǔ	duòjiǎo	fèipǐn	fènkǎi
萃取	递减	定语	跺脚	废品	愤慨
gòngyǎng	gùshǒu	guòchǎng	hèxǐ	hùlǐ	huàzhǎn
供养	固守	过场	贺喜	护理	画展
huànyǐng	huìzǒng	huòchǎng	jiàomǔ	jìngxuǎn	jiùchǐ
幻影	汇总	货场	酵母	竞选	臼齿
kàngtǐ	kuàngyě	miànfěn	mòshuǐ	mùchǎng	pèizhǒng
抗体	旷野	面粉	墨水	牧场	配种
piànqǔ	pìnqǐng	qiàqiǎo	quànjiě	sàichǎng	sànchǎng
骗取	聘请	恰巧	劝解	赛场	散场
shànyǎng	shàngqiě	shèngchǎn	shòujiǎng	shuìfǎ	tùxiě
赡养	尚且	盛产	授奖	税法	吐血
tuìshǒu	wàishěng	wèiyǎng	wùchǎn	xiànjǐng	xiàngdǎo
退守	外省	喂养	物产	陷阱	向导
xiàochuǎn	xìnshǐ	xìngmiǎn	xiùměi	xuànrǎn	xuètǒng
哮喘	信使	幸免	秀美	渲染	血统
xùnměng	xùnyǎng	yànyǔ	yàngbǎn	yàolǐng	yìcǎi
迅猛	驯养	谚语	样板	要领	异彩
yìnrǎn	yìngkǎo	yòngfǎ	yùchǎng	yùgǎn	yuèmǔ
印染	应考	用法	浴场	预感	岳母
yuè'ěr	zàitǐ	zànqiě	zànshǎng	zàngfǔ	zàofǎn
悦耳	载体	暂且	赞赏	脏腑	造反
zhàměng	zhàngǎng	zhàngběn	zhènshǒu	zhèngguǐ	zhìpǔ
蚱蜢	站岗	账本	镇守	正轨	质朴
zhòngkěn	zhùzhǎng	zhùjiě	zhuànxiě	zìxǐng	zòngshǐ
中肯	助长	注解	撰写	自省	纵使

（十六）去声 + 去声

àosàng 懊丧	bìnqì 摈弃	bìngqì 摒弃	chànà 刹那	chìliè 炽烈	cuòbài 挫败
dàimào 玳瑁	dàoguà 倒挂	èyào 扼要	fùhè 负荷	gàilùn 概论	hùnzhàn 混战
jìyào 纪要	jiàyù 驾驭	jiànduàn 间断	jièmiàn 界面	jièdài 借贷	jìngù 禁锢
jìngyù 境遇	kòngdì 空地	lèlìng 勒令	lièxì 裂隙	lòudòng 漏洞	lùxiàng 录像
lùndiào 论调	màomì 茂密	màomèi 冒昧	mèngyì 梦呓	miùlùn 谬论	mùzàng 墓葬
nèijiù 内疚	pìjìng 僻静	pùbù 瀑布	qìgài 气概	ràodào 绕道	rèxuè 热血
rènxìng 任性	rèndài 韧带	shànzhàn 善战	shìshì 世事	shìliàng 适量	shòunàn 受难
shuìlǜ 税率	tànshì 探视	tòngchì 痛斥	wèijiè 慰藉	xìxuè 戏谑	xiàndìng 限定
xiàngpiàn 相片	xiàoxiàng 肖像	xièlòu 泄露	xùliè 序列	xùmù 畜牧	xuèmài 血脉
yèmài 叶脉	yìchù 益处	yìniàn 意念	yìlì 毅力	yìyì 熠熠	yìnzhèng 印证
yìngzhàn 应战	yòngjìn 用劲	yùzhào 预兆	yuànhèn 怨恨	yuèjù 越剧	yùnyù 孕育
yùnzài 运载	yùnniàng 酝酿	zàngqì 脏器	zàizuò 在座	zàizhòng 载重	zànyù 赞誉
zàngsòng 葬送	zhènshì 阵势	zhènchàn 震颤	zhènjìng 镇静	zhèngzhòng 郑重	zhìmìng 致命
zhìyù 治愈	zhìnèn 稚嫩	zhòngdàn 重担	zhùyuàn 祝愿	zhuànkè 篆刻	zhuàngliè 壮烈

二、三音节词语训练

（一）同调词语训练

chāoshēngbō	dàlùjià	dǎnxiǎoguǐ
超声波	大陆架	胆小鬼
dìxiàshì	diànqìhuà	èzuòjù
地下室	电气化	恶作剧
fàngdàjìng	fàngshèxiàn	fùzuòyòng
放大镜	放射线	副作用
jìyìlì	nánwéiqíng	xíngróngcí
记忆力	难为情	形容词
yàrèdài	yèlǜsù	zhùshèqì
亚热带	叶绿素	注射器

（二）异调词语训练

báihuàwén	bǎifēnbǐ	běibànqiú
白话文	百分比	北半球
bàofēngxuě	bówùguǎn	bìxūpǐn
暴风雪	博物馆	必需品
bìléizhēn	dàlǐshí	dāndǐnghè
避雷针	大理石	丹顶鹤
diàncíchǎng	dōngdàozhǔ	lǐchéngbēi
电磁场	东道主	里程碑
fāngxiàngpán	fùlízǐ	gōngyìpǐn
方向盘	负离子	工艺品
huàzhuāngpǐn	huíguīxiàn	jìchéngquán
化妆品	回归线	继承权
jiāoyìsuǒ	jìnxíngqǔ	liáoyǎngyuàn
交易所	进行曲	疗养院

liúshuǐxiàn	lóngjuǎnfēng	lùxiàngjī
流水线	龙卷风	录像机
niúzǎikù	xīhóngshì	xìbāohé
牛仔裤	西红柿	细胞核
xiézòuqǔ	zhēngliúshuǐ	zhǔrénwēng
协奏曲	蒸馏水	主人翁

（三）综合训练

éluǎnshí	chángbìyuán	dàqìcéng
鹅卵石	长臂猿	大气层
dònghuàpiàn	dòngwùyuán	fǎngzhīpǐn
动画片	动物园	纺织品
fèihuóliàng	fēnshuǐlǐng	gāoxuèyā
肺活量	分水岭	高血压
gōngjījīn	guǎnxiányuè	huāgāngyán
公积金	管弦乐	花岗岩
huángdēngdēng	hùnhéwù	jiǎzhuàngxiàn
黄澄澄	混合物	甲状腺
níhóngdēng	liúshēngjī	luóxuánjiǎng
霓虹灯	留声机	螺旋桨
mǎlíngshǔ	púgōngyīng	māotóuyīng
马铃薯	蒲公英	猫头鹰
piǎobáifěn	rénxíngdào	sānjiǎozhōu
漂白粉	人行道	三角洲
shíwùliàn	tángniàobìng	xùdiànchí
食物链	糖尿病	蓄电池
yǒngtàndiào	tǐyùchǎng	yuánwǔqǔ
咏叹调	体育场	圆舞曲

三、四音节词语训练

（一）阴平+阳平+上声+去声

bīngqiáng-mǎzhuàng	fēngtiáo-yǔshùn	gāopéng-mǎnzuò
兵强马壮	风调雨顺	高朋满座
guāngmíng-lěiluò	huāhóng-liǔlǜ	qiānchuí-bǎiliàn
光明磊落	花红柳绿	千锤百炼
shānqióng-shuǐjìn	shēnqiáng-tǐzhuàng	xīnzhí-kǒukuài
山穷水尽	身强体壮	心直口快
xūqíng-jiǎyì	zhōngliú-dǐzhù	zhūrú-cǐlèi
虚情假意	中流砥柱	诸如此类

（二）去声+上声+阳平+阴平

bèijǐng-líxiāng	diàohǔ-líshān	kègǔ-míngxīn
背井离乡	调虎离山	刻骨铭心
nòngqiǎo-chéngzhuō	nìshuǐ-xíngzhōu	pòfǔ-chénzhōu
弄巧成拙	逆水行舟	破釜沉舟
rèhuǒ-cháotiān	sìhǎi-wéijiā	shùnlǐ-chéngzhāng
热火朝天	四海为家	顺理成章
wànlǐ-qíngkōng	yìkǒu-tóngshēng	zhòngguǎ-xuánshū
万里晴空	异口同声	众寡悬殊

（三）综合训练

ānjū-lèyè	bǎihuā-qífàng	bèidào'érchí
安居乐业	百花齐放	背道而驰
biéchūxīncái	céngchū-bùqióng	chūlèi-bácuì
别出心裁	层出不穷	出类拔萃
cuòzōng-fùzá	déxīn-yìngshǒu	dúyī-wú'èr
错综复杂	得心应手	独一无二

fāngxīng-wèi'ài	fēngchí-diànchè	hǎishì-shènlóu
方兴未艾	风驰电掣	海市蜃楼
hànliú-jiābèi	jiāyù-hùxiǎo	jiǎoróu-zàozuò
汗流浃背	家喻户晓	矫揉造作
jīngyìqiújīng	kèbùrónghuǎn	kuàizhì-rénkǒu
精益求精	刻不容缓	脍炙人口
línlí-jìnzhì	lǚjiàn-bùxiān	mànbùjīngxīn
淋漓尽致	屡见不鲜	漫不经心
páiyōu-jiěnàn	qiánpū-hòujì	qiányí-mòhuà
排忧解难	前仆后继	潜移默化
qīng'éryìjǔ	qíngbùzìjīn	yìyáng-dùncuò
轻而易举	情不自禁	抑扬顿挫
yǒudì-fàngshǐ	yǔrì-jùzēng	zhèn'ěr-yùlóng
有的放矢	与日俱增	震耳欲聋

第四节　词语音变分类辨读

一、轻声词语训练

（一）b、p、m 声母字＋轻声

bājie	bāzhang	bǎzi	bàzi	bàba	báijing
巴结	巴掌	把子	把子	爸爸	白净
bānzi	bǎnzi	bāngshou	bāngzi	bǎngzi	bàngchui
班子	板子	帮手	梆子	膀子	棒槌
bàngzi	bāofu	bāozi	bàozi	bàozi	bēizi
棒子	包袱	包子	刨子	豹子	杯子

bèizi	běnshi	běnzi	bízi	bǐfang	biānzi
被子	本事	本子	鼻子	比方	鞭子
biǎndan	biànzi	bièniu	bǐngzi	bózi	bòhe
扁担	辫子	别扭	饼子	脖子	薄荷
bòji	bǔding	bùyóude	bùzi	bùfen	pāizi
簸箕	补丁	不由得	步子	部分	拍子
páilou	páizi	pánsuan	pánzi	pàngzi	páozi
牌楼	牌子	盘算	盘子	胖子	狍子
páozi	pénzi	péngyou	péngzi	píqi	pízi
袍子	盆子	朋友	棚子	脾气	皮子
pǐzi	pìgu	piānzi	piányi	piànzi	piàozi
痞子	屁股	片子	便宜	骗子	票子
piàoliang	píngzi	pójia	pūgai	máfan	máli
漂亮	瓶子	婆家	铺盖	麻烦	麻利
mázi	mǎhu	mǎtou	mǎimai	màizi	mántou
麻子	马虎	码头	买卖	麦子	馒头
mánghuo	màoshi	màozi	méimao	méiren	mīfeng
忙活	冒失	帽子	眉毛	媒人	眯缝
míhu	miànzi	miáotiao	miáotou	miáozi	míngtang
迷糊	面子	苗条	苗头	苗子	名堂
míngzi	míngbai	mógu	móhu	mùjiang	mùtou
名字	明白	蘑菇	模糊	木匠	木头

（二）f声母字+轻声

fángzi	fèiwu	fènzi	fēngzheng	fēngzi	fúqi
房子	废物	份子	风筝	疯子	福气
fǔzi	fùyu	fànzi	fóye	fēizi	fǎzi
斧子	富余	贩子	佛爷	妃子	法子

（三）z、c、s 声母字 + 轻声

zìzai	zìhao	zòngzi	zǔzong	zuǐba	zuōfang
自在	字号	粽子	祖宗	嘴巴	作坊
zuómo	zuòzuo	zàihu	zánmen	zǎoshang	zěnme
琢磨	做作	在乎	咱们	早上	怎么
cáifeng	cáizhu	cāngying	cìwei	còuhe	cūnzi
裁缝	财主	苍蝇	刺猬	凑合	村子
sāizi	sǎngzi	sǎozi	sàozhou	sīliang	súqi
塞子	嗓子	嫂子	扫帚	思量	俗气
suànji	suìshu	sūnzi	sūnnü	suōzi	suízhe
算计	岁数	孙子	孙女	梭子	随着

（四）d、t、n、l 声母字 + 轻声

dāla	dāying	dǎban	dǎdian	dǎfa	dǎliang
耷拉	答应	打扮	打点	打发	打量
dǎsuan	dǎting	dǎ zhāohu	dàfang	dàye	dàyi
打算	打听	打招呼	大方	大爷	大意
dàifu	dàizi	dàizi	dānge	dānwu	dǎnzi
大夫	带子	袋子	耽搁	耽误	胆子
dànzi	dāozi	dàoshi	dàozi	dēnglong	dèngzi
担子	刀子	道士	稻子	灯笼	凳子
dīfang	dīshui	dízi	dígu	dǐzi	dìdi
提防	滴水	笛子	嘀咕	底子	弟弟
dìxiong	diǎnxin	diǎnzi	diàozi	diézi	dīngzi
弟兄	点心	点子	调子	碟子	钉子
dōngjia	dòngjing	dòngtan	dòufu	dòuzi	dūnang
东家	动静	动弹	豆腐	豆子	嘟囔
dǔzi	dùzi	duānxiang	duànzi	duìfu	duìwu
肚子	肚子	端详	缎子	对付	队伍

duōme	duōsuo	tāmen	tāmen	tāmen	táizi
多么	哆嗦	他们	它们	她们	台子
tàitai	tānzi	tánzi	tǎnzi	táozi	tèwu
太太	摊子	坛子	毯子	桃子	特务
tīzi	tízi	tiántou	tiāoti	tiāozi	tiáozi
梯子	蹄子	甜头	挑剔	挑子	条子
tiàozao	tíngzi	tóufa	tóuzi	tùzi	tuòmo
跳蚤	亭子	头发	头子	兔子	唾沫
nàme	nǎinai	nánwei	nǎodai	nǎozi	néngnai
那么	奶奶	难为	脑袋	脑子	能耐
nǐmen	niàntou	niàndao	niángjia	nièzi	núcai
你们	念头	念叨	娘家	镊子	奴才
nǚxu	nuǎnhuo	nüèji	lāche	lǎba	lǎma
女婿	暖和	疟疾	拉扯	喇叭	喇嘛
láidejí	lánzi	lǎnde	lángtou	làngtou	lāodao
来得及	篮子	懒得	榔头	浪头	唠叨
lǎopo	lǎoshi	lǎotàitai	lǎotóuzi	lǎoye	lǎoyézi
老婆	老实	老太太	老头子	老爷	老爷子
lǎozi	lǎolao	léizhui	líba	lǐtou	lìqi
老子	姥姥	累赘	篱笆	里头	力气
lìhai	lìluo	lìsuo	lìzi	lìzi	lìji
厉害	利落	利索	例子	栗子	痢疾
liánlei	liánzi	liángkuai	liángshi	liǎngkǒuzi	liàozi
连累	帘子	凉快	粮食	两口子	料子
línzi	língdang	língzi	lǐngzi	liūda	lóngzi
林子	铃铛	翎子	领子	溜达	聋子
lóngzi	lúzi	lùzi	lúnzi	luōsuo	luóbo
笼子	炉子	路子	轮子	啰唆	萝卜
luózi	luòtuo	lǎba	lāshou	lǎma	làzi
骡子	骆驼	喇叭	拉手	喇嘛	辣子

（五）zh、ch、sh、r 声母字 + 轻声

zhāshi	zhǎba	zhàlan	zháizi	zhàizi	zhāngluo
扎实	眨巴	栅栏	宅子	寨子	张罗
zhàngfu	zhàngren	zhàngpeng	zhàngzi	zhāohu	zhāopai
丈夫	丈人	帐篷	帐子	招呼	招牌
zhēteng	zhège	zhème	zhěntou	zhīma	zhīshi
折腾	这个	这么	枕头	芝麻	知识
zhízi	zhǐjia	zhǒngzi	zhūzi	zhúzi	zhǔyi
侄子	指甲	种子	珠子	竹子	主意
zhǔzi	zhùzi	zhuǎzi	zhuànyou	zhuāngjia	zhuāngzi
主子	柱子	爪子	转悠	庄稼	庄子
zhuàngshi	zhuàngyuan	zhuīzi	zhuōzi	chāishi	cháihuo
壮实	状元	锥子	桌子	差事	柴火
chángzi	chǎngzi	chǎngzi	chēzi	chēnghu	chízi
肠子	厂子	场子	车子	称呼	池子
chǐzi	chóngzi	chóuzi	chūxi	chúle	chútou
尺子	虫子	绸子	出息	除了	锄头
chùsheng	chuānghu	chuāngzi	chuízi	shāzi	shǎzi
畜生	窗户	窗子	锤子	沙子	傻子
shànzi	shāngliang	shàngsi	shàngtou	shāobing	sháozi
扇子	商量	上司	上头	烧饼	勺子
shàoye	shàozi	shétou	shěbude	shěde	shēnzi
少爷	哨子	舌头	舍不得	舍得	身子
shénme	shěnzi	shēngyi	shēngkou	shéngzi	shīfu
什么	婶子	生意	牲口	绳子	师父
shīfu	shīzi	shīzi	shíjiang	shíliu	shítou
师傅	虱子	狮子	石匠	石榴	石头
shíchen	shízai	shíhou	shíduo	shǐhuan	shìgu
时辰	实在	时候	拾掇	使唤	世故

shìde	shìqing	shìtan	shìzi	shōucheng	shōushi
似的	事情	试探	柿子	收成	收拾
shūshu	shūzi	shūfu	shūtan	shūhu	shuǎngkuai
叔叔	梳子	舒服	舒坦	疏忽	爽快
rènao	rénjia	rénmen	rènshi	rìzi	rùzi
热闹	人家	人们	认识	日子	褥子

（六）j、q、x 声母字 + 轻声

jīling	jìhao	jìxing	jiāzi	jiāhuo	jiàshi
机灵	记号	记性	夹子	家伙	架势
jiàzi	jiàzhuang	jiānzi	jiǎnzi	jiǎnzi	jiànshi
架子	嫁妆	尖子	茧子	剪子	见识
jiànzi	jiāngjiu	jiāoqing	jiǎozi	jiàohuan	jiàozi
毽子	将就	交情	饺子	叫唤	轿子
jiēshi	jiēfang	jiěfu	jiějie	jièzhi	jièmo
结实	街坊	姐夫	姐姐	戒指	芥末
jīnzi	jīngshen	jìngzi	jiùjiu	júzi	jùzi
金子	精神	镜子	舅舅	橘子	句子
juànzi	qīfu	qízi	qiántou	qiánzi	qiézi
卷子	欺负	旗子	前头	钳子	茄子
qīnqi	qínkuai	qīngchu	qìngjia	qǔzi	quānzi
亲戚	勤快	清楚	亲家	曲子	圈子
quántou	qúnzi	xīhan	xízi	xífu	xǐhuan
拳头	裙子	稀罕	席子	媳妇	喜欢
xiāzi	xiázi	xiàba	xiàhu	xiānsheng	xiāngxia
瞎子	匣子	下巴	吓唬	先生	乡下
xiāngzi	xiàngsheng	xiāoxi	xiǎohuǒzi	xiǎoqi	xiǎozi
箱子	相声	消息	小伙子	小气	小子
xiàohua	xiēxi	xiēzi	xiézi	xièxie	xīnsi
笑话	歇息	蝎子	鞋子	谢谢	心思

xīngxing	xīngxing	xíngli	xíngtou	xìngzi	xiōngdi
星星	猩猩	行李	行头	性子	兄弟
xiūxi	xiùcai	xiùqi	xiùzi	xuēzi	xuéwen
休息	秀才	秀气	袖子	靴子	学问

（七）g、k、h 声母字 + 轻声

gàizi	gānzhe	gānzi	gǎnzi	gànshi	gàngzi
盖子	甘蔗	杆子	杆子	干事	杠子
gāoliang	gāoyao	gǎozi	gàosu	gēda	gēge
高粱	膏药	稿子	告诉	疙瘩	哥哥
gēbo	gēzi	gézi	gèzi	gēnzi	gēntou
胳膊	鸽子	格子	个子	根子	跟头
gōngfu	gōngzi	gōnggong	gōngfu	gōuzi	gūgu
工夫	弓子	公公	功夫	钩子	姑姑
gūniang	gǔzi	gǔtou	gùshi	guǎfu	guàzi
姑娘	谷子	骨头	故事	寡妇	褂子
guàibude	guàiwu	guānxi	guānsi	guāncai	guàntou
怪不得	怪物	关系	官司	棺材	罐头
guànzi	guīju	guīnü	guǐzi	guìzi	gùnzi
罐子	规矩	闺女	鬼子	柜子	棍子
guǒzi	kāitong	kàodezhù	késou	kèqi	kòngzi
果子	开通	靠得住	咳嗽	客气	空子
kǒudai	kǒuzi	kòuzi	kūlong	kùzi	kuàihuo
口袋	口子	扣子	窟窿	裤子	快活
kuàizi	kuàngzi	kuòqi	hāqian	háma	háizi
筷子	框子	阔气	哈欠	蛤蟆	孩子
hánhu	hànzi	hángdang	hétong	héshang	hétao
含糊	汉子	行当	合同	和尚	核桃
hézi	hènbude	hónghuo	hóuzi	hòutou	hòudao
盒子	恨不得	红火	猴子	后头	厚道

húli	húqin	húzi	húlu	hútu	hùshi
狐狸	胡琴	胡子	葫芦	糊涂	护士
huángshang	huǎngzi	húluóbo	huǒhou	huǒji	huǒshao
皇上	幌子	胡萝卜	火候	伙计	火烧

（八）零声母字+轻声

àiren	ànzi	ézi	érzi	ěrduo	wāku
爱人	案子	蛾子	儿子	耳朵	挖苦
wáwa	wàzi	wàisheng	wàitou	wǎnshang	wěiba
娃娃	袜子	外甥	外头	晚上	尾巴
wěiqu	wèile	wèizhi	wèizi	wēnhuo	wénzi
委屈	为了	位置	位子	温和	蚊子
wěndang	wōnang	wǒmen	wūzi	yātou	yāzi
稳当	窝囊	我们	屋子	丫头	鸭子
yámen	yǎba	yānzhi	yāntong	yǎnjing	yànzi
衙门	哑巴	胭脂	烟筒	眼睛	燕子
yāngge	yǎnghuo	yàngzi	yāohe	yāojing	yàoshi
秧歌	养活	样子	吆喝	妖精	钥匙
yēzi	yéye	yèzi	yībèizi	yīlǎnzi	yīfu
椰子	爷爷	叶子	一辈子	一揽子	衣服
yīshang	yǐzi	yìsi	yínzi	yǐngzi	yìngchou
衣裳	椅子	意思	银子	影子	应酬
yòuzi	yùtou	yuānwang	yuánzi	yuànzi	yuèbing
柚子	芋头	冤枉	园子	院子	月饼
yuèliang	yúncai	yúnhu	yúnjing	yúnshi	yùnqi
月亮	云彩	匀乎	匀净	匀实	运气

二、变调训练

（一）上声变调训练

1. 上声 + 阴平

摆脱	表彰	法规	纺织	鼓吹	广播
火车	火星	简称	警钟	恐慌	苦衷
两栖	哪些	普通	悄声	闪光	省心
体温	武装	雪花	冶金	指标	总之

2. 上声 + 阳平

保持	补偿	草原	处罚	党籍	导游
仿佛	改革	海豚	恍然	解决	举行
考察	卵巢	朗读	渺茫	品德	乞求
冗长	水源	体裁	选拔	友人	祖国

3. 上声 + 去声

板栗	本事	比较	哺育	尺度	储量
党性	等候	诽谤	抚恤	感谢	稿件
罕见	警惕	孔隙	两岸	牡蛎	纽带
绮丽	琐碎	体育	显露	影片	姊妹

4. 上声 + 轻声

| 本事 | 打量 | 耳朵 | 骨头 | 幌子 | 饺子 |
| 里头 | 买卖 | 脑袋 | 嫂嫂 | 早上 | 主意 |

5. 上声 + 上声

保姆	粉笔	采访	耻辱	党委	岛屿
腐朽	古典	好歹	济济	坎坷	蚂蚁
勉强	扭转	起码	手脚	倘使	委婉
享有	洗澡	影响	予以	主语	阻止

6. 上声 + 上声 + 上声

打靶场　　管理组　　选举法　　小两口　　水彩笔　　勇敢者

7. 含有上声的多音节词语

老百姓　　法西斯　　偶然性　　显微镜　　所有制　　锦标赛
小学生　　手工业　　小伙子　　马铃薯　　老天爷　　岂有此理

（二）"一""不"变调训练

1."一"的变调训练

（1）"一"+阴平

一般　　一边　　一端　　一经　　一瞥　　一身
一生　　一天　　一些　　一针见血　　大吃一惊　　万众一心

（2）"一"+阳平

一连　　一齐　　一群　　一如　　一时　　一同
一头　　一行　　一直　　一如既往　　一锤定音　　别具一格

（3）"一"+上声

一举　　一口　　一览　　一起　　一手　　一体
一统　　一早　　一准　　一揽子　　一本正经　　一母同胞

（4）"一"+去声

一半　　一旦　　一定　　一度　　一概　　一共
一阵　　一致　　一切　　一脉相承　　千钧一发　　一事无成

2."不"的变调训练

不必　　不变　　不测　　不但　　不顾　　不过
不利　　不料　　不适　　不妙　　不懈　　不锈钢
差不多　　行不行　　去不去　　看不看　　算不算　　说不准

三、儿化词语训练

（一）无韵尾或韵尾是 u

板擦儿	打杂儿	刀把儿	号码儿	没法儿	戏法儿
找碴儿	掉价儿	豆芽儿	一下儿	大褂儿	麻花儿
马褂儿	脑瓜儿	小褂儿	笑话儿	牙刷儿	半截儿
小鞋儿	旦角儿	主角儿	挨个儿	唱歌儿	打嗝儿
单个儿	逗乐儿	饭盒儿	模特儿	泪珠儿	梨核儿
没谱儿	碎步儿	媳妇儿	有数儿	个头儿	老头儿
门口儿	年头儿	纽扣儿	线轴儿	小丑儿	小偷儿
衣兜儿	顶牛儿	加油儿	棉球儿	抓阄儿	半道儿
灯泡儿	红包儿	叫好儿	绝着儿	口哨儿	口罩儿
蜜枣儿	手套儿	跳高儿	豆角儿	火苗儿	开窍儿
面条儿	跑调儿	鱼漂儿	被窝儿	出活儿	大伙儿
火锅儿	绝活儿	小说儿	邮戳儿	做活儿	重活儿
耳膜儿	粉末儿	泡沫儿	儿媳妇儿	身子骨儿	糖葫芦儿

（二）韵尾是 i、n

壶盖儿	加塞儿	名牌儿	小孩儿	鞋带儿	包干儿
笔杆儿	快板儿	老伴儿	脸蛋儿	门槛儿	收摊儿
蒜瓣儿	栅栏儿	半点儿	差点儿	坎肩儿	拉链儿
聊天儿	露馅儿	冒尖儿	扇面儿	馅儿饼	小辫儿
心眼儿	牙签儿	一点儿	有点儿	雨点儿	照片儿
一块儿	茶馆儿	打转儿	大碗儿	饭馆儿	拐弯儿
好玩儿	火罐儿	落款儿	包圆儿	出圈儿	绕远儿
人缘儿	手绢儿	烟卷儿	杂院儿	刀背儿	摸黑儿
把门儿	别针儿	大婶儿	刀刃儿	高跟儿鞋	哥们儿
后跟儿	花盆儿	老本儿	面人儿	纳闷儿	嗓门儿
小人儿书	杏仁儿	压根儿	一阵儿	走神儿	耳垂儿

墨水儿	跑腿儿	围嘴儿	一会儿	走味儿	冰棍儿
打盹儿	光棍儿	开春儿	没准儿	胖墩儿	砂轮儿
脚印儿	送信儿	有劲儿	合群儿	动画片儿	小不点儿

（三）韵腹是 i、ü

| 垫底儿 | 玩意儿 | 针鼻儿 | 毛驴儿 | 痰盂儿 | 小曲儿 |

（四）韵腹是 -i[ɿ]、-i[ʅ]

| 没词儿 | 石子儿 | 挑刺儿 | 记事儿 | 锯齿儿 | 墨汁儿 |

（五）韵尾是 ng

赶趟儿	瓜瓤儿	香肠儿	药方儿	鼻梁儿	花样儿
透亮儿	打晃儿	蛋黄儿	天窗儿	脖颈儿	钢镚儿
夹缝儿	提成儿	小瓮儿	打鸣儿	蛋清儿	花瓶儿
火星儿	门铃儿	人影儿	图钉儿	眼睛儿	抽空儿
果冻儿	胡同儿	酒盅儿	门洞儿	小葱儿	小熊儿

第七章 普通话水平测试朗读训练

第一节 文艺语体朗读训练

一、训练提示

（一）文艺语体及其特点

文艺语体是为了满足艺术生活交际需要所形成的书卷语体。其语言运用特点主要表现为：韵律感强，词汇形象色彩鲜明突出，句法结构灵活多变，多用比喻、比拟、夸张、通感、双关等修辞格，语篇结构对语境的依赖性较大。

文艺语体一般有诗歌体、散文体和对白体三种表现形式。诗歌体是诗词、民歌、童谣、快板、唱词等文学作品的语言体式，具有语调和谐、音韵合拍、节奏鲜明的特点。散文体是小说、游记、报告文学、传记文学、科幻小说等文学作品的语言体式，主要是通过叙述性的语言来描绘历史和现实。对白体是指戏剧、电影、小说中的人物对话，与谈话语体较为接近，是谈话语体的艺术加工形式。[1]

普通话水平测试中的朗读作品，其所属语体主要为散文体和对白体。

---

[1] 周芸、邓瑶、周春林（2011）《现代汉语导论》，北京：北京大学出版社，278—279页。

（二）文艺语体朗读应试技巧

文艺语体作品的朗读，在遵从原文的基础上，不仅要读准字音、处理好音变、控制好停连，还需从以下两个方面整体把握：

1. 找准朗读的整体基调

基调，是应试人朗读文章时赋予作品总的态度与情感色彩。一般来说，基调有欢快、忧伤、低沉、激昂等几种类型。文艺语体类作品的情感较为丰富，这就要求应试人在朗读之前仔细体会作品内涵，把握作者的内心感情和态度。文艺语体类作品多包含描写、抒情等内容，需要应试人立足全篇，从丰富想象和细腻情感入手，把握人物、事件和情节的发展变化。同时，朗读时重音的位置、句调的设置也会因个人的理解和感受的不同而形成一定的差异。因此，应试人在朗读时要基于对作品整体的思想情感，准确设计停连、重音、语气等技巧。

2. 体现朗读的节奏变化

节奏，是应试人朗读文章时根据文章思想感情的变化，在声音形式上所表现出来的抑扬顿挫、轻重缓急的回环往复，如由平静而紧张、由跳跃而舒缓、由沉郁而开朗等。文艺语体类作品往往都有其情节发展的脉络，这就需要应试人通过朗读节奏的变化体现出来，而这些都要基于应试人对作品基调的统领、情感起伏变化的掌控，才能自如表达和呈现。另一方面，文艺语体类作品朗读时有潜在的韵律感，在节奏和停连设置上要考虑到音节的匀称与和谐，注意重音的凸显、语气的贴合。此外，普通话调值的饱满到位，也是体现作品乐感的关键，需要应试人在朗读时从整体上调控和把握。

二、案例分析

文艺语体类作品的朗读，除了字词的声、韵、调、音变有明确的标准和依据外，语调的设置可以由应试人结合自己的思想情感体验及判断来进行处理。

下文示例中的标注，供应试人进行朗读训练时参考。其中："·"表示重音；"＿"表示次重音（即介于普通话轻重音的重音与中音之间）；"/"表示句内停顿，也是较短的停顿；"//"表示较大的停顿；"⌒"表示突破标点符号所进行的连读。

【示例】①

今年二月，我从海外回来，一脚踏进昆明，心都醉了。我是北方人，论季节，北方也许正是/搅天风雪，⌒水瘦山寒，云南的春天/却脚步儿勤，⌒来得快，到处早像催生婆似的/正在摧动花事。

花事最盛的去处/数着西山华庭寺。不到寺门，远远就闻见一股细细的清香，直渗进人的心肺。这是梅花，有红梅、⌒白梅、⌒绿梅，还有朱砂梅，一树一树的，每一树梅花都是一树诗。白玉兰花/略微有点儿残，娇黄的迎春/却正当时，//那一片春色啊，比起滇池的水来/不知还要深多少倍。

究其实/这还不是最深的春色。且请看/那一树，齐着华庭寺的廊檐一般高，油光碧绿的树叶中间/托出千百朵重瓣的大花，那样红艳，每朵花都像一团烧得正旺的火焰。这就是有名的茶花。不见茶花，你是不容易懂得"春深似海"这句诗的妙处的。

想看茶花，⌒正是好时候。我游过华庭寺，又冒着星星点点细雨/游了一次黑龙潭，这都是看茶花的名胜地方。原以为茶花一定很少见，不想在游历当中，时时望见竹篱茅屋旁边/会闪出一枝猩红的花来。听朋友说："这不算稀奇。要是在大理，差不多家家户户都养茶花。花期一到，各样品种的花儿争奇斗艳，那才美呢。"

我不觉对着茶花沉吟起来。茶花/是美啊。//凡是生活中美的事物/都是劳动创造的。是谁白天黑夜，⌒积年累月，拿自己的汗水浇着花，像抚育自己儿女一样/抚育着花秧，终于培养出这样绝色的好花？应该感谢那/为我们美化生活的人。

分析： 这是作家杨朔的作品《茶花赋》，语体上属于文艺语体类作品。朗读这篇作品时，首先要注意易错字词的声、韵、调及文中出现的音变，如易错字词"似的"、卷舌音字词"花儿""有点儿"、轻声词语"地方""朋友"、"啊"

---

① 周作人等（2007）《最美的散文（中国卷）》，北京：北京出版社，276页。

的音变"美啊"、平翘舌音字词"春色""春深似海"、后鼻音字词"名胜""正旺"、上声变调"品种""用手指着"、"一""不"变调"一树""不算"等，然后再围绕以下几个方面进行朗读训练：

从朗读基调来看，这是一篇托物言志的抒情散文。作者写的虽然是云南花事见闻，赞美的是茶花，抒发的却是自己的爱国热情。全文借绚丽多姿的茶花，喻祖国欣欣向荣的景象，充满了作者对美好生活的热爱和向往。全文多为短句，口语化色彩强烈，语言隽永清丽，基调偏向喜悦细腻的情感色彩，因此，可以运用重音来对细节加以点染。其中，"踏进昆明""心都醉了""沉吟起来""应该感谢"等句子极富情感表现，直接点明了作者的心意，应给予重音强调；"清香""心肺""春色"是外在环境与内心感受的结合，朗读时要注意语气上的呼应。

从节奏变化来看，文章前四个自然段讲的是回到昆明看到茶花的喜悦，充满了情趣，节奏宜明快舒缓；第五自然段描写作者对劳动人民的赞美，节奏更缓，有敬意之情，节奏舒缓自然。从韵律表现来看，文章的音乐性很强，音节对称明显。例如："脚步儿勤"与"来得快"是三音节对称，"海外回来""踏进昆明"与"白天黑夜""积年累月"又是四音节对称……应试人在朗读时，应力求情感基调与节奏韵律的和谐统一。

三、训练内容

（一）准确度训练

1. 读准下列句子中加点的易错字词。

（1）按照北京的老规矩，过农历的新年（春节），差不多在腊月的初旬就开头了。[1]

（2）曲曲折折的荷塘上面，弥望的是田田的叶子。[2]

（3）屋宇虽系新建，构造却极粗率，风从门窗隙缝中来，分外尖削。[3]

---

[1] 老舍（2018）《老舍散文精选集》，哈尔滨：北方文艺出版社，144页。
[2] 吴宏聪（1999）《中国现代文学作品选》，上海：华东师范大学出版社，320页。
[3] 张治富（2013）《经典诵读诗文精选》，北京：清华大学出版社，184页。

2. 读准下列句子中加点的难读字词。

（1）整条的大街像是办喜事，火炽而美丽。[1]

（2）我不禁头涔涔而泪潸潸了。[2]

（3）我们又踏过断碣残垣的明故宫，走出了午朝门，蹋蹋的直像前面山岛中进行。[3]

（二）音变训练

1. 读准下列句子中加点的轻声字词。

（1）但是我却要告诉你，虽然四年了你脱离去我们这共同活动的世界。[4]

（2）伺候着河上的风光，这春来一天有一天的消息。[5]

（3）把蒜瓣在这天放到高醋里，封起来，为过年吃饺子用的。[6]

2. 读准下列句子中加点的变调字词。

（1）这时候，请到城墙上走走，俯视秋湖，败柳残荷，水平如镜。[7]

（2）小小的燕子，飞着飞着，不会觉得倦吗？不会遇着疾风暴雨吗？[8]

（3）有一次是正冲着一条宽广的大道，过来一大群羊。[9]

3. 读准下列句子中加点的儿化词语。

（1）恐怕第三件事才是买玩艺儿——风筝、空竹、口琴等——和年画儿。[10]

（2）她抱着花儿，赤着脚儿，向着我微微地笑。[11]

（3）小山整把济南围了个圈儿，只有北边缺着点口儿。[12]

---

[1] 老舍（2018）《老舍散文精选集》，哈尔滨：北方文艺出版社，145页。
[2] 周作人等（2007）《最美的散文（中国卷）》，北京：北京出版社，93页。
[3] 周作人等（2007）《最美的散文（中国卷）》，北京：北京出版社，180页。
[4] 周作人等（2007）《最美的散文（中国卷）》，北京：北京出版社，162页。
[5] 周作人等（2007）《最美的散文（中国卷）》，北京：北京出版社，76页。
[6] 老舍（2018）《老舍散文精选集》，哈尔滨：北方文艺出版社，144页。
[7] 老舍（2020）《老舍经典散文集》，太原：山西人民出版社，98页。
[8] 张治富（2013）《经典诵读诗文精选》，北京：清华大学出版社，194页。
[9] 周作人等（2007）《最美的散文（中国卷）》，北京：北京出版社，76页。
[10] 老舍（2018）《老舍散文精选集》，哈尔滨：北方文艺出版社，144页。
[11] 张治富（2013）《经典诵读诗文精选》，北京：清华大学出版社，200页。
[12] 周作人等（2007）《最美的散文（中国卷）》，北京：北京出版社，108页。

4.按照标注,掌握"啊"的变读规律。

(1)新年眨眼就到了啊[iA]。①

(2)啊[A],乡愁呀,如轻烟似的乡愁呀?②

(3)可是啊[ZA],北国的秋,却特别地来得清!③

(三)语调训练

1.按照下列文中标注的停连位置,正确朗读文本。

(1)街上加多了货摊子——卖春联的、⌒卖年画的、⌒卖蜜供的、⌒卖水仙花的等等/都是只在这一季节/才会出现的。④

(2)我们/看夕阳,⌒看秋河,赏花,⌒听雨,⌒闻香。⑤

(3)那时暄气初消,月正圆,⌒蟹正肥,⌒桂花皎洁。⑥

2.按照下列文中标注的重音位置,正确朗读文本。

(1)沉默是一种处世哲学,用的好时,又是一种艺术。⑦

(2)连夜雨雪,一点星光都看不见。⑧

(3)山上的光景如何?没有看到。⑨

3.按照下列文中标注的句调模式,正确朗读文本。

(1)我生长在江南,儿时所受的江南冬日的印象,铭刻特深。⑩(平直调)

(2)过了两道小门,真是豁然开朗,别有天地!⑪(高升调)

(3)到徐州见着父亲,看见满院狼藉的东西,又想起祖母,不禁簌簌地流下眼泪。⑫(降抑调)

---

① 老舍(2018)《老舍散文精选集》,哈尔滨:北方文艺出版社,145页。
② 张治富(2013)《经典诵读诗文精选》,北京:清华大学出版社,194页。
③ 张治富(2013)《经典诵读诗文精选》,北京:清华大学出版社,187页。
④ 老舍(2018)《老舍散文精选集》,哈尔滨:北方文艺出版社,144页。
⑤ 宋建忠(2009)《现代散文鉴赏》,呼和浩特:内蒙古人民出版社,162页。
⑥ 宋建忠(2009)《现代散文鉴赏》,呼和浩特:内蒙古人民出版社,92页。
⑦ 朱自清(2016)《朱自清作品集》,北京:蓝天出版社,189页。
⑧ 宋建忠(2009)《现代散文鉴赏》,呼和浩特:内蒙古人民出版社,54页。
⑨ 老舍(2018)《老舍散文精选集》,哈尔滨:北方文艺出版社,241页。
⑩ 郁达夫(2006)《郁达夫散文集》,北京:西苑出版社,78页。
⑪ 朱自清(2016)《朱自清作品集》,北京:蓝天出版社,279页。
⑫ 朱自清(2016)《朱自清作品集》,北京:蓝天出版社,14页。

（四）自然流畅度训练

1. 按照标注的语气，正确朗读下面的句子。

（1）这样好蜜，不怕什么东西来糟害么？① （疑惑）

（2）他们也必须给儿童赶做新鞋新衣，好在新年时显出万象更新的气象。② （愉悦）

（3）原来是满野的荔枝树，一棵连一棵，每棵的叶子都密得不透缝！③ （惊讶）

2. 按照规定的时间，完成下列文本的朗读。

（1）桃树、杏树、梨树，你不让我，我不让你，都开满了花赶趟儿。红的像火，粉的像霞，白的像雪。花里带着甜味儿；闭了眼，树上仿佛已经满是桃儿、杏儿、梨儿。花下成千成百的蜜蜂嗡嗡地闹着，大小的蝴蝶飞来飞去。野花遍地是：杂样儿，有名字的，没名字的，散在草丛里，像眼睛，像星星，还眨呀眨的。④ （40秒）

（2）北国的槐树，也是一种能使人联想起秋来的点缀。像花而又不是花的那一种落蕊，早晨起来，会铺得满地。脚踏上去，声音也没有，气味也没有，只能感出一点点极微细极柔软的触觉。扫街的在树影下一阵扫后，灰土上留下来的一条条扫帚的丝纹，看起来既觉得细腻，又觉得清闲。⑤ （35秒）

（3）来到这儿你不妨权当一次画里的写意人物，坐在路旁的对松亭里，看看山色，听听流水的松涛。也许你会同意乾隆题的"岱宗最佳处"的句子。⑥ （20秒）

3. 按照指定的节奏模式，完成下列文本的朗读。

（1）春天，我将要住在杭州。二十年前，我到过杭州，只住了两天。那是旧历的二月初，在西湖上我看见了嫩柳与菜花，碧浪与翠竹。⑦ （舒缓型）

---

① 杨朔（2009）《杨朔散文选》，北京：人民文学出版社，75 页。
② 老舍（2018）《老舍散文精选集》，哈尔滨：北方文艺出版社，145 页。
③ 杨朔（2009）《杨朔散文选》，北京：人民文学出版社，75 页。
④ 朱自清（2016）《朱自清作品集》，北京：蓝天出版社，122 页。
⑤ 郁达夫（2006）《郁达夫散文集》，北京：西苑出版社，198 页。
⑥ 杨朔（1991）《杨朔文集》，济南：山东文艺出版社，153 页。
⑦ 老舍（2020）《老舍散文精选集》，太原：山西人民出版社，231 页。

（2）鸟儿将巢安在繁花嫩叶当中，高兴起来了，呼朋引伴地卖弄清脆的喉咙，唱出宛转的曲子，跟轻风流水应和着。①（轻快型）

（3）它叫吼着，猛烈地往岸边袭击了过来，冲进了岩石的每一个罅隙里，扰乱岩石的后方，接着又来了正面的攻击，刺打着岩石的壁垒。②（高亢型）

（五）短文朗读综合训练

按照文艺语体的要求，朗读下列文章。

（1）按照北京的老规矩，过农历的新年（春节），差不多在腊月的初旬就开头了。"腊七腊八，冻死寒鸦"，这是一年里最冷的时候。可是，到了严冬，不久便是春天，所以人们并不因为寒冷而减少过年与迎春的热情。在腊八那天，人家里，寺观里，都熬腊八粥。这种特制的粥是祭祖祭神的，可是细一想，它倒是农业社会的一种自傲的表现——这种粥是用所有的各种的米，各种的豆，与各种的干果（杏仁、核桃仁、瓜子、荔枝肉、莲子、花生米、葡萄干、菱角米……）熬成的。这不是粥，而是小型的农业展览会。

腊八这天还要泡腊八蒜。把蒜瓣在这天放到高醋里，封起来，为过年吃饺子用的。到年底，蒜泡得色如翡翠，而醋也有了些辣味，色味双美，使人要多吃几个饺子。在北京，过年时，家家吃饺子。

从腊八起，铺户中就加紧地上年货，街上加多了货摊子——卖春联的、卖年画的、卖蜜供的、卖水仙花的等等都是只在这一季节才会出现的。这些赶年的摊子都让儿童们的心跳得特别快一些。在胡同里，吆喝的声音也比平时更多更复杂起来，其中也有仅在腊月才出现的，像卖宪书的、松枝的、薏仁米的、年糕的等等。③

（2）盼望着，盼望着，东风来了，春天的脚步近了。

一切都像刚睡醒的样子，欣欣然张开了眼。山朗润起来了，水涨起来了，太阳的脸红起来了。

小草偷偷地从土里钻出来，嫩嫩的，绿绿的。园子里，田野里，瞧去，一大片一大片满是的。坐着，躺着，打两个滚，踢几脚球，赛几趟跑，捉几回迷

---

① 朱自清（2016）《朱自清作品集》，北京：蓝天出版社，122页。
② 张治富（2013）《经典诵读诗文精选》，北京：清华大学出版社，201页。
③ 老舍（2018）《老舍散文精选集》，哈尔滨：北方文艺出版社，144页。

藏。风轻悄悄的，草软绵绵的。

桃树、杏树、梨树，你不让我，我不让你，都开满了花赶趟儿。红的像火，粉的像霞，白的像雪。花里带着甜味儿；闭了眼，树上仿佛已经满是桃儿、杏儿、梨儿。花下成千成百的蜜蜂嗡嗡地闹着，大小的蝴蝶飞来飞去。野花遍地是：杂样儿，有名字的，没名字的，散在草丛里，像眼睛，像星星，还眨呀眨的。

"吹面不寒杨柳风"，不错的，像母亲的手抚摸着你。风里带来些新翻的泥土的气息，混着青草味儿，还有各种花的香，都在微微润湿的空气里酝酿。鸟儿将巢安在繁花嫩叶当中，高兴起来了，呼朋引伴地卖弄清脆的喉咙，唱出宛转的曲子，跟轻风流水应和着。牛背上牧童的短笛，这时候也成天嘹亮地响着。①

（3）燕子去了，有再来的时候；杨柳枯了，有再青的时候；桃花谢了，有再开的时候。但是，聪明的，你告诉我，我们的日子为什么一去不复返呢？——是有人偷了他们罢：那是谁？又藏在何处呢？是他们自己逃走了罢：现在又到了哪里呢？

我不知道他们给了我多少日子；但我的手确乎是渐渐空虚了。在默默里算着，八千多日子已经从我手中溜去；像针尖上一滴水滴在大海里，我的日子滴在时间的流里，没有声音，也没有影子。我不禁头涔涔而泪潸潸了。

去的尽管去了，来的尽管来着；去来的中间，又怎样地匆匆呢？早上我起来的时候，小屋里射进两三方斜斜的太阳。太阳他有脚啊，轻轻悄悄地挪移了；我也茫茫然跟着旋转。于是——洗手的时候，日子从水盆里过去；吃饭的时候，日子从饭碗里过去；默默时，便从凝然的双眼前过去。我觉察他去的匆匆了，伸出手遮挽时，他又从遮挽着的手边过去，天黑时，我躺在床上，他便伶伶俐俐地从我身上跨过，从我脚边飞去了。等我睁开眼和太阳再见，这算又溜走了一日。我掩着面叹息。但是新来的日子的影儿又开始在叹息里闪过了。②

（4）不管我的梦想能否成为事实，说出来总是好玩的：春天，我将要住在杭州。二十年前，我到过杭州，只住了两天。那是旧历的二月初，在西湖上我看见了嫩柳与菜花，碧浪与翠竹。山上的光景如何？没有看到。三四月的莺花

---

① 朱自清（2016）《朱自清作品集》，北京：蓝天出版社，122页。
② 周作人等（2007）《最美的散文（中国卷）》，北京：北京出版社，93页。

山水如何，也无从晓得。但是，由我看到的那点春光，已经可以断定杭州的春天必定会教人整天生活在诗与图画中的。所以，春天我的家应当是在杭州。

夏天，我想青城山应当算作最理想的地方。在那里，我虽然只住过十天，可是它的幽静已拴住了我的心灵。在我所看见过的山水中，只有这里没有使我失望。它并没有什么奇峰或巨瀑，也没有多少古寺与胜迹，可是，它的那一片绿色已足使我感到这是仙人所应住的地方了。到处都是绿，而且都是像嫩柳那么淡，竹叶那么亮，蕉叶那么润，目之所及，那片淡而光润的绿色都在轻轻的颤动，仿佛要流入空中与心中去似的。这个绿色会像音乐似的，涤清了心中的万虑，山中有水，有茶，还有酒。

秋天一定要住北平。天堂是什么样子，我不晓得，但是从我的生活经验去判断，北平之秋便是天堂。论天气，不冷不热。论吃食，苹果，梨，柿，枣，葡萄，都每样有若干种。至于北平特产的小白梨与大白海棠，恐怕就是乐园中的禁果吧，连亚当与夏娃见了，也必滴下口水来！果子而外，羊肉正肥，高粱红的螃蟹刚好下市，而良乡的栗子也香闻十里。论花草，菊花种类之多，花式之奇，可以甲天下。西山有红叶可见，北海可以划船——虽然荷花已残，荷叶可还有一片清香。衣食住行，在北平的秋天，是没有一项不使人满意的。[①]

（5）泰山极顶看日出历来被描绘成十分壮观的奇景。有人说：登泰山而看不到日出，就像一出大戏没有戏眼，味儿终究有点寡淡。

我去爬山那天，正赶上个难得的好天，万里长空，云彩丝儿都不见，素常烟雾腾腾的山头，显得眉目分明。同伴们都欣喜地说："明儿早晨准可以看见日出了。"我也是抱着这种想头，爬上山去。

一路上从山脚往上爬，细看山景，我觉得挂在眼前的不是五岳独尊的泰山，却像一幅规划惊人的青绿山水画，从下面倒展开来。最先露出在画卷的是山根底那座明朝建筑岱宗坊，慢慢地便现出王母池、斗母宫、经石峪。山是一层比一层深，一叠比一叠奇，层层叠叠，不知还会有多深多奇。万山丛中，时而点染着极其工细的人物。王母池旁边吕祖殿里有不少尊明塑，塑着吕洞宾等一些人，姿态神情是那样有生气，你看了，不禁会脱口赞叹说："活啦。"

画卷继续展开，绿荫森森的柏洞露面不太久，便来到对松山。两面奇峰对

---

① 老舍（2020）《老舍散文精选集》，太原：山西人民出版社，231页。

峙着，满山峰都是奇形怪状的老松，年纪怕不有个千儿八百年，颜色竟那么浓，浓得好像要流下来似的。来到这儿你不妨权当一次画里的写意人物，坐在路旁的对松亭里，看看山色，听听流水的松涛。也许你会同意乾隆题的"岱宗最佳处"的句子。且慢，不如继续往上看的为是……

一时间，我又觉得自己不仅是在看画卷，却又像是在零零乱乱翻动着一卷历史稿本。①

第二节 实用语体朗读训练

一、训练提示

（一）实用语体的类型及其特点

实用语体是为了满足专门化的实用交际领域语用需求而形成的书卷语体。其语言运用特点主要体现为：语音表达规范，词语使用专门化，句子结构完整，修辞格的使用具有一定的限制，语篇衔接而连贯，具有较强的逻辑性。

实用语体一般可分为政论语体、科学语体、事务语体、报道语体四类。政论语体主要包括政治报告、社论宣言、思想杂谈、文艺批评等政论文体的语言体式，具有弘扬真理、批判谬误、宣传鼓动等功能。科学语体主要包括学术专著、学术论文、研究报告、科技说明书等科学文体的语言体系，具有科学论证和说明自然、社会及人类思维的现象及其规律的功能。事务语体是国家机关、社会团体、企事业单位以及人民群众之间传递信息、处理事务（包括行政事务、法律事务、外交事务、经济事务等）所用的一种实用语体，具有严谨、明确和程式化的风格基调。报道语体主要包括消息、报道等新闻作品的语言体式，具有向社会公众传播新信息、对社会成员产生导向作用、进行信息沟通和组织群众等实用功能。②

---

① 杨朔（1991）《杨朔文集》，济南：山东文艺出版社，153—154页。
② 周芸、邓瑶、周春林（2011）《现代汉语导论》，北京：北京大学出版社，280—282页。

普通话水平测试中的朗读作品，多为科学语体，也有一些政论语体。

（二）实用语体朗读应试技巧

实用语体作品的朗读，除了遵从原文读准字音、掌握音变规律、控制好句读停连之外，还需要注意以下两方面的问题。

1. 关注朗读的对象感

实用语体一般都有具体的交际情境、明确的交际对象，应试人在朗读时要设想、感觉到对象的存在和对象的反应，并以此为依据调整话语表达。例如：科学语体，尤其是通俗科学语体，多用于研究者向非专业人员普及科学知识，朗读时语气要平和，凡涉及呈现事实、观点等方面的词语时都可以使用重音进行强调，从而彰显出文章的主题思想和事理关系。同时，为了避免听感上的单调乏味，应试人不妨将普通话的重音细分为不同的强度，如重音、次重音等，并以此来明确语义表达层次。

2. 揭示语句间的逻辑关系

在朗读实用语体时，事实和观点要清晰、逻辑推导过程要合理。在停顿技巧的处理上，其断句更为清晰，停顿更长，表示逻辑关系的关联词语常常需要强调。同时，停连要注意从意义层面而不是从韵律和节奏层面来进行。如果实用语体中还包含了议论、描写、抒情等话语表达方式，此时就要注意在保持文章基调统一的前提下，结合不同语句的表达功能及其风格色彩，理顺句与句、段与段之间的衔接和连贯。

二、案例分析

实用语体类作品的朗读，除了字词的声韵调、音变有明确的标准和依据外，语调的设置比文艺语体更加注重重音、停连的规整，语句表达的严谨性。

下文示例中的标注，供应试人进行朗读训练时参考；其中："．"表示重音；"＿"表示次重音；"／"表示句内停顿，也是较短的停顿；"／／"表示较大的停顿；"⌒"表示突破标点符号所进行的连读。

第七章 普通话水平测试朗读训练

【示例】①

　　中国古人从未把建筑当成一种艺术，但像在西方一样，⌒建筑一直是／艺术之母。正是通过作为建筑装饰，绘画与雕塑走向成熟，⌒并被认作是／独立的艺术。

　　技术与形式。中国建筑是一种土生土长的构筑系统，它在中国文明萌生时期／即已出现，其后／不断得到发展。它的特征性形式是立在砖石基座上的木骨架／即木框架，上面有带挑檐的坡屋顶。木框架的梁与柱之间，⌒可以筑幕墙，幕墙的专享功能是／划分内部空间及区别内外。∥中国建筑的墙与欧洲传统房屋中的墙不同，它不承受屋顶或上面楼层的重量，因而／可随需要而设或不设。建筑设计者通过调节开敞与封闭的比例，⌒控制光线和空气的流入量，一切全看需要及气候而定。∥高度的适应性／使中国建筑随着中国文明的传播／而扩散。

　　当中国的构筑系统／演进和成熟后，像欧洲古典建筑柱式那样的规则／产生出来，它们控制建筑物各部分的比例。∥在纪念性的建筑上，建筑规范／由于采用斗拱而得到丰富。斗拱由一系列置于柱顶的托木组成，在内边它承托木梁，⌒在外部它支撑屋檐。一攒斗拱中／包括几层横向伸出的臂，叫"拱"，梯形的垫木叫"斗"。∥斗拱本是结构中有功能作用的部件，它承托木梁／又使屋檐伸出得远一些。在演进过程中，斗拱有多种多样的形式和比例。早期的斗拱／形式简单，⌒在房屋尺寸中占的比例较大；后来斗拱变得小而复杂。因此，斗拱可作为房屋建造时代的／方便的指示物。

　　分析：在朗读这篇实用语体类的作品时，首先要注意易错字词的声韵调及文中出现的音变，如易错字词"攒""雕塑""木框架"、前后鼻音字词"文明""萌生""横向"、平翘舌音字词"组成""最初""存在"、上声变调"采用""尺寸""斗拱"、去声变调"那样""控制""构筑"、"一""不"的变调"一切""一种""不断"等，然后再围绕以下几个方面进行朗读训练。

　　从朗读的对象感来看，文章向受众介绍了中国传统建筑艺术的特点和风

---

① 梁思成（2016）《中国建筑艺术》，北京：北京出版社，49页。

貌。因此，作品的朗读基调应该亲切自然，字里行间都流露着作者对中国古建筑艺术的赞叹、对传统文化的热爱。文中对中国古建筑艺术的特点介绍得很清晰，易于读者理解。因此，表示建筑特点、与西方建筑相比较的词语都需要做重音处理。另外，本文科学术语较多，朗读时可以多设计一些停顿，以便清楚地区分出句子结构和主要信息，以便于听众的理解。

  从语句间的逻辑关系来看，文章内容主要是介绍中国古建筑的艺术魅力，多以陈述句为主。但是，为了唤起听众对我国传统文化的兴趣，文中通过层层递进，以探究的方式将问题展开，具有较强的逻辑性。为了突出作品的强调色彩，可以在下定义的词句中运用停顿来做处理。如果遇到字数较多的长句子，为了不影响对语义的理解，也可以采用以意群为单位的方式，将这些长句合理地断开。语段上，作品通篇都是在介绍中国古建筑的艺术特点。因此，段与段之间的语气要呈现出递进性，不可一开始就虚张声势，用力过猛。第一段直接体现出中国建筑艺术的独有魅力，语气上略带自豪感；第二、三段为介绍说明，中国的建筑风格也在随着时代的发展而演进，但中国特有的建筑精髓依然存在，这些内容能将人们带入想象的空间，朗读时应注意从语态上区分开来。

三、训练内容

（一）准确度训练

1. 读准下列短文中加点的易错字词。

（1）直到他们没入了山坳，依旧只有蓝天明月黑魃魃的山，歌声可是缭绕不散。[1]

（2）花如解语应多事，石不能言最可人。[2]

（3）对于物候的歌咏，唐宋大诗人是有杰出成就的。[3]

---

[1] 吴宏聪（1999）《中国现代文学作品选》，上海：华东师范大学出版社，335页。
[2] 竺可桢（2011）《中国文库：竺可桢科普创作选集》，北京：中国大百科全书出版社，125页。
[3] 竺可桢（2011）《中国文库：竺可桢科普创作选集》，北京：中国大百科全书出版社，125页。

2. 读准下列短文中加点的难读字词。

（1）它们虽然有时也捕捉鸟雀，却不是肉食动物，常吃的是杏仁、榛子、榉实和橡栗。①

（2）我自己常常力求这两句话之实现与调和，又常常把这两句话向我的朋友强聒不舍。②

（3）各构件之间的结点用榫卯相结合，构成了富有弹性的框架。③

（二）音变训练

1. 读准下列短文中加点的轻声字词。

（1）松鼠是一种漂亮的小动物，乖巧，驯良，很讨人喜欢。④

（2）它们常常直竖着身子坐着。⑤

（3）事情就是这样，他来进攻，我们把他消灭了，他就舒服了。⑥

2. 读准下列短文中加点的变调字词。

（1）在纪念性的建筑上，建筑规范由于采用斗拱而得到丰富。⑦

（2）一旦有适当的领袖，立时合为一家。⑧

（3）实际上，所谓绝对年龄，并不是绝对的，它只提供一个概略的数字。⑨

（三）语调训练

1. 按照下列文中标注的停连位置，正确朗读文本。

（1）自从某些物质蜕变现象／被发现以来，人们就利用某些元素，特别是／铀、⌒钍、⌒钾等的蜕变规律／来鉴定地层的年代。⑩

---

① 教育部审定（2016）《语文（五年级）》，北京：人民教育出版社，68 页。
② 梁启超（1989）《饮冰室合集》，北京：中华书局，282 页。
③ 梁思成（2016）《中国建筑艺术》，北京：北京出版社，49 页。
④ 教育部审定（2016）《语文（五年级）》，北京：人民教育出版社，68 页。
⑤ 教育部审定（2016）《语文（五年级）》，北京：人民教育出版社，68 页。
⑥ 毛泽东（1991）《毛泽东选集（第四卷）》，北京：人民出版社，1159 页。
⑦ 梁思成（2016）《中国建筑艺术》，北京：北京出版社，49 页。
⑧ 傅斯年（2022）《美感与人生》，济南：泰山出版社，183 页。
⑨ 李四光（2016）《天文·地质·古生物》，北京：地质出版社，128 页。
⑩ 李四光（2016）《天文·地质·古生物》，北京：地质出版社，128 页。

（2）解放以来，我们的地质部、⌒石油部、⌒中国科学院的工作人员／已经好几次横穿／新疆塔克拉玛干大戈壁。①

（3）他每日除上堂说法之外，还要自己／扫地、⌒擦桌子、⌒洗衣服，直到八十岁，⌒日日如此。②

2. 按照下列文中标注的重音位置，正确朗读文本。

（1）自然科学家的任务就在于了解这种本质，使石头和花卉能说出宇宙的秘密。③

（2）学问是不能离开智慧的，没有智慧的学问，便是死的学问。④

（3）沙漠是这样荒凉，空中看不见一只飞鸟，地上看不到一只走兽。⑤

3. 按照下列文中标注的句调模式，正确朗读文本。

（1）我们可以把书分为两大类：一类是有智慧的，一类是无智慧的。有智慧的书，是每字每句，都如珠玉似的晶莹，斧凿般的犀锐，可以启发人的心灵，开辟人的思想，有时可以引申成一篇论文，或成一本专书。⑥（平直调）

（2）植物旅行又用什么办法？⑦（高升调）

（3）这是一种最原始而简单的结构，除山区林地之外，已很少见到了。⑧（降抑调）

（四）自然流畅度训练

1. 按照标注的语气，正确朗读下面的句子。

（1）春天来临的指标是什么呢？⑨（疑问）

---

① 竺可桢（2011）《中国文库：竺可桢科普创作选集》，北京：中国大百科全书出版社，125页。
② 梁启超（1989）《饮冰室合集》，北京：中华书局，282页。
③ 竺可桢（2011）《中国文库：竺可桢科普创作选集》，北京：中国大百科全书出版社，125页。
④ 罗家伦（1995）《理趣小品》，武汉：长江文艺出版社，137页。
⑤ 竺可桢（2011）《中国文库：竺可桢科普创作选集》，北京：中国大百科全书出版社，125页。
⑥ 罗家伦（1995）《理趣小品》，武汉：长江文艺出版社，137页。
⑦ 戴巴棣（2020）《植物妈妈有办法》，武汉：长江少年儿童出版社，44页。
⑧ 梁思成（2016）《中国建筑艺术》，北京：北京出版社，49页。
⑨ 竺可桢（2011）《中国文库：竺可桢科普创作选集》，北京：中国大百科全书出版社，125页。

（2）据说，每逢农历端阳节，男男女女便在鸣沙山上聚会，然后纷纷顺着山坡翻滚下来。这时候沙便发出轰隆的巨响，像打雷一样。①（惊讶）

（3）大自然有很多天然的指南针，会帮助你辨别方向。②（提醒）

2. 按照规定的时间，完成下列文本的朗读。

（1）以石头而论，譬如化学家以同位素的方式，使石头说出自己的年龄；地球物理学家以地震波的方式，使岩石能表白自己离开地球表面的深度；地质学家和古生物学家以地层学的方式，初步摸清了地球表面即地壳里三四十亿年以来的石头历史。③（35秒）

（2）群众把会发出声音的沙地称为"鸣沙"。现在宁夏回族自治区中卫县靠黄河有一个地方名叫鸣沙山，即沙坡头地方，科学院和铁道部等机关在这里设有治沙站。④（20秒）

（3）我们从唐、宋诗人所吟咏的物候，也可以看出物候是因地而异、因时而异的。换言之，物候在我国南方与北方不同，东部与西部不同，山地与平原不同，而且古代与今日不同。为了了解我国南北、东西、高下、地点不同，古今时间不同而有物候的差异，必须与世界其他地区同时讨论，方能收相得益彰之效。⑤（40秒）

3. 按照指定的节奏模式，完成下列文本的朗读。

（1）中国现存最早的木构建筑是山西省五台山佛光寺大殿。它单层七间，斗拱雄大，比例和设计无比的雄健庄严。⑥（舒缓型）

（2）像上面所讲，贾思勰在《齐民要术》里所指出的那样，杏花开了，好像它传语农民赶快耕土；桃花开了，好像它暗示农民赶快种谷子；春末夏初布谷

---

① 竺可桢（2011）《中国文库：竺可桢科普创作选集》，北京：中国大百科全书出版社，97页。
② 戴巴棣（2020）《植物妈妈有办法》，武汉：长江少年儿童出版社，44页。
③ 竺可桢（2011）《中国文库：竺可桢科普创作选集》，北京：中国大百科全书出版社，125页。
④ 竺可桢（2011）《中国文库：竺可桢科普创作选集》，北京：中国大百科全书出版社，97页。
⑤ 竺可桢（2011）《中国文库：竺可桢科普创作选集》，北京：中国大百科全书出版社，126页。
⑥ 梁思成（2016）《中国建筑艺术》，北京：北京出版社，49页。

鸟来了,我们农民知道它讲的是什么话:"阿公阿婆,割麦插禾。"①(轻快型)

(3)中国人民将会看见,中国的命运一经操在人民自己的手里,中国就将如太阳升起在东方那样,以自己的辉煌的光焰普照大地,迅速地荡涤反动政府留下来的污泥浊水,治好战争的创伤,建设起一个崭新的强盛的名副其实的人民共和国。②(高亢型)

(五)短文朗读综合训练

按照实用语体的要求,朗读下列文章。

(1)立春过后,大地渐渐从沉睡中苏醒过来。冰雪融化,草木萌发,各种花次第开放。再过两个月,燕子翩然归来。不久,布谷鸟也来了。于是转入炎热的夏季,这是植物孕育果实的时期。到了秋天,果实成熟,植物的叶子渐渐变黄,在秋风中簌簌地落下来。北雁南飞,活跃在田间草际的昆虫也都销声匿迹。到处呈现一片衰草连天的景象,准备迎接风雪载途的寒冬。在地球上温带和亚热带区域里,年年如是,周而复始。

几千年来,劳动人民注意了草木荣枯、候鸟去来等自然现象同气候的关系,据以安排农事。杏花开了,就好像大自然在传语要赶快耕地;桃花开了,又好像在暗示要赶快种谷子。布谷鸟开始唱歌,劳动人民懂得它在唱什么:"阿公阿婆,割麦插禾。"这样看来,花香鸟语,草长莺飞,都是大自然的语言。

这些自然现象,我国古代劳动人民称它为物候。物候知识在我国起源很早。古代流传下来的许多农谚就包含了丰富的物候知识。到了近代,利用物候知识来研究农业生产,已经发展为一门科学,就是物候学。物候学记录植物的生长荣枯,动物的养育往来,如桃花开、燕子来等自然现象,从而了解随着时节推移的气候变化和这种变化对动植物的影响。③

(2)物候现象的来临决定于哪些因素呢?

首先是纬度。越往北桃花开得越迟,候鸟也来得越晚。值得指出的是物候

---

① 竺可桢(2011)《中国文库:竺可桢科普创作选集》,北京:中国大百科全书出版社,147页。
② 毛泽东(1991)《毛泽东选集(第四卷)》,北京:人民出版社,1467页。
③ 竺可桢(2011)《中国文库:竺可桢科普创作选集》,北京:中国大百科全书出版社,125页。

现象南北差异的日数因季节的差别而不同。中国大陆性气候显著,冬冷夏热。冬季南北温度悬殊,夏季却相差不大。在春天,早春跟晚春也不相同。如在早春三四月间,南京桃花要比北京早开二十天,但是到晚春五月初,南京刺槐开花只比北京早十天。所以在华北常感觉到春季短促,冬天结束,夏天就到了。

经度的差异是影响物候的第二个因素。凡是近海的地方,比同纬度的内陆,冬天温和,春天反而寒冷。所以沿海地区的春天的来临比内陆要迟若干天。如大连纬度在北京以南约一度,但是在大连,连翘和榆叶梅的盛开都比北京要迟一个星期。又如济南苹果开花在四月中或谷雨节,烟台要到立夏。两地纬度相差无几,但烟台靠海,春天便来得迟了。

影响物候的第三个因素是高下的差异。植物的抽青、开花等物候现象在春夏两季越往高处越迟,而到秋天乔木的落叶则越往高处越早。不过研究这个因素要考虑到特殊的情况。例如秋冬之交,天气晴朗的空中,在一定高度上气温反比低处高。这叫逆温层。由于冷空气比较重,在无风的夜晚,冷空气便向低处流。这种现象在山地秋冬两季,特别是这两季的早晨,极为显著,常会发现山脚有霜而山腰反无霜。在华南丘陵区把热带作物引种在山腰很成功,在山脚反不适宜,就是这个道理。①

(3)物候观测使用的是"活的仪器",是活生生的生物。它比气象仪器复杂得多,灵敏得多。物候观测的数据反映气温、湿度等气候条件的综合,也反映气候条件对于生物的影响。应用在农事活动里,比较简便,容易掌握。物候对于农业的重要性就在这里。此外,物候现象来临的迟早还有古今的差异。

物候学这门科学接近生物学中的生态学和气象学中的农业气象学。物候学的研究首先是为了预报农时,选择播种日期。此外还有多方面的意义。物候资料对于安排农作物区划,确定造林和采集树木种子的日期,很有参考价值,还可以利用来引种植物到物候条件相同的地区,也可以利用来避免或减轻害虫的侵害。我国有很大面积的山区土地可以耕种,而山区的气候、土壤对农作物的适应情况,有很多地方还有待调查。为了便利山区的农业发展,开展山区物候观测是必要的。

---

① 竺可桢(2011)《中国文库:竺可桢科普创作选集》,北京:中国大百科全书出版社,125页。

物候学是关系到农业丰产的科学,我们要进一步加强物候观测,懂得大自然的语言,争取农业更大的丰收。①

(4)中国建筑是一种土生土长的构筑系统,它在中国文明萌生时期即已出现,其后不断得到发展。它的特征性形式是立在砖石基座上的木骨架即木框架,上面有带挑檐的坡屋顶。木框架的梁与柱之间,可以筑幕墙,幕墙的唯一功能是划分内部空间及区别内外。中国建筑的墙与欧洲传统房屋中的墙不同,它不承受屋顶或上面楼层的重量,因而可随需要而设或不设。建筑设计者通过调节开敞与封闭的比例,控制光线和空气的流入量,一切全看需要及气候而定。高度的适应性使中国建筑随着中国文明的传播而扩散。

当中国的构筑系统演进和成熟后,像欧洲古典建筑柱式那样的规则产生出来,它们控制建筑物各部分的比例。在纪念性的建筑上,建筑规范由于采用斗拱而得到丰富。斗拱由一系列置于柱顶的托木组成,在内边它承托木梁,在外部它支撑屋檐。一攒斗拱中包括几层横向伸出的臂,叫"拱",梯形的垫木叫"斗"。斗拱本是结构中有功能作用的部件,它承托木梁又使屋檐伸出得远一些。在演进过程中,斗拱有多种多样的形式和比例。早期的斗拱形式简单,在房屋尺寸中占的比例较大;后来斗拱变得小而复杂。因此,斗拱可作为房屋建造时代的方便的指示物。②

(5)倪培石的发现具有重要意义。研究团队介绍,倪培石是目前在自然界中发现的最富铈的硅酸盐矿物。倪培石属稀土矿物,稀土元素常被称为"现代工业的维生素",能够广泛应用于航天、新能源、先进制造等高新技术产业。倪培石还对探讨稀土矿床早期成矿作用具有重要研究价值。

这种新矿物发现于河南省西峡县太平镇稀土矿,从发现到正式获得批准,历经了两年多的时间。2021年,课题组采集到矿石标本;2022年初,在对该矿石进行稀土元素赋存状态研究时,发现了一种具有特殊成分的稀土矿物,通过物理性质、化学成分等系统矿物学研究后,确认其应为一种硅铈石超族的新矿物。

随着近年来对基础研究的重视,我国在新矿物研究领域取得了突破性进

---

① 竺可桢(2011)《中国文库:竺可桢科普创作选集》,北京:中国大百科全书出版社,125—126页。
② 梁思成(2016)《中国建筑艺术》,北京:北京出版社,49页。

展,发现数量不断上升。值得一提的是,倪培石因其独特的化学成分与晶体结构特征,打破了硅铈石矿物族原有的分类命名体系。最终,以南京大学地球科学与工程学院倪培教授的名字命名,致敬他长期以来在钨、锡多金属以及稀有、稀土矿床研究领域的卓越成就。[①]

[①] 常钦(2024)我国科研团队发现自然界新矿物倪培石,《人民日报》,1月23日第12版。

第八章 普通话水平测试说话训练

第一节 叙述性话题训练

一、训练提示

（一）什么是叙述性话题

叙述是对事件的发展变化过程、人物的经历和场景、空间的转换所进行的讲述。叙述性话题就是采用叙述的表达方法进行表达的话题。叙述性话题主要以记人、状物、叙事等为主要内容，一般以人物的活动经历和事物的发展变化为主，介绍人物性格、交代事件的发展脉络、表达作者对事物的独有认识及自己的内心情感。

人物类、状物类的叙述性话题，其突出的特点是形象鲜明，即在叙述过程中要充分展现人物的个性、事物的特点。形象鲜明的叙述，可以增强表达的吸引力和感染力，让听者对应试人所讲述的人和物产生深刻的印象。

叙事类的叙述性话题，其突出的特点是过程完整、情节生动。所谓"过程完整"，是指叙述时要依据一定的逻辑线索来展现人物活动、情感态度变化，以及事件发生发展变化的整个过程，尤其要注意叙述的时间、空间、因果和情感的逻辑。通常，叙述包含时间、地点、人物、事件、原因和结果等要素。在叙述过程中，合理把握六要素能够使听者清晰地了解应试人所要呈现的关于时空、因果、情感变化等关键信息。所谓"情节生动",是指叙述性话题的感染力强。在叙述的过程中,应试人不仅要立足于宏观的整体脉络进行叙述,而且还需要展现微观情节,避免话语表达的枯燥乏味。

(二)叙述性话题的思路及表达

1. 叙述性话题的思路

下面分别以人物类、叙事类的叙述性话题为例,对叙述性话题的思路进行说明。

【示例一】我最敬重的人

总说:开篇点明"我"最敬重的人是谁;抓住关键词"敬重",说清楚人物身上令人敬重的品质具体有哪些。

分说:围绕上述提到的品质展开具体叙述:品质一(围绕具体事件展开);品质二(围绕具体事件展开);品质三(根据命题说话时间决定是否要展开)。[提示]注意选取典型的具体事件,并在事件中全面展现人物的鲜明特点,突出其品质,使事件序列与整个话题表达的逻辑结构高度契合。

总说:进行话题总结。

【示例二】难忘的一件事

总说:开篇点题,讲清楚在"我"所经历的事情中,哪件事情最令"我"难忘,它令"我"难忘的原因是什么。

分说:围绕时间、地点、人物、事件、原因和结果等要素完整呈现事件发生发展变化的过程,抓住其中令人难忘的典型情节进行叙述,使其生动、有吸引力。

总说:围绕"难忘",叙述这件事带给"我"的感悟,如"这件事让我学会(明白/领悟)了……"等。

2. 叙述性话题的表达

叙述性话题的表达要求依据一定的逻辑线索来展现人物活动、情感态度变化,以及事件发生发展变化的过程。所以,应试人在表达时要按照一定的顺序来进行叙述;如果顺序乱了,会给人以杂乱无章之感。

在普通话命题说话测试中，常用的叙述顺序有顺叙、倒叙和插叙。

顺叙是按照事件发生、发展的时间先后顺序来进行叙述的方法。顺叙能够使事件的叙述有头有尾，脉络清晰，前后自然贯通。当然，在运用顺叙时，要注意对叙述材料的剪裁，并赋予一定的主观感情，做到详略得当、主次分明，以免给听者"记流水账"的感觉。例如：话题"我的学习生活"，就不能简单地以"我"的学习生活的时间推移为顺序，流水账式地叙述一天的学习生活内容，让听者产生枯燥无味之感。

倒叙是根据表达的需要，把事情的结局或者某个突出的片段提前，放在开头先叙述，然后再按照事情原来的发展顺序叙述。在叙述的过程中，恰当使用倒叙，可以避免平铺直叙，使叙述产生悬念，引人入胜，起到特殊的表达效果。由于倒叙打乱了事件发展的顺序，如果使用不当，容易使听者产生混乱的感觉，所以在运用倒叙时要注意叙述的有序性，在讲述过程中恰当地采用过渡句或过渡段进行衔接。例如：话题"我最敬佩的老师"就可以采用倒叙的方式，先截取某个事件中人物值得尊敬的行为进行精彩叙述，抓住听者的兴趣，吸引注意力，后面的叙述再按照人物经历、事件发展的顺序围绕话题依次展开。当然，也可以在话题开头先对人物及其所经历事件的结局进行片段式讲述，由眼前的事或物自然引出回忆，在追叙往事的过程中把人物的优秀品质或行为突出出来，让听者对人物产生崇敬之情。

插叙是出于表达的需要，暂时中断原来的叙述线索，插入与中心事件相关事件的叙述顺序。插叙可以推动情节发展，使语言表达富于变化；能够揭示人物心理变化，展示丰满的人物形象；可以揭示和升华主题，使内容表达更加充实。在具体运用插叙时，应试人可以使用一些时间提示语来引入插叙部分，中断原叙述线索后进行相关内容的补充、介绍和说明。在插叙之后，应试人应注意安排一两句过渡性的话语来结束插叙，自然回到原来的叙述线索。

二、案例分析

【示例三】 我和体育

我们常常说，一个人不仅要做一个有知识的人，还要拥有强健的体魄，而后者就需要运动。

初中时，初一开学时，运动会参加了八百米跑步，田径场整整两大圈……呃……直接累倒在终点。当时的自己，在跑完那一刻才明白，自己原来这么弱。后来经过两年的训练，跑步再也不是自己害怕的事情了，并且在春运会的时候也参加了篮球赛，虽然上场的机会不多，但对于我，能上场就已经很满足了。

高中因为学业压力大所以我对于体育都不是那么地重视，但我并没有停止运动……呃……每年冬运会的田径项目我都会参加，我超喜欢迎着风跑的感觉。而春运会的篮球赛我也是主力，虽然高一时我们连半决赛都没进，但和小伙伴一起打球真的很开心。

大学因为刚入学不久，很多时候觉得不适应，但是冬运会我抱着试一试的态度参加了，结果让人意想不到，我被选上了……呃……后来半个月的训练真的很累，有时脚疼到连路都走不动，但是我不后悔参加这个运动。训练很辛苦，但是进步很明显，这是最让我高兴的……呃……

我和体育几乎就是围绕田径和篮球进行的。虽然是一个女生，但我确实很喜欢体育以及和体育相关的事情。

分析：话题表达能够围绕主题，按照从初中到高中、大学的时间顺序来讲述自己与体育相关的事情。但是，由于应试人没有抓取典型的事件进行重点叙述和描写，话语表达显得流程化，听起来非常平淡；加之应试人缺乏对"我和体育"之间关系的内心感悟，表达效果并不理想。

除语音标准程度方面的问题外，应试人的话语表达中，多次出现词语搭配不当、成分残缺、成分冗余、指代不明等词汇语法不规范的问题。例如："我们常常说，一个人不仅要做一个有知识的人，还要拥有强健的体魄，而后者就需要运动"，可以改为"作为一名当代青年，我们不仅要掌握丰富的知识，而且还要拥有强健的体魄。通过不断地学习，我们才能成长为一个博学多才的人，而要增强体魄，就需要坚持体育锻炼"。又如："初中时，初一开学时，运动会参加了八百米跑步，田径场整整两大圈……呃……直接累倒在终点"，可以改为"记得初一运动会时，我参加了八百米跑步项目。这对我来说，非常具有挑战性。当时，我拼尽全力在田径场上跑了整整两圈，到达终点时直接累得躺倒在地上"。

此外，话语表达过程中还多次出现了短暂停顿，影响了句子语义表达的自然流畅度。应试人语速相对较慢，话语信息量明显不足，说话时长不足3分钟。

三、训练内容

（一）素材积累训练

1. 设想2—3个场景，根据不同的场景向大家介绍你自己，每次表达时间不少于1分钟。

2. 叙述2—3个励志人物在挫折中成长的故事，每次表达时间不少于1分钟。

3. 叙述2—3个成语故事，每次表达时间不少于1分钟。

4. 选取2—3个生活中你喜欢做的事情进行讲述，每次表达时间不少于1分钟。

（二）表达思路训练

根据下面叙述性话题的开头及提示，将话题延续下去，时间不少于3分钟。

1. 周末对于一个忙碌了一周的人来说是非常珍贵的。正因为珍贵，我会好好珍惜我的每一个周末。我的周末通常都是这样安排的……这样的周末给我的生活带来了……让我感到……我喜欢这样的周末……

2. 我的家庭是一个普通但又不普通的家庭。我的家庭和大多数家庭一样………但是，我的家庭有着与其他家庭不同的特殊之处………这样的家庭教会了我………我的家庭就是这样一个………

3. 我喜欢的这个地方并不是什么著名的风景名胜，但是………这个地方承载了我太多的回忆……是我成长经历中最为重要的一个地方……它给了我……这是我一生难以忘怀的地方……

（三）说话综合训练

结合实际，在下列每类话题中选取1个话题，连续说一段话，限时3分钟。

1. 人物类叙述性话题

（1）假如我是……

（2）我的同桌

（3）榜样的力量

（4）我知道的伟人

（5）我的良师益友

[提示] 人物类叙述性话题的表达，要突出人物的形象特征，展现人物的个性、品质等。说到与人物有关的事件时，要选取能够充分展现人物本质的典型事件。

下面以话题"假如我是………"为例，进行具体思路设计：①开头具体点明假如"我"是什么。例如，假如："我"是一名医生、假如"我"是一位父亲等。②具体叙述如果"我"是一名医生或一位父亲，"我"希望自己是一名什么样的医生或一位什么样的父亲，"我"会怎样对待这个角色，履行"我"的职责。③最后说明"我"为什么会选择成为一名医生或一位父亲。

2. 状物类叙述性话题

（1）生日礼物

（2）我读过的好书

（3）记忆中的城市

[提示] 状物类叙述性话题的表达，要抓住事物的特点，进行生动形象的描述。表达时，要注意增强话语的吸引力和感染力，让听者对所描述的事物产生深刻的印象。状物类叙述性话题的表达跟说明性话题的表达不同，状物类叙述性话题的表达关注的是事物背后所隐藏的故事，而说明性话题的表达主要是针对事物的本质及其特征等进行清晰的介绍。

下面以话题"我读过的好书"为例，进行具体思路设计：①开头具体点明"我"读过的好书是什么。例如："我"读过的好书是《三国演义》。②具体叙述"我"在读《三国演义》的过程中有什么样的故事让"我"记忆深刻，如关羽"温酒斩华雄"、刘备"三顾茅庐"请诸葛亮出山共事、周瑜和诸葛亮巧施妙计"火烧赤壁"等。③最后指出"我"读完这本书之后有什么体会，对自己的人生有什么启示等。

3. 叙事类叙述性话题

（1）我的成长经历

（2）岁月中的温暖记忆

（3）我的休闲时光

（4）一次集体活动

（5）难忘的春游

（6）有趣的体育活动

（7）我的座右铭：越努力越幸福

（8）照片背后的故事

[提示]叙事类叙述性话题的表达，首先，要注意事件选取的典型性，让事件的讲述更具"可听性"和价值意义，避免"流水账"式的讲述。其次，要依据一定的逻辑线索进行表达，以免出现杂乱无章、东拉西扯的现象。最后，结尾时要注意主题的提升。

下面以话题"我的成长经历"为例，进行具体思路设计：①开头概括性地点明主题。比如，"我"的成长经历是坎坷的……，或者"我"的成长经历是一帆风顺的……，或者"我"的成长经历是幸福的……②根据主题，对"坎坷""一帆风顺""幸福"等进行具体叙述。表达时，要抓住自己成长过程中的关键性事件进行叙述，做到情节生动、引人入胜。③总结这样的成长历程给了自己怎样的感受或感悟。

第二节 说明性话题训练

一、训练提示

（一）什么是说明性话题

说明是用简洁的语言对事物的性质、特征、关系、功用等进行清晰介绍的表达方式。说明性话题以说明为主要表达方式，一般分为两种类型：一是说明某一具体的事物，即通过把握事物的特征，揭示出事物的本质属性，如说明某一动物或植物、介绍某一处所等；二是说明某一抽象的事理，即通过说明事理，揭示其内部的规律，如说明某地风俗习惯、介绍某一职业行为规范等。

说明性话题具有科学严谨、简练明确、具体生动等特点。科学严谨，是指在说明事物或事理时，应依据客观事实和真理，用严谨的态度、科学的方法说清楚"是什么"和"为什么"。简练明确，是指话语表达精练，语义明白易懂，能够让听者准确把握事物或事理的关键特征。具体生动，是指通过形象的手法来说明事物，使被说明的事物具有生动性和形象性。

（二）说明性话题的思路和表达

1. 说明性话题的思路

说明性话题的构建，最关键的就是要明确说明顺序。说明顺序是指能表现事物或事理本质特征的顺序，也是符合人们认识事物和事物规律的顺序。

在普通话水平测试中，说明性话题常用的说明顺序有时间顺序、空间顺序和逻辑顺序。时间顺序常用于说明生产技术、产品制作、历史发展、人物成长、动植物生长等。空间顺序常用于说明静态实体（如建筑物等），说明要合乎人们观察事物的习惯，如从外到内、从上到下、从整体到局部来进行说明。逻辑顺序常用于说明抽象事理（如思想、观点、概念、原理等），说明时或由个别到一般，或由具体到抽象，或由主要到次要，或由现象到本质，或由原因到结果等。

需要说明的是，说明性话题往往以一种说明顺序为主，有时也会兼用其他说明顺序。例如：说明事物时，常会采用从概括到具体的逻辑顺序；举例时，则会采用时间顺序或空间顺序进行说明。同时，为了强调说明顺序的层次性，可以在段首或段尾设置说明性话题的语段中心句，并使用"首先""总之""与此同时"等词语来衔接语句和语段。

下面分别以话题"我喜欢的地方小吃"和"让我心驰神往的地方"为例，对说明性话题的思路进行说明。

【示例一】我喜欢的地方小吃

总说：点明我喜欢的地方小吃是什么。

分说：先抓住这种地方小吃的特色进行说明，然后说明这种地方小吃和地方文化的关系或渊源。[提示]地方小吃的特色，可以是色香味等方面的特色，也可以是制作工艺等方面的特点。说明时，可适当结合叙述、描写、抒情等表达方式以增加说明的生动性和形象性。

总说：围绕"喜爱"之情进行话题总结。

【示例二】让我心驰神往的地方

总说：开篇点题，让"我"心驰神往的地方是哪里？

分说：抓住这个地方的特色，具体说明这个地方让"我"心驰神往的原因：一……二……三……[提示]首先，这个地方令"我"心驰神往的原因，可能是因为这个地方的独特性，也可能是和这个地方有关的人或事，注意选取适合的角度，扣紧主题、详略得当地进行说明。其次，除了上面采用的从原因到结果的逻辑顺序，还可以根据所选取的地方的特点，采用空间顺序进行说明。

总说：进行话题总结。

2. 说明性话题的表达

在完成普通话水平测试的说明性话题表达时，常用的说明方法有下定义、列数字、举例子、作比较等。

下定义，就是用简明扼要的语言对事物或事理的本质特征进行规定性说明。应试人采用这种说明方法时，要注意定义的科学性和准确性，运用简明的语言、科学的术语去彰显事物或事理的本质特征。

列数字，就是用数据说明事物的特征或事理的依据。列数字，能够准确客观地反映事实情况，准确地说明事物和事理的特点，往往具有较强的说服力。在使用这种说明方法时，要注意数据的准确性，否则会影响说明的可信度。

举例子，就是举出实际的例子来对事物或事理加以说明。这种方法能够使应试人所表达的意思更加明确，也能让听者更容易理解和把握被说明的事物。使用该方法时，要注意所选例子要具有典型性和代表性。

作比较，就是用两种或两种以上的事物作比较，以突出所要说明的事物或事理的特点，尤其是在说明听者不熟悉的事物或抽象事理时，作比较可以让话语更加容易理解。运用这种说明方法，可以是横向比较，也可以是纵向比较；可以用同类事物或事理进行比较，也可以用异类事物或事理进行比较。

此外，说明性话题还可以使用打比方、分类别、作诠释等说明方法。打比方是利用本质不同的两种事物或事理之间的相似点进行说明，以增强说明的形象性和生动性。分类别是根据一定的标准，将同一（类）事物或事理分成若干小类进行介绍。作诠释是从某个侧面对事物或事理的特点进行具体解释，它与下定义不同。下定义要求完整地揭示概念的内涵和外延，而作诠释只要求揭示概念的部分内涵和外延。

二、案例分析

【示例三】我喜欢的文学形式

生活中处处皆是文学，大部分人都有自己喜欢的文学吧！有的人喜欢故事，有的人喜欢听评书，有的人喜欢抒情散文。而我最喜欢的就是一些励志的小故事。

也许是我这个人比较负，因此我需要经常喝喝心灵鸡汤，让自己充满正能量。在《你配得上最好的人生》一书中，就有几个小故事让我精神振奋。其中说到小辉，她决定考研，第一年，她准备好了，但是失败了。第二年也失败了，第三年她通过努力终于成功考上了北大的研究生。这个女孩儿，不懈努力着，为了坚持自己的梦想……呃……书里还有一个男生，他遇到挫折并没有气馁，他说："没有紧箍咒，孙悟空就不能修成正果。"人人都会有戴上紧箍儿的时候，而我们要做的就是虽在那样令人苦闷的环境下生活，也要坚持……呃……走下去。

还有一篇散文，我也很喜欢，记得里面是这样说的："每一个不曾起舞的日子，都是对生命的辜负。青春是用来绽放的，不是用来虚度的。珍惜青春，在一切刚刚开始的时候，留下属于自己的青春印记吧！"

每个人对自己喜欢的文学都有独到的见解，文学是我们精神的依托，是我们心灵的陪伴，这就是我喜欢文学的原因。

分析： 应试人在进行命题说话时，没有审准题。该话题的关键词之一为"文学形式"，文学形式包括小说、戏剧、散文、诗歌等。应试人应在上述文学形式中选取一种文体，并围绕其特点进行科学严谨、简洁明确、具体生动的说明。这段话从整体上来看，没有呈现出清晰的说明脉络。

除语音标准程度方面的问题外，应试人的话语表达中，多次出现用词不当、语序不当等词汇语法不规范的问题。例如："也许是我这个人比较负"，可以改为"也许我是一个悲观者"或者"也许我比较悲观"。又如："这个女孩儿，不懈努力着，为了坚持自己的梦想"，可以改为"这个女孩儿为了坚持自己的梦想不懈地努力着"。

此外，应试人在表达时，语流中出现了几次短暂的停顿，句调、轻重音、停连不自然，影响了语言表达的自然流畅度；话语信息量明显不足，说话时长不足3分钟。

三、训练内容

（一）素材积累训练

1. 选取 2—3 种你喜欢吃的水果，对其生长习性、特点、食用价值等进行说明，每次表达时间不少于 1 分钟。

2. 选取 2—3 种你所了解的非物质文化遗产进行说明，每次表达时间不少于 1 分钟。

3. 选取 2—3 个你喜欢的地标建筑进行说明，每次表达时间不少于 1 分钟。

4. 选取 2—3 种生活中常用的科技产品进行说明，每次表达时间不少于 1 分钟。

（二）表达思路训练

根据下面说明性话题的开头及提示，将话题延续下去，时间不少于3分钟。

1. 我是一个骑行爱好者……骑行是一种……骑行常用的装备主要有……骑行具有很多的好处……骑行这项运动给了我……

2. 茶，是我认为最好的饮品。茶的历史非常悠久……茶主要生长在……它的品种很多……茶具有很多的保健功能……

3. 大熊猫是国家一级保护动物，也是我们国家的国宝。大熊猫生活在……它们的模样……它们喜欢……大熊猫不仅是我国的国宝，而且还受到了全世界人民的喜爱……

（三）说话综合训练

结合实际，在下列每类话题中选取 1 个话题，连续说一段话，限时 3 分钟。

1. 具体事物类说明性话题

（1）我的拿手菜

（2）我的宠物

（3）梅、兰、竹、菊

（4）我的第二故乡

（5）我的大学（或工作团队）

（6）春、夏、秋、冬

（7）我喜爱的电影（或音乐）

（8）我喜欢的古诗

[提示] 说明具体事物的说明性话题的表达，要注意突显事物的特征，揭示事物的本质属性，让听者对所说明的事物有较为全面的了解，留下深刻的印象。

下面以话题"我的拿手菜"为例，进行具体思路设计：①开头具体点明"我"的拿手菜是什么。②具体说明这道菜的特点、做法等。③说明"我"的拿手菜给自己的生活带来了哪些变化，自己从中获得了什么启示。

2. 说明抽象事理的说明性话题

（1）我的职业规划

（2）我所学的专业

（3）我的业余爱好

（4）着装与搭配

（5）春节（或端午节）

（6）我了解的民族文化

（7）科技改变生活

（8）网络购物

[提示] 说明抽象事理的说明性话题的表达，要注意通过具体事理的说明，揭示其蕴含的内部规律。说明的过程要依照一定的科学和相关知识进行严谨的表达，避免出现认知上的偏颇和主观化、绝对化。

下面以话题"网络购物"为例，进行具体思路设计：①开头概括性地说明网络购物出现的背景、性质、功能等。②对网络购物的优势及可能存在的弊端进行具体说明。③总结和概述你对网络购物的看法。

第三节 议论性话题训练

一、训练提示

（一）什么是议论性话题

议论是运用概念、判断、推理来表明表达者的观点、看法、评价的表达方式。议论性话题是以议论为主要表达方式的话题，目的是剖析事物，论述事理，发表意见，提出主张。

议论类话题的特点是以理服人、逻辑严密、准确鲜明。以理服人，就是用道理说服人，用道理使人信服。说理、明理是议论性话题的目标。表达者往往需要通过阐发某种见解、主张来启发听者，以提高其明辨是非的能力。逻辑严密，即思维要周密，没有疏漏。表达者提出明确的观点之后，要选择、组织充分的论据，有层次、有条理地对论点加以论证，充分揭示事物或事理之间的本质的、内在的联系，得出正确的结论，使表达具有令人信服的逻辑力量。准确鲜明，不仅要求表达者判断恰当、推理合乎逻辑，而且还要做到观点明确，爱憎分明，具有说服力和富有感染力。

（二）议论性话题的思路及表达

1. 议论性话题的思路

论点、论据和论证是议论性话题的三要素。论点，即观点，决定着论据的选择和论证的组织。旗帜鲜明地提出论点是议论性话题表达的第一步。一般说来，应试人可以使用具有明确判断特征的语句来表达论点，做到用词鲜明、精当，句法严谨、简练。明确了论点之后，接下来就要围绕论点选择论据。论据可以是来自社会生活、现实生活中的事实论据，也可以是对客观现象及发展规律进行总结的理论论据。最后，表达者就可以按照特定的论证方式进行论证并得出结论了。论证方式一般可分为立论和驳论两种类型。立论重在证明说话者对某一论述对象所持的见解、主张和态度，常使用充足且有说服力的论据进行论证，论证过程合乎逻辑，论证方法灵活多样。驳论重在批驳对方的观点，同时阐述己方观点，思路一般为先指出对方错误的实质，再进行批驳，同时针锋相对地提出自己的正确观点，加以论证。驳论既可以反驳论点，也可以反驳论据，还可以反驳论证。在具体的论证过程中，需要根据论证的需要来决定选择哪种方式。

下面以话题"手机对生活的影响"和"谈谈见义勇为"为例，对议论性话题的思路进行说明。

【示例一】手机对生活的影响

总说：明确提出论点。[提示]立论时，注意阐述清楚手机使用与个人生活之间的辩证关系，如手机使用在个人生活中扮演着不可或缺的角色，但手机在为人们提供便利的同时，也在某些方面给人们带来一些负面影响。

分说：用举例论证的方式，逐条进行论证。具体思路可设计为：首先，手机不仅是我们生活的必需品，而且还是……其次，手机的发明和使用也给人们带来了一些负面影响……[提示]分别从有利的一面和不利的一面进行举例论证，在论证过程中要注意论据的选择应具有代表性和辩证性，能够较好地支撑论点。具体论证时，要通过严密的逻辑结构的展示、恰当的论证方法的运用，引导听者思考。

总说：综上所述……[提示]突出和强调论点，引导人们合理使用手机，让手机在人们的生活中发挥积极的作用。

【示例二】谈谈见义勇为

总说：提出自己的观点。[提示]论点要正确鲜明。例如：见义勇为，作为中华民族的一种传统美德，是践行社会主义核心价值观、营造良好社会风尚的时代精神的体现。

分说：用举例论证的方式，逐一进行论证。具体思路可设计为：首先，见义勇为历来都是人们所敬仰的一种崇高品质……其次，时代的发展、社会的进步需要榜样的激励……再次，建立健全法律保障，能够推动全社会形成见义勇为的良好风尚……

综上所述……[提示] 强调见义勇为作为中华民族传统美德的重要性，号召人们弘扬见义勇为精神。

2. 议论性话题的表达

在普通话水平测试中，议论性话题表达的关键在于应试人要能够在论证过程中合理、灵活地使用各种论证方法。议论性话题常用的论证方法有举例论证、对比论证、比喻论证、类比论证、引用论证等。

举例论证就是举出具体实际的例子来证明观点的方法。对比论证就是通过对比两种事物或情况，以突出二者之间的差异，并从中引出结论的方法；对比，可以是两个对象之间的比较，也可以是同一对象不同方面的比较。比喻论证就是运用人们所熟知的事物作为喻体来进行论证的方法。类比论证就是用已知的事物或事理推导出另一类似事物或事理的方法。引用论证是引用名言警句进行论证的方法。

此外，为了确保论证过程的逻辑性，应试人还要注意论证结构的问题。从宏观角度看，议论性话题一般采用"总—分—总"的结构。具体表达时，要安排好主体部分的层次关系，形成诸如并列式、递进式、混合式等论证结构。并列式层次关系，主要是围绕论点，将论证划分为几个分论点及其相应的逻辑层次，各个分论点及其层次结构呈现平行排列的特点，分别从不同角度、不同侧面去论证观点，形成多管齐下、齐头并进的论证格局。递进式层次关系，就是对所需论证的问题采取层层深入的方式来安排结构，使不同层次之间呈现为层层展开、步步深入的逻辑关系，从而深刻、透彻地彰显观点。混合式层次关系，是并列式层次关系和递进式层次关系的综合运用，一般用于论证复杂事物或事理。

二、案例分析

【示例三】饮食习惯与健康

健康异常重要。在物质文明和精神文明共同进步的今天，健康这个话题受到越来越多的关注。

民以食为天,足见食物对人们的重要性和不可缺少性。病从口入,说明食物的卫生对身体健康的重要性。良好的饮食习惯是健康的前提和保障。比如我们在切菜时生熟食物要分开,还要注意厨房的卫生,保持厨房环境干净清洁,每天拖地扫地、及时清理厨余垃圾……呃……另外,还要注意个人卫生,比如饭前便后要洗手……呃……只有养成良好的习惯,对身体才有好处。

有人说,定时定量吃东西就健康了。其实要健康,还要经常运动,每周至少要运动四五次,每次运动的时长要达到三十分钟以上,同时要注意运动强度,微微出汗即可,不要超出自己的体能……呃……

饮食与健康是紧密联系的,不良的饮食习惯不但使人容易生病,还会对人的长期健康造成影响。比如经常吃寒凉、生冷的食物,寒凉、生冷食物容易刺激胃肠道,导致消化不良、腹泻等。尤其是对于胃肠功能较弱的人群,更容易引起不适。

丰富的物质生活加上健康的身体才能让我们真正地享受生活,而饮食习惯与健康息息相关,只有养成良好的饮食习惯,对身体才有好处。

分析:这段话语能够扣住关键词"饮食习惯"和"健康"进行表达,但是缺乏结构意识,论证能力也有待提升。首先,立论未紧扣"饮食习惯"和"健康"的辩证关系展开。其次,论证过程逻辑不够严密,论据不足以支撑论点,因此不容易使听者信服其观点。第三段关于运动的无效话语可以去掉。最后,语言表达不够准确和凝练,语句之间的衔接和连贯以及段落之间的起承转合都不到位。

除语音标准程度方面的问题外,应试人的话语表达中,多次出现用词不当、指代不明等词汇语法不规范的现象。例如:"健康异常重要"可以改为"健康对我们每个人都很重要"或者"每个人都希望拥有健康"。又如:"只有养成良好的饮食习惯,对身体才有好处"可以改为"只有养成良好的饮食习惯,才能让我们拥有健康的身体"等。

此外,应试人表达过程中多次出现短暂的停顿,表达思路不够完整、连贯,影响了表达的自然流畅度;话语信息量不足,说话时长不足3分钟。

三、训练内容

（一）素材积累训练

1. 选取2—3种实践活动，表达自己的感悟或体会，每次表达时间不少于1分钟。

2. 选取2—3种社会现象，表达对该现象的看法，每次表达时间不少于1分钟。

3. 选取2—3种流行观点，表达对该说法的态度和立场，每次表达时间不少于1分钟。

4. 选取1—2组具有辩证关系的事物，表达对该组事物的理解，每次表达时间不少于1分钟。

（二）表达思路训练

根据下面的话题开头，选择恰当的表达方法，将话题延续下去，时间不少于3分钟。

1. 教书育人，是教师的基本职责……首先……其次……再次……总之……

2. 中小学开设劳动教育课程，对此，我的理解是：首先……其次……最后……因此……

3. 高尔基曾经说过："书籍是人类进步的阶梯。"我认为……第一，通过读书，可以……第二，通过读书，可以……第三，通过读书，还可以……综上所述……

（三）说话综合训练

结合实际，在下列每类话题中选取1个话题，连续说一段话，时间不少于3分钟。

1. 认知类议论话题

（1）团队合作的意义

（2）家风（家教）的重要性

（3）对废物回收的看法

（4）对清洁能源的看法

[提示]认知类议论性话题的表达，要注意围绕自己对客观事物的认识过程，明确表明自己的观点、态度、看法和见解，并对此进行有说服力的论证。论证要有理有据，富有逻辑性。

下面以"家风的重要性"为例，进行具体思路设计说明：①开头概括性点明对家风的认知。例如：良好家风不仅关系到个人的健康成长，而且还关系到社会的和谐稳定。②从正、反两个方面论述家风对家庭、社会的影响。例如：家风好，一个家庭才能和顺美满，子女才能健康成长，社会才能健康发展；家风不好，不仅教育不好子女，而且还会贻害社会。③总结和概括论点。

2. 感悟类议论话题

（1）学习英语的体会

（2）家庭的价值与意义

（3）谈谈"活到老，学到老"

（4）中小学开设劳动教育课程的意义

[提示]感悟类议论性话题，要注意围绕话题，以自己对特定事物或经历所产生的感想与体会等为核心进行具体论述。感悟类议论性话题重在表达自己的体验和领会。

下面以"谈谈'活到老，学到老'"为例，进行具体思路设计说明：①开头要概述自己对"活到老，学到老"的理解。②结合自己的学习和工作经历，说说自己践行"活到老，学到老"的感触与体会。③总结部分阐明自己对"活到老，学到老"的态度和决心等。

3. 观点类议论问题

（1）谈谈见义勇为

（2）谈谈文明礼貌

（3）谈谈知足常乐

（4）谈谈个人素质

（5）谈谈乐观精神

[提示]观点类议论性话题的表达，要注意明确表明自己的观点、态度、看法和见解，并对此进行有说服力的论证。论点应正确、鲜明，具有现实意义。论点一经确立，就要围绕论点来安排结构，不能任意缩小、扩大或者转移论点。

下面以话题"谈谈文明礼貌"为例，进行具体思路设计说明：①开头表明自己的观点。例如：文明礼貌是一种高尚的品质和行为，更是一种社会美德。②围绕自己提出的观点进行具体论证。③结合现实，对自己的观点进行总结和升华。

4. 关系类议论话题

（1）谈谈个人与集体

（2）谈谈诚实与守信

（3）谈谈"病从口入"

（4）谈谈心灵美与外在美

[提示] 关系类议论性话题，要注意从辩证关系的角度，反映出不同事物之间、事物内部要素之间以及事物的两重性之间的既对立又统一的关系。

下面以"谈谈个人与集体"为例，进行具体思路设计说明：①指明两者之间的关系。例如：个人离不开集体，集体也离不开个人。②论述二者之间的相互关系。例如：可以先论述个人对集体的重要性，再论述对于个人来说，集体的重要性。③总结和概括自己的观点，以及由此形成的启示。

参考文献

崔梅、周芸（2013）《普通话等级考试训练教材（第3版）》，北京：北京师范大学出版社。

崔梅、周芸（2014）《播音主持话语表达教程》，北京：北京大学出版社。

戴庆厦（2006）语言竞争与语言和谐，《语言教学与研究》，第2期，1—3页。

高顺斌（2008）《普通话口语训练教程》，兰州：兰州大学出版社。

郭素荣（2017）《新编普通话教程》，北京：北京邮电大学出版社。

郭振伟（2006）普通话水平测试中的轻声失误与教学对策，《浙江传媒学院学报》，第1期，68页。

国家语委《普通话水平测试规程》，中华人民共和国教育部网，http://www.moe.gov.cn/srcsite/A18/s3133/202302/t20230210_1043378.html，访问日期：2024年1月15日。

国家语委普通话与文字应用培训测试中心（2022）《普通话水平测试实施纲要（2021年版）》，北京：语文出版社。

教育部、国家乡村振兴局、国家语委《国家通用语言文字普及提升工程和推普助力乡村振兴计划实施方案》，中华人民共和国中央人民政府网，http://www.gov.cn/zhengce/zhengceku/2022-01/09/content_5667268.htm，访问日期：2023年3月11日。

教育部、国家语委《国家语言文字事业"十三五"发展规划》，中华人民共和国教育部网，http://www.moe.gov.cn/srcsite/A18/s3127/s7072/201609/t20160913_281022.html，访问日期：2024年1月15日。

教育部、国家语委《中小学生普通话水平测试等级标准及测试大纲（试行）》和《汉字部首表》，中华人民共和国教育部网，http://www.moe.gov.cn/jyb_xwfb/gzdt_gzdt/s5987/202211/t20221118_995332.html，访问日期：2024年1月15日。

教育部、国务院扶贫办、国家语委《推普脱贫攻坚行动计划（2018—2020年）》，中华人民共和国中央人民政府网，http://www.gov.cn/xinwen/2018-02/27/content_5269317.htm，访问日期：2024年1月15日。

教育部《普通话水平测试管理规定》，中华人民共和国教育部网，http://www.moe.gov.cn/srcsite/A02/s5911/moe_621/202112/t20211209_585976.html，访问日期：2024年1月15日。

何灵（2009）《普通话训练教程》，北京：北京交通大学出版社。

李宇明（2021）试论个人语言能力和国家语言能力，《语言文字应用》，第3期，7页。

林鸿（2007）《普通话语音与发声（第2版）》，杭州：浙江大学出版社。

鲁春艳（2009）《普通话口语教程》，沈阳：辽宁大学出版社。

沙平（1999）第二语言获得研究与对外汉语教学，《语言文字应用》，第4期，24页。

邵敬敏（2016）《现代汉语通论（第三版）》，上海：上海教育出版社。

宋欣桥（2004）《普通话语音训练教程》，北京：商务印书馆。

宋扬（2021）《普通话训练手册：50天突破》，北京：中国传媒大学出版社。

孙海娜（2010）浅析《计算机辅助普通话水平测试评分试行办法》，《语言文字应用》，第4期，94页。

王理嘉（1999）从官话到国语和普通话——现代汉民族共同语的形成及发展，《语文建设》，第6期，23—24页。

魏敏敏（2017）《普通话教程》，成都：电子科技大学出版社。

文薇（2005）《普通话学习及测试实用手册》，昆明：云南大学出版社。

吴永焕（2008）汉语方言文化遗产保护的意义与对策，《中国人民大学学报》，第4期，40页。

袁钟瑞（2020）新中国推广普通话70年，《汉字文化》，第1期，1—2页。

云南省地方志编纂委员会、云南省语言学会（1989）《云南省志·卷五十八汉语方言志》，昆明：云南人民出版社。

张慧（2018）《绕口令（第3版）》，北京：中国传媒大学出版社。

赵秀环（2017）《绕口令训练》，北京：中国传媒大学出版社。

中国传媒大学播音主持艺术学院（2014）《播音主持语音与发声》，北京：中国传媒大学出版社。

中国社会科学院语言研究所词典编辑室（2016）《现代汉语词典（第7版）》，北京：商务印书馆。

周芸、邓瑶、周春林（2011）《现代汉语导论》，北京：北京大学出版社。

周芸、朱腾（2023）《普通话训练与测试》，北京：北京大学出版社。

周芸、朱腾、邱昊、杨颖（2023）《教师口语表达与训练》，北京：北京大学出版社。

后 记

随着全球化和互联网的发展，不同区域人们之间的交流和沟通日益频繁，普通话作为国家通用语言，以其重要的社会资源、文化资源和经济资源等属性，发展成为拥有媒体形式最为全面、也最为广泛的语言。当前，树立国家通用语言规范意识，规范使用国家通用语言，不仅是贯彻落实国家法律法规的基本要求，也是维护国家主权统一、促进经济社会发展、增强中华民族凝聚力和文化软实力的重要内容。

"普通话训练"不仅是高等学校师范类本科生的专业必修课程，而且是播音与主持艺术专业、影视话剧表演专业和其他相关专业学生获取从业资格的前提条件。云南师范大学"普通话训练"课程团队，长期以来通过课程教学实践与研究、研发《普通话口语层级训练》教学软件、参与云南省普通话水平测试工作，以及支持云南师范大学"国培计划"少数民族双语教师普通话培训、云南省"直过民族"地区幼儿园双语教师普通话培训、国家通用语言推广基地（云南师范大学）"云南边境民族地区中小学师生普通话提升与微课程建设"等项目建设工作，先后编写并出版了《普通话等级考试训练教程》（崔梅、周芸主编，北京师范大学出版社，共3版）、《普通话训练与测试》（周芸、朱腾主编，北京大学出版社，2023）等课程教材。2020年，云南师范大学线下一流课程建设项目"普通话训练"立项。课程团队立足国家通用语言传播需求，以国家语言文字政策为依据，结合我校建设教师教育特色鲜明的高水平综合大学的目标，整合线上线下优质教育资源，将学生的国家通用语言应用能力及传播能力作为课程目标进行建构；同时，整合了保山学院、昆明文理学院等优秀师资、国家级和省级普通话水平测试员，不断创新课程理论体系和实践模式。本书作为云南师范大学线下一流课程建设项目《普通话训练》的成果，期望能够在当前国家通用语言传播的时代背景下，服务于读者学习国家通用语言、提升国家通用语言应用能力的需求。

本书由周芸、朱腾负责设计和撰写章节体例及层级标题。各章节撰稿人具体如下：

第一章：周芸、陈晓梅。第二章：第一节，周芸、龙柯廷；第二节，段泗英；第三节，施璐；第四节，牛凌燕；第五节，周芸、柳翔文。第三章：刘成。第四章：朱腾。第五章：第一节，段泗英；第二节，施璐；第三节，牛凌燕、施璐。第六章：第一节，段泗英；第二节，施璐；第三节，牛凌燕；第四节，谭辉。第七章：刘成。第八章：邱昊、朱腾、段泗英。各章节内容及文字的审读及统稿由主编周芸、朱腾和副主编段泗英、刘成共同完成。

本书在编写过程中，参阅了前辈时贤的专著、论文，从中汲取了丰富的营养，在此表示衷心感谢。本书的出版，得到了北京大学出版社领导及编辑同志、评审专家的指导和帮助，在此表示最诚挚的谢意。

编者
2024 年于昆明